1954

史論—日《ひ》出《い》ずる国《くに》のプロレス

小泉悦次 著

辰巳出版

プロローグ　日本で最初の女子プロレスラー・猪狩定子の回想

この本の主人公は、「プロレス」である。

1954年（昭和29年）、力道山がシャープ兄弟を招いて挙行した日本プロレスの旗揚げシリーズは興行として大成功を収めた。これでロケットスタートを切ることができた我が国のプロレスは、以後、社会に根付き、現在まで綿々と歴史を刻んできた。

いかにしてプロレスは日本に輸入され、定着したのか――。これが本書で私が主眼としていることである。

「日本のプロレスは力道山で始まった」

これはあくまでも一般的な認識であり、史実とは異なる。厳密に言えば、日本人で最初のプロレスラーは力道山ではなく、日本で初めてのプロレス興行も54年ではない。

1887年（明治20年）以来、この国で断続的にプロレス興行が開催されたものの、定着に至らなかった。54年はプロレスが日本に根付いた年であって、始まった年ではない。

また、本書はプロレスそのものを主人公とするゆえ男女を区別せず、同列に扱う。

現在、世界最大のプロレス団体はアメリカを本拠とするWWEである。その年間最大のイベント『レッスルマニア』において2019年に女子レスラー同士の試合が初めてメインイベントで組ま

日本プロレス旗揚げシリーズにおける力道山＆木村政彦vsシャープ兄弟戦。歴史的に、この試合をもって日本のプロレスは「正式」にスタートしたと言える。裁くレフェリーは沖識名。

れ、大きな話題を集めた（ロンダ・ラウジーvsシャーロット・フレアーvsベッキー・リンチの勝者総取りトリプルスレット形式ＷＷＥロウ女子＆ＷＷＥスマックダウン女子王座戦＝３ＷＡＹマッチ）。

プロレスの世界では、とうの昔から男女混合の興行が行われている。私が知る限り、アメリカで男子レスラーと女子レスラーが一枚のチケットで見られるようになったのは１９２０年代からだ。

現在の日本のプロレス団体で男子のトップは新日本プロレス、女子のトップはスターダムだと言っていい。いずれもオーナー企業は株式会社ブシロードである。

２０２０年から新日本プロレス恒例の１・４東京ドーム大会にスターダムの選手が上がるようになり、22年には新日本の象徴・ＩＷＧＰ王座の女子版が新設された。

そして24年、新日本プロレスは全株式を取得する形でスターダムを完全子会社化した。ブシロードをひとつのプロレス団体として考えた場合、こうした動きは「兄妹団体」だった新日本とスターダムが併合され、「男女混合団体」へと移行したと見ることもできる。

アメリカとは異なり、かつて日本のプロレス団体は「男女別々」が常識だった。

１９５４年2月にシャープ兄弟来日と共に始まった力道山の日本プロレスは、男子だけの団体である。その後、同年4月に団体として正式なスタートを切った山口利夫の全日本プロレス協会は、秋に女子選手を入団させた。これが我が国で最初の男女混合団体になる。

しかし、全日本プロレス協会は、それから約1年3ヵ月後に崩壊した。これは「男女混合」というアメリカのビジネスモデルが力道山人気に対抗できなかったということでもある。本書では、その分析にもページを費やした。

62年に誕生した日本の男子ミゼット（小人）レスラーは、女子プロレスのリングで試合をすることを常とした。そのミゼットを除けば、男女のレスラーが同じリングで試合をするのは吉原功主宰の国際プロレス（インターナショナル・レスリング・エンタープライズ）に女子部が設立される74年秋まで待たねばならない。しかし、これも1年半しか持たなかった。

当時、国際プロレス所属の男子レスラーと女子レスラー（小畑千代、佐倉輝美、千草京子）が同じリングに上がることへの違和感は強く、女子プロレスやミゼットプロレスは色物だという認識がマスコミ、ファンの間で定着していた。

一枚のチケットで男子と女子の試合が見られることへの違和感がなくなったのは、平成の世になって大仁田厚主宰のＦＭＷが出現してからである。それから時が経ち、今では日本で男子と女子が同じリングに立つ光景は珍しいことではなくなった。

日本で初めての女子プロレス団体『全日本女子レスリング倶楽部』はシャープ兄弟来日と同じ年、54年に誕生している。エースは猪狩定子（当時22歳）。彼女は日本で最初の女子プロレスラーと位置付けられる。

デビューは同年11月にアメリカの一流女子レスラー、ミルドレッド・バークが配下の選手を引き連れて来日した日本ツアーだった。これが我が国で最初の女子プロレス興行になる。

男子プロレスにしろ、女子プロレスにしろ、日本で本格的にスタートしたのは、もう70年も前のことだ。当然ながら、関係者のほとんどが亡くなっている。

本書の執筆にあたり、私はプロレス関係に留まらず、できる限りの資料を見直した。また、今ま

1954年頃の猪狩定子。この時期、全日本女子レスリング倶楽部が立ち上げられた。担ぎ上げられているのは兄のパン猪狩。

で参照されなかったであろう資料の発見もあった。

さらに自分のプロレス史観を捉え直さざるを得ないようなことも多々あった。しかし、それは資料によってだけではない。当時を知る猪狩定子の話を聞けたことが大きかった。

私は2012年11月、猪狩と日本プロレスのレフェリーとして知られるユセフ・トルコの対談取材に立ち会った（『Gスピリッツ26号』所収）。これが彼女との初対面で、以後、何度か貴重な話を聞かせてもらった。

猪狩は現在92歳にして、健在である。前述の全日本女子レスリング倶楽部は、彼女の長兄パン猪狩が経営し、すぐ上の兄ショパン猪狩もスタッフに加わっていた。

この団体のルーツは、パン猪狩が立ち上げた旅回りの芝居一座である。彼は通好みのボードビリアンとして知る人ぞ知る存在で、弟のショパン猪狩は後に「レッドスネーク、カモン！」の東京コミックショーでコメディアンとしてブレイクする。

猪狩3兄妹による一座は米軍キャンプやミュージックホールなどにも進出し、「スポーツショー」と称して演し物の中にボクシングやレスリングを取り入れた。1950年頃のことである。

猪狩が語る。

「その時期は、駐留米軍のキャンプ回りや舞台でスポーツショーの日々でした。スポーツショーはレスリング、ボクシングを織り交ぜたコントです。受けましたよ。ショーがない日は稽古です。私たちは舞台育ちなので、見るよりも演る方が基本なんですよ」

米軍キャンプでは、ボクシングのリング上で「スポーツショー」を行うこともあった。しかし、猪狩はロープの使い方がわからなかったという。つまり、そこにあったボクシングのリングを演し物の舞台として用いただけであり、これをもって猪狩のプロレスデビューとすることはできない。ミュージックホールでの「スポーツショー」もフロアにマットを敷いて行っていた。これも同じくプロレスとは言い難い。

プロレスを体育館などに設置されたリングの上で行われる試合と定義すれば、猪狩のデビューは、やはりミルドレッド・バーク一行の前座のリングに上がった54年11月ということになる。

この54年に日本でプロレスがロケットスタートを切ることができた背景には、テレビの存在もある。テレビ放送はシャープ兄弟来日の前年、53年に始まったばかりだった。しかし、受像機は高嶺の花であり、人々は駅前に設置された街頭テレビに群がった。

街頭テレビといえば、今でも力道山、シャープ兄弟とセットで語られることが多い。敗戦で打ちひしがれていた日本国民が外国人を空手チョップでなぎ倒す力道山の姿に熱狂し、勇気づけられた——。その頃、猪狩も街頭テレビで男子のプロレス中継を見ていたのだろうか。

「シャープ兄弟？　名前は聞いたことがあるかな。男子の外国人レスラーで憶えているのは、私が埼玉県の朝霞キャンプで試合をした時、見に来てくれたラッキー・シモノビッチとマイク・マズルキです」

シモノビッチとマズルキは、56年4月に日本プロレスに来日している。この時は2度目の来日となるシャープ兄弟も一緒だった。猪狩の中で、シャープ兄弟の記憶は薄いようだ。

「私は街頭テレビでプロレスを見た憶えはありません。というのは、すでに私の家にテレビがあったからです。街頭テレビといえば、新橋駅の烏森口を出たところに設置してあってね。その脇にはステージもありました。そこでスポーツショーをやったことがありますよ。それをなぜか女優の杉村春子さんが見ていて、東京新聞だったと思うけど、〝日本が戦争に負けたとはいえ、大和撫子が肌も露わに男をぶん殴ったりして、見ちゃいられない〟なんてことを言ったんですよ。男といっても、相手はショパン兄さんだけどね。パン兄さんは、〝そんなのは放っておけ〟という感じでした。でも、ショパン兄さんが頭に来てね。週刊現代だったと思うけど、反論の場を与えてもらいました。まあ、ガタガタ言われる筋合いはありません」

　プロレスのテレビ中継があるとはいっても、この時期はまだ不定期で、放映時間は週末のゴールデンタイムが多かった。その時間帯、猪狩一座は「スポーツショー」でかき入れどきだった。つまり、男子のプロレス中継なんて見ている暇がなかったということである。

1956年、朝霞キャンプにて。猪狩定子（後列中央）は日本プロレスに来日したマイク・マズルキ、ラッキー・シモノビッチの来訪を受けた。

シャープ兄弟来日でプロレスが大ブームとなった54年は、年末の力道山vs木村政彦戦でさらなるクライマックスを迎える。

知る人は少ないが、猪狩は力道山、木村のいずれとも交流があった。そして、2人が雌雄を決する日、会場の蔵前国技館に足を運び、一部始終を見届けた。もちろん、それらについてもページを割いている。

クライマックスの当事者の一人、木村政彦が柔道界を去り、プロ柔道に参加した背景にはGHQ（連合国軍最高司令官総司令部）の戦後政策がある。このプロ柔道の失敗により、アメリカに活路を求めたことが木村のプロレス転向を促した。

もう一人の当事者、力道山がプロレスラーとしてデビューしたのはシャープ兄弟来日の3年前、51年の国連軍慰問興行だった。しかし、その実現にGHQが大きく関わっていたことはあまり知られていない。

そして、力道山はこの慰問興行がきっかけとなり、翌52年からアメリカで武者修行を始めて、本場のプロレスを学んだ。それがあったからこそ、54年にロケットスタートを切ることができた。

したがって、日本にプロレスが定着した過程を検証するには大日本帝国の敗戦、GHQの上陸から見直す必要がある。

我が国のプロレスは、どういう経緯で54年に至ったのか。それを知るために、まずは時計の針を日本が第二次世界大戦に敗れた45年8月に戻そう。

プロローグ

目次

※引用文献について＝本書では書籍および新聞・雑誌記事などを原則的に原文ママで引用しているが、読者にとって紛らわしいと判断した箇所のみ句読点等を追加し、旧字体を新字体に改め、適宜改行も加えた。

第1章　「日本の敗戦」と「世界のプロレス」

１９４５年、日本は第二次世界大戦の敗戦国となった。そして、戦後10年が経とうとしていた54年、我が国においてプロレスはブレイクした。

日本のプロレスの源流を辿っていくと、そのうちの一本はＧＨＱに行き着く。以後、この国でプロレスは現在に至るまで大河ドラマを紡いできた。

昭和天皇による「玉音放送」で国民に終戦が告げられたのは、45年８月15日であった。その半月後の８月30日、厚木基地にＧＨＱ総司令官のダグラス・マッカーサーが降り立つ。ここは、ついこの間まで大日本帝国海軍のものだった。

1945年9月27日、駐日アメリカ大使館にて連合国軍最高司令官ダグラス・マッカーサーと昭和天皇の最初の会見が行われた（写真提供：共同通信社）。

パイプを咥えたサングラス姿という、それまでの日本の指導者と異なる絵姿は時代の変化の象徴だった。白人が日本人の頂上に君臨したのだ。そして、連合国軍、それは実質的にアメリカ軍なのだが、いわゆるGHQによる日本統治が始まる。

その統治の中で、日本にプロレスの種が蒔かれた。後述する51年秋に行われたボビー・ブランズ一行のツアーである。このツアーで力道山がプロレスラーとしてデビューした。蒔いた種は、プロレスの人気が爆発した54年のシャープ兄弟の来日で見事に発芽する。

種を蒔くにあたって、GHQが果たした役割は大きい。これを述べることが本書の目的のひとつである。しかし、その前に当時の世界のプロレスがどのような状況であったのかを記しておきたい。

第二次世界大戦前後のプロレス情勢

39年9月1日、ナチス・ドイツがポーランドに侵攻することで第二次世界大戦が始まった。41年には日本もハワイ・真珠湾への攻撃で参戦する。

戦争が始まる直前の段階で、世界で最も大きなプロレス市場はアメリカであった。そして、アメリカだけでなく、社会主義国のソ連を除いたヨーロッパ全域や南北アメリカ大陸、英連邦諸国やイギリスの植民地（オーストラリア、ニュージーランド、南アフリカ、インド）といった多くの国でプロレスの興行が行われていた。

しかし、戦争の遂行に不要なプロレスをはじめとするショービジネスは沈滞化していく。とはいうものの、戦中であっても非参戦国だったカナダやメキシコ、南米では日常的に興行が開催されていた。

当然のことながら、開戦によってアメリカのプロレス業界は大きな影響を受けた。特に枢軸国ドイツからの攻撃が想定されたニューヨークなど東海岸、太平洋を介して日本と向き合うロサンゼルスやサンフランシスコなど西海岸のプロレスは火が消えたに等しい。

さらにルー・テーズ（注1）など全盛期を迎えていたレスラーたちは兵役に取られ、リング上には30歳を超えるベテランが目立った。しかしながら、特にセントルイスやヒューストンなどにおいては絶えず定期興行が打たれており、ワイルド・ビル・ロンソン（旧NWA世界ヘビー級王者）やゴージャス・ジョージ（後進に多大な影響を与えたショーマンレスラーの先駆）といったスター選手たちが戦前同様の観客動員を維持させていた。

NWA世界ヘビー級王者のルー・テーズ（左）とハワイのプロモーター、アル・カラシック。57年のテーズ初来日時、カラシックもウィットネスとして同行した。

アメリカで戦争の影響を最も強く受けた州は、枢軸国・日本に近いハワイである。

毎週水曜日にホノルルで定期的に興行を打っていたプロモーター、アル・カラシック（注2）は不定期ではあるが、41年2月からオアフ島の中央部スコフィールドバラックスでの興行を加えた。

ホノルルの北西に位置するこの街は、ハワイにおけるアメリカ陸軍の拠点である。当時、日本との開戦が必至となっていたためスコフィールドバラックスは人口が急増していた。カラシックがこうした新住民の来場を当て込んでいたのは言うまでもない。

興行数の拡大に応じて、カラシックはリング上のテコ入れを図った。8月に米本土から日系レスラーのタロー・ブル・イトウを呼び寄せる。反日感情が高まっている時期にアメリカの軍人が多数押し寄せている会場で、カラシックはイトウに悪事の限りを尽くさせた。プロレスのプロモーターにとって、このくらいのえげつなさは常識である。

1960年代に日本プロレスや国際プロレスで外国人レスラー招聘窓口を務めたグレート東郷は、戦前から全米でヒールとして活躍した。

これが後年、米本土のリングでステレオタイプとなる「卑怯なイエロージャップ」の嚆矢となった。イトウは戦後、全米にその名を轟かせる後のグレート東郷（オレゴン州生まれの日系二世アメリカ人）である。

しかし、この盛況は長くは続かない。同年12月7日（現地時間）、日本海軍がホノルルの郊外に位置する軍港パールハーバーに空襲を仕掛けた。それにより、ハワイではプロレスどころではなくなってしまう。

だが、1年余り経った43年1月、ハワイでのプロレス興行はホノルルで復活した。

当初は有利に戦いを進めていた日本であったが、アメリカが体制を整えるにつれて戦況は劣勢に転じていた。この興行の復活は43年に入った段階でハワイでは日本からの攻撃の脅威がなくなっていたということであり、こんなところにもすでに日本軍に勝ち目がなかったことが見て取れる。

5月になると、リング上に日系レスラーのキモン工藤が登場した。日系人といえば、後に力道山が設立する日本プロレスでメインレフェリーを務めた沖識名が思い浮かぶ。沖は04年、沖縄県生まれ。ハワイ移民の日系一世ということになるが、両親と共に幼少時に移住したので実質的には日系二世である。

沖は戦時中、日系人収容所に入れられた。このことは当時の常識のように思われているが、ハワイは例外である。というのは、ハワイ経済は日系人なしでは回らず、隔離・収容に至らなかったからだ。沖の場合は、開戦時に米本土のアラバマ州にいたための収容であった。

米国メジャーネットワークのプロレス中継

力道山のブレイク以後、日本でプロレスがテレビと共に急速に人気を上げていったことはよく知られる。しかし、これはアメリカのプロレスが辿った道を追随したに過ぎない。

アメリカにおけるプロレスの初めてのテレビ中継は第二次世界大戦の真っ只中、42年12月18日のことである。真珠湾攻撃の１年後だ。

これは実験放送ながら、ニューヨーク州スケネクタディのＷＲＧＢスタジオに組まれたリングでの試合がテレビから流れた。これは世界初のプロレス中継でもあり、歴史上で特筆すべき出来事である。

誰の試合が流れされたのかは不明だが、バディ・ロジャース（後のＮＷＡ世界ヘビー級王者）がそこにいたという説がある。スケネクタディはニューヨーク市から北へ約２７０キロ、大西洋よりも五大湖のひとつであるオンタリオ湖に近く、ドイツ軍による海からの攻撃の恐れがない。

日本でテレビ放送が始まる10年前のことだが、アメリカではこの段階でテレビは「普及」というレベルになかった。家庭に急速に入っていったのは、戦争が終わって少し経った48年である。そして、この年にプロレス人気は増大した。

その48年の7月、アイオワ州ウォータールーでプロモーターの事業者協同組合である新ＮＷＡ（ナショナル・レスリング・アライアンス）の設立総会が行われた。翌49年、戦前から存在する州のアスレティック・コミッションの連絡組織、いわゆる旧ＮＷＡ（ナショナル・レスリング・アソシエーション）は新ＮＷＡと同一の世界王者を認定することとなった。要は「タイトル統一」である。

統一世界ヘビー級王者には旧ＮＷＡのチャンピオンだったルー・テーズが認定され、タイトルの管理は新ＮＷＡが行うことになった。日本でお馴染みの「ＮＷＡ」は、この新組織の方だ。

これは戦後のアメリカマットの枠組みを決める大きな出来事であったと言える。なぜならタイトルの管理に関して、プロレス界は州のアスレティック・コミッショナーの干渉を受けないことになるからだ。つまり、チャンピオンの決定に関してプロモーターの権限が絶対化されたということで、プロレスが「スポーツ」と言えるものから、ますます離れていった。

40年代の末から50年代の前半、アメリカの各都市はＮＷＡ加盟プロモーターの天下だった。前述のようにアメリカの各家庭にテレビが急速

1949年11月、セントルイスで行われたNWA総会の模様。前列左から２人目、杖を手にしているのがボビー・ブランズ。

に普及したのは48年のことであり、プロレス産業はテレビと共に急速に拡大していく。

ＡＢＣ、ＮＢＣ、ＣＢＳ、デュモントは、当時のアメリカの４大ネットワークである。これらのうち、ＮＢＣを除く３つのネットワークがニューヨーク、シカゴ、ロサンゼルス（中継会場は北側の隣接市ハリウッド）から全米に向けてゴールデンタイムにプロレス中継を毎日のように生放送していた（ＮＢＣが他の時期にプロレス番組を持っていたかどうかは不明）。

一例として50年６月17日からの１週間は以下のような状況だった。都市名の下は、中継会場である。

■17日（土）21：00～23：00　デュモント＝シカゴ（マリゴールドアリーナ）
■18日（日）中継なし
■19日（月）22：20～22：45　ＣＢＳ＝ハリウッド（リージョンスタジアム）
■20日（火）21：00～23：15　デュモント＝シカゴ（マリゴールドアリーナ）
■21日（水）20：30～23：00　ＡＢＣ＝シカゴ（レインボーアリーナ）
■22日（木）21：00～23：15　デュモント＝シカゴ（マジソンアリーナセンター）
■23日（金）20：30～21：30　デュモント＝ニューヨーク周辺（不明）

こういった状況では、「最強王者は一人」であることが望ましい。「テレビの全国ネット」、「ＮＷＡによるアメリカ国内の市場独占」、「ルー・テーズの９３６連勝」が三位一体となって、この時代のアメリカのリング上は決定づけられた。

そして、その勢いは国外にも及ぶ。その結果が51年のボビー・ブランズ一行、54年のシャープ兄弟の来日である。これはアメリカのNWAという名の傘がハワイから、さらに太平洋を渡って日本に広がったということでもあった。

失敗の連続だった戦前・日本のプロレス

日本における「プロレスの誕生」は、イコール「力道山のブレイク」である。より具体的には54年2月19日、東京・蔵前国技館における力道山&木村政彦vsシャープ兄弟をメインイベントとした興行を初戦とする全国ツアーの成功だ。

しかし、これは日本において初めてのプロレス興行ではない。古くは1887年（明治20年）から日中戦争が始まる1937年（昭和12年）まで断続的に興行開催が試みられた。しかし、ことごとく失敗している。

以下、実例を挙げていこう。

■1887年、浜田庄吉（元序二段の力士で、1883年に渡米）がプロレスラーとプロボクサーを連れて帰国し、東京・木挽町（現在の中央区銀座4丁目、『歌舞伎座』の辺り）でプロレス&ボクシングの合同興行を打った。

■明治の終わり頃、「柔拳」なるものが発生した。これは柔道vsボクシングの異種格闘技興行である。

1921年2月、柔拳を手がけていた嘉納健治が神戸における興行の枠内で、数人のロシア人レスラーによる力技、彼ら同士によるグレコローマンスタイルレスリングの試合、大阪相撲（当時存在したプロ相撲団体）の力士との異種格闘技戦を見せた。

折しもロシア革命の直後のことであり、混乱の中でサーカスに職を得ていた力持ちたちが仕事を失った結果、日本に流れてきたのだろう。しかし、嘉納は以後、ロシア人レスラーをリングに上げていない。

■同年、「講道館柔道への挑戦」を旗印にアド・サンテル（当時の世界ライトヘビー級王者で、ルー・テーズの師匠の一人。「日本に初めて来た一流プロレスラー」と位置付けることができる）とヘンリー・ウエーバーが来日した。柔道家との異種格闘技戦に続き、この2人によるプロレスのエキシビションマッチが行われたことから、これも広義のプロレス興行と見る。

彼らの数ヵ月の滞在は、それなりに世間の耳目を集めた。しかし、これが起爆剤となってプロレスを日本へ「輸入」とはならなかった。興行を主催した武侠世界社は、雑誌『武侠世界』の出版元である。同社は、雑誌を売るためにサンテルを呼んだということだけで満足してしまったように見える。

■1928年、大相撲の8代目・千賀ノ浦親方が『大日本レッスリング普及会』を設立。三宅多留次（20世紀初頭に海外に出て、アメリカではタロー三宅として知られる柔術家兼プロレスラー。沖識名の師匠）をエースとして、彼が連れてきた無名レスラーと共に全国巡業を行った。

神戸では前述した嘉納の柔拳興行にもゲスト参加している。

■1937年、元アマチュアレスラーを主軸とした団体『日本職業レッスリング協会』が誕生する。エースは32年ロサンゼルス五輪のアマレス日本代表だった加瀬清。団体の所属選手はそれまでプロレスの試合を経験した者が皆無で、つまり旗揚げ戦が全員にとってデビュー戦だった。
しかし、確認できる範囲では東京で2度の興行を打った後、団体は消滅した。


以上のうち、浜田庄吉、三宅多留次、加瀬清の興行は観客動員に失敗したことが判明している。世界的に見て、プロレスが定着した国には3つの共通点が見て取れる。それは地元のプロモーターと地元のスター選手がいて、その結果として定期興行が打てている状態だ。

プロモーターには初期投資と定期興行継続のための資本力、さらには経営戦略が、地元スターにはある程度の身体能力と知名度が求められる。戦前の日本のプロレス興行では、そうした能力を持つプロモーターと日本人スター選手の双方が欠けていた。

戦後、日本でプロレスが根付いたのは前記の条件をクリアできるプロモーターの永田貞雄（日新プロダクション社長）と〝日本人スター選手〟の力道山がいたからに他ならない。プロモーターを力道山ではなく永田としているのは、力道山が日本プロレスの社長兼レスラーとして、すべてを仕切るようになるのは57年の暮れ辺りからだからである。

なお、本書では力道山を原則的に「日本人」として扱っている。その理由は、（１）日本統治時の朝鮮（現在の朝鮮民主主義人民共和国）で生まれたので、その段階では日本人であったため、（２）戦後になって力道山は朝鮮籍を得たが、51年に日本に帰化したため、（３）リング上で「日本側」としてファイトしていたためである。

そして、41年に日米開戦となる。戦時中の44年、雑誌『日の出』にはアメリカ人の残虐性を批判するイラストが掲載され、「血をみることがたのしみ」というキャプションと共にプロレスの様子が描かれている。

翌45年８月15日の敗戦を経て、日本は徐々にプロレスを歓迎する国へと変わっていく。

戦中に刊行された雑誌『日の出』1944年11月号より。当時、プロレスはアメリカ批判の材料として使われた。

GHQによる大日本武徳会の解散命令

進駐直後の45年秋から翌46年の新憲法発布に至るまで、ＧＨＱは日本の民主化のために様々な改革を行った。

特攻隊に象徴される無謀な戦争遂行の背景に、全体主義的かつ軍国主義的な教育があったとの判断から教育にも手をつける。その具体策のひとつとして、学校教育において柔道や剣道など武道を教えることを禁止した。

これに連動して、ＧＨＱは大日本武徳会を解散させる。その結果、学校で生活給を得ていた多くの武道の高段者が失業した。

大日本武徳会とは戦前の日本にあった武道の振興、教育、段位の発行などを目的とした組織である。１８９５年に結成され、初代総裁には皇族の小松宮彰仁親王が就いた。

彰仁親王は戊辰戦争、西南戦争を指揮した陸軍の軍人でもある。つまり、当時の国是だった「富国強兵」に貢献するに相応しい組織の相応しい総裁と認められる人物であった。

彰仁親王が総裁に就いたことは、皇族と陸軍が大日本武徳会をバックアップしていたということを意味する。資金面は当然のこととして、細かいところでは柔道や剣道の猛者の生活の保障であった。陸軍は教育機関に臨時免許を発行させて高段者を教職に就かせ、生活の面倒を見た。

第二次世界大戦中の１９４２年、大日本武徳会は改組されて政府の管轄下となり、戦争を翼賛する性格を強めた巨大組織となっていた。

戦争の直前、全日本柔道選手権（当時の表記は「選士権」）で圧倒的な強さを見せて優勝した木村政彦もＧＨＱの改革により学校での職を失った一人である（注3）。そして、闇屋で糊口を凌ぐ日々を余儀なくされた。

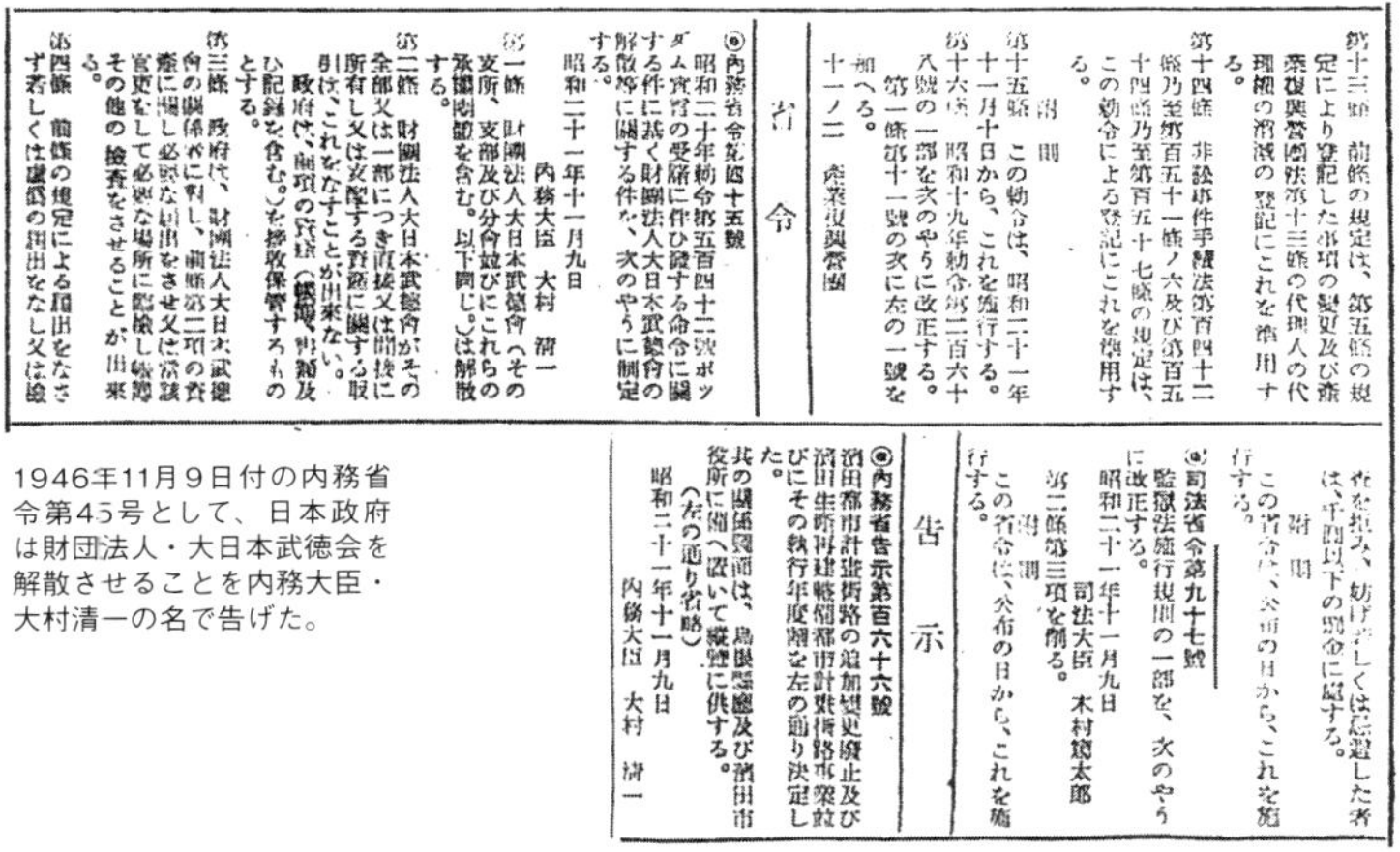
第十三條　前條の規定は、第五條の規定により登記した事項の變更及び産業復興營團法第十三條の代理人の代理權の消滅の登記にこれを準用する。
第十四條　非訟事件手續法第百四十二條乃至第百五十一條ノ六及び第百五十四條乃至第百五十七條の規定は、この勅令による登記にこれを準用する。
附　則
第十五條　この勅令は、昭和二十一年十一月十日から、これを施行する。
第十六條　昭和十九年勅令第二百六十八號の一部を次のやうに改正する。
第一條第十一號の次に左の一號を加へる。
十一ノ二　産業復興營團

省令

◉内務省令第四十五號
昭和二十年勅令第五百四十二號ポツダム宣言の受諾に伴ひ發する命令に關する件に基く財團法人大日本武德會の解散等に關する件を、次のやうに制定する。
昭和二十一年十一月九日　内務大臣　大村清一
第一條　財團法人大日本武德會（その支所、支部及び分會並びにこれらの承繼團體を含む。以下同じ。）は解散する。
第二條　財團法人大日本武德會がその全部又は一部につき直接又は間接に所有し又は支配する財產に關する取引は、これをなすことが出來ない。
政府は、前項の財産（帳簿、書類及び記錄を含む。）を接收保管するものとする。
第三條　政府は、財團法人大日本武德會の關係者に對し、前條第二項の財產に關し必要な屆出をさせ又は當該官吏をして必要な場所に臨檢し帳簿その他の檢査をさせることが出來る。
第四條　前條の規定による屆出をなさず若しくは虛僞の屆出をなし又は檢
者を拒み、妨げ若しくは忌避した者は、千圓以下の罰金に處する。
附　則
この省令は、公布の日から、これを施行する。

◉司法省令第九十七號
監獄法施行規則の一部を、次のやうに改正する。
昭和二十一年十一月九日　司法大臣　木村篤太郎
第二條第三項を削る。
附　則
この省令は、公布の日から、これを施行する。

告示

◉内務省告示第百六十六號
酒田都市計畫街路の追加變更廢止及び酒田生活再建戰災都市計畫街路事業並びにその執行年度割を左の通り決定した。
其の關係圖面は、山形縣廳及び酒田市役所に備へ置いて縦覽に供する。
（左の通り省略）
昭和二十一年十一月九日　内務大臣　大村清一

1946年11月９日付の内務省令第45号として、日本政府は財団法人・大日本武徳会を解散させることを内務大臣・大村清一の名で告げた。

敗戦から5年後の50年、木村の柔道の師匠であった牛島辰熊は、その木村や山口利夫、遠藤幸吉といった柔道家を擁して国際柔道協会、いわゆるプロ柔道を立ち上げる。これはＧＨＱの政策により職を失った柔道家たちの救済策という側面があった。

木村や山口、遠藤が力道山と共に我が国のプロレス創成期の中心メンバーだったことを顧みれば、「プロレス誕生」という「果」に対する「因」のひとつはＧＨＱの民主化政策だったことになる。

ＧＨＱによる日本統治は、まず日本政府に指令を出し、彼らにそれを遂行させるという間接的な方法が取られた。敗戦直後のＧＨＱと数年経てからのＧＨＱは、統治される日本人から見れば同じ組織である。しかし、占領政策の思想的基盤は「リベラル」から「反共」へと大きな転換があった。

第二次世界大戦中は日独伊の枢軸国に対し、連合国として戦ったアメリカとソ連は47年頃から対立を始めていた。直接戦火を交えない対立だったため、これを冷戦と呼ぶ。

根本にはアメリカ側の資本主義とソ連側の共産主義の思想的な違いがある。戦後、東欧諸国はソ連陣営に入って次々と共産化し、中国でも国民党と共産党の内戦が始まったが、後者が優勢であった。朝鮮半島も日本から独立後、北（共産主義）と南（資本主義）に分かれる。当時、共産主義は世界的に勢いを増しつつあった。

日本でも47年5月の新憲法施行を前に、左翼勢力が勢いを増す。同年2月1日には、官公労（日本官公庁労働組合協議会）による５００万人規模のゼネラルストライキが予定されていた。

結局、このゼネストはＧＨＱの圧力により前夜に中止となる。４月、新憲法施行前に行われた衆議院議員総選挙では日本社会党が第一党となり、吉田茂内閣（日本自由党）は総辞職して政権交代となった。再びゼネストの気運が生じれば、それがきっかけで日本も共産化されかねない。

日本国内の経済的混乱は、戦中よりも戦後の方が酷さを増していた。物資が、そして何よりも重要な食べ物が行き渡らず、激しいインフレーション、つまり物価の高騰が起こる。ゼネストが企画された背景に、多くの国民の不満があった。

古代ローマ時代の詩人ユウェナーリスの代表作『風刺詩集』に、投票権を失って票の売買ができなくなって以来、民衆は国政に対する関心を失い、今、パンと見世物のみを熱心に求めているという一節がある。これは民衆を統治するには、「パンとサーカス」を与えておけばいいということを示している。

「パンとサーカス」が欠乏しているからこそ、人々は政治に目覚める。世界的には冷戦、国内ではゼネストから左翼勢力への政権交代——。

新憲法の制定など法的整備が一通り終わったこと、そして民衆をこれ以上凶暴化させないために、この辺りからＧＨＱは食料支援に力を入れ始める。「パンとサーカス」の譬えに従えば、これは「パン」を保証することだ。さらに世間が少し落ち着いてくると、次は「サーカス」を作り始める。

ウィリアム・フレデリック・マーカット経済科学局長

ここでプロレス史の舞台にＧＨＱから登場してくるのが経済科学局長のウィリアム・フレデリック・マーカットである。

なぜマーカットが日本のプロレスの歴史に出てくるのか。力道山の歴史に必ず登場してくる「トリイ・オアシス・シュライン・クラブ」（しばしば「トリイ・オアシス・シュライナーズ・クラブ」とも表記されるが、本書では「シュライン」とする）の会長がこのマーカットなのだ。

マーカットは、「バターン・ボーイズ」（注４）

トリイ・オアシス・シュラインズ・クラブ会長のウィリアム・フレデリック・マーカット。彼はGHQの高官であり、ダグラス・マッカーサーの側近でもあった。

と呼ばれるマッカーサーの側近の一人だった。彼が仕切っていた経済科学局は、主に財閥の解体などを手掛けた。しかし、マーカットは経済科学局以外にもGHQで大きな役割を果たしている。一例を挙げると先に触れたゼネストの際、吉田内閣の大蔵大臣・石橋湛山に対して労働組合側に中止させるよう指示を出した。なぜなら、マーカットが「バターン・ボーイズ」の一人だったからだ。

昭和の終わり頃まで新聞紙上を時々賑わす言葉に、「M資金」というものがあった。これはGHQが占領下の日本で接収した財産などを極秘に運用しているとされた秘密資金のことを指す。実際、そんなものは存在しない。つまり、架空の資金である。

しかし、これが低利で借りられるとして多額の手数料を詐取する事件が多発した。敗戦から30年以上経った78年になっても、俳優の田宮二郎が自殺した際に「M資金」という言葉を私は聞いた。この秘密資金の「M」は、マーカットの「M」である。

スポーツ、特に野球が好きだったマーカットは49年10月、プロ野球・AAAパシフィックコーストリーグのサンフランシスコ・シールズ来日に尽力し、実現させた。マーカット自らがシールズを空港で出迎えるほどの力の入れようであった。

トリイ・オアシス・シュライン・クラブ主催の日本ツアー

次にマーカットが行ったのは、プロレスを日本に「輸入」することであった。

彼が会長だったトリイ・オアシス・シュライン・クラブは、51年9月末のボビー・ブランズ一行による日本ツアーを主催したことで知られる。前述のように、このツアー中に力道山がプロレスデビューを果たした。

同月8日にはサンフランシスコで平和条約が締結され、日本への占領は翌52年の条約発効により解かれることになる。そのためマッカーサーの側近である「バターン・ボーイズ」は次々にアメリカへ帰国したが、マーカットは日本に残った。トリイ・オアシス・シュライン・クラブ会長としての仕事があったからだ。

ボビー・ブランズ一行によるプロレス興行は、「日本肢体不自由児童救済資金募集」、「青少年身体障害者救済」の謳い文句で開催された。実際のところは日本に駐留する国連軍兵士の慰問興行であったが、チャリティー的な要素が前面に打ち出された。そのため、これまでトリイ・オアシス・シュライン・クラブは慈善団体と解釈されてきている。もちろん、同クラブは実際に慈善事業を行っていたが、それは本質ではない。

同クラブの拠点は、東京都港区飯倉町（現在の港区麻布台2丁目）。ここには敗戦前の海軍の親睦団体で、戦後にGHQによって解散させられた水交社があった。白い大きな建物は戦災を免れて残っており、GHQによる接収が解けた後の50年に土地・建物はトリイ・オアシス・シュライン・クラブに払い下げられる。しかも、職権乱用と言ってもいいほどの不当に安い価格だったという。

大相撲の元関脇・力道山は、ここでプロレスデビューに向けてボビー・ブランズに稽古をつけられることになる。力道山にとって最初のプロレス道場は、トリイ・オアシス・シュライン・クラブの庭だった。

同クラブの会長マーカット、そのボスであるダグラス・マッカーサーは「フリーメイソン」の会員でもあった。

フリーメイソンのルーツは16世紀後半から17世紀の初頭辺りにイギリスで創立された石工の結社で、入会するには何らかの宗教の敬虔な信者であることが要求された。キリスト教に限定されているわけではなく、国家神道でもいい。したがって、フリーメイソン=ユダヤ系ではなく、よく言われる「金融資本を牛耳るユダヤ人が世界征服のために陰謀を巡らす団体」というのは間違いである。

マッカーサーやマーカットはフリーメイソンの会員として、日本に拠点を作った。場所は前述の旧・水交社跡である。つまり、トリイ・オアシス・シュライ

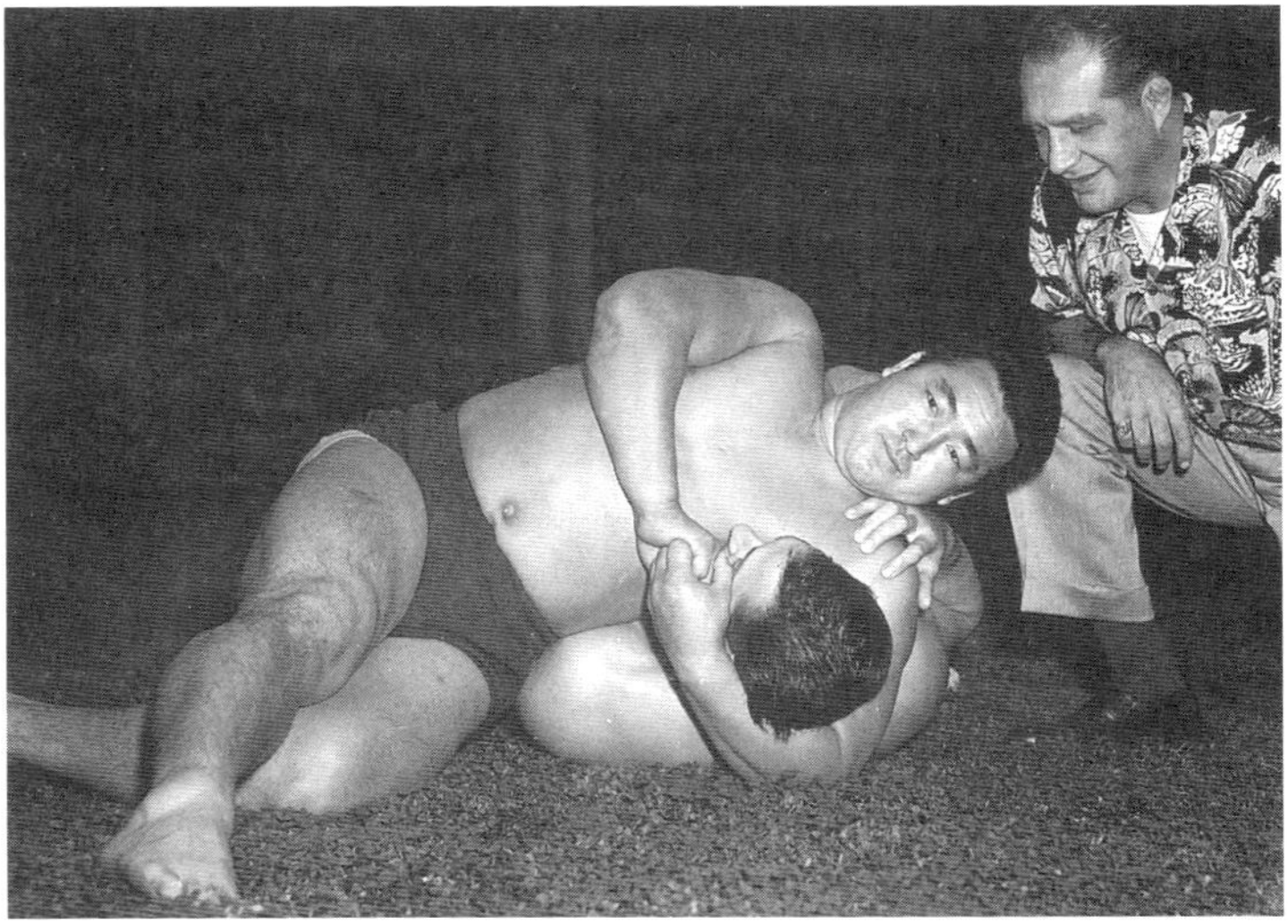

力道山はプロレスデビューに向けて、東京・飯倉にあったトリイ・オアシス・シュラインズ・クラブの庭でボビー・ブランズの指導を受けた。トレードマークの黒いロングタイツは、まだ着用していない。

ン・クラブはそのものズバリ、フリーメイソンの日本支部であった。

名は体を表すではないが、同クラブは「トリイ＝鳥居」を「オアシス」とする神道主義者の団体を意味している。その証拠にボビー・ブランズ一行のツアーのパンフレットの表紙には、鳥居のイラストが小さく印刷されている。フリーメイソンだからこそ、敬虔な神道信者を騙った名称にしたのだ。

トリイ・オアシス・シュライン・クラブに繋がるGHQの人脈が日本の共産化を防ぐため、旧軍人や国家神道系の組織に繋がる我が国の旧支配者層をも糾合していたことが窺える。逆に言えば、GHQと繋がること、それは旧支配者層が自らの勢力を復活させていくための方策でもあった。

アメリカでは48年頃から共産党員および共産党シンパと見られる人々を排除する「マッカーシズム」という動きが始まる。いわゆる赤狩りである。

御多分に洩れず、プロレス界にもそれは及んだ。例えばウクライナ系カナダ人のレスラー、ジョージ・ゴーディエンコ（注5）は48年6月、共産党員だったガールフレンドが所属していた組織の反政府的な内容のビラ配りを手伝ったということで、アメリカでのビジネスビザを失った。

進駐当初、GHQで占領政策の中心を担った部署は民政局＝GSである。ここはリベラルな考えを持っていた人間で占められていた。日本国憲法改正への「アドバイス」はもちろんのこと、多くの武道家が学校での職を失った大日本武徳会の解散命令もGSの政策だ。

GHQ内には、参謀第2部＝G2という部署もあった。ここは保守的な考えが強い者によって構成されていたため、しばしばGSと対立していた。しかし、時と共に世界的には冷戦、アメリカ本国では赤狩り、日本国内では左翼勢力の台頭という背景の中で、このG2がGHQで力を持つようになる。

そして、この時期のGHQは日本を民主化し、その流れで大日本武徳会を解散させたGS的な組織ではなく、スポーツにより国民の目を政治から逸らさせ、日本の赤化を阻止したいG2的な組織であったと言ってもいい。

言い換えれば、木村政彦はGSが主流だった時代のGHQのせいで職を失い、力道山はG2が主流となって以降のGHQの恩恵を受けたということだ。

51年秋、その力道山はトリイ・オアシス・シュライン・クラブ主催のツアーで初めてプロレスの試合を行ったが、後にリング上で戦うことになる木村政彦はその半年前、すでにプロレスラーとしてデビューしていた。

戦争が終わる頃、大相撲と柔道という遠い場所にいた2人がかなり近づいてきた。次の章では、木村がいかにしてプロレスのリングに上がるようになったのかを述べていく。時を前年に戻そう。

【第1章　注釈】

1　ルー・テーズ＝戦後、いや、20世紀で最も偉大なレスラーと言っていい存在。終戦時は29歳。1948年7月にワイルド・ビル・ロンソンを破ってから56年3月にホイッパー・ビリー・ワトソンに敗れるまで継続して旧、新のＮＷＡ世界ヘビー級王者だった。

また、48年6月にミゲール・グスマンを破ってから55年3月にレオ・ノメリーニに反則負けを喫するまで１０００試合を超えるシングルマッチで連続無敗を記録した（いわゆる「９３６連勝」）。

2　アル・カラシック＝ベラルーシ系アメリカ人で、そもそもは中軽量級のプロレスラー。
オーストラリアでプロレスの定期興行が始まったのは１９２４年。その際、プロモーターが取った手法はアメリカから中軽量級のトップレスラーを呼び、彼らをマッチメークの中心に据えることであった。その中心にアド・サンテルらと共にいたのが、このカラシックである。

36年よりハワイでプロモーターを始める（当初は現役と兼任）。ＮＷＡには、結成翌年の49年に加盟した。

3　学校での職を失った一人である＝木村政彦の妻・斗美が夫の死後、『文藝春秋』１９９８年12月号で語ったところによると、結婚した45年7月当時、木村は柔道師範として拓殖大学で講師をしていた。
しかし、同年8月に敗戦。ＧＨＱの学校柔道禁止令を受けて職を失い、闇屋や地元財界人の用心棒をしていたという。なお、木村の拓殖大学での職は母校ゆえであり、大日本武徳会の斡旋によるものではないと思われる。

4　バターン・ボーイズ＝第二次世界大戦中にダグラス・マッカーサーがフィリピンにいた時代から側近だった軍人たちを指す。「バターン」とは、アメリカ軍が駐留していたマニラ湾の入口にある半島の名称。

5　ジョージ・ゴーディエンコ＝ルー・テーズもその実力を認める強豪で、キャリア晩年の１９６８年に国際プロレスに初来日。赤狩りの件は、その初来日時に一緒だったビル・ロビンソンが２０１０年頃に私に語ってくれたエピソードである。ちなみにガールフレンドはゴーディエンコの妻となり、離婚後はＦＢＩのエージェントになった。歴史の皮肉である。

第2章　なぜプロ柔道は失敗に終わったのか？

１９５４年２月19日、蔵前国技館における日本プロレス旗揚げ戦のメインイベントが力道山＆木村政彦vsシャープ兄弟だったことはよく知られる。当日のセミファイナルのカードは山口利夫vsボビー・ブランズ、セミ前は遠藤幸吉vsボブ・マンフリーだった。

日本側陣営で上を取っていたレスラーのうち、力道山を除く木村、山口、遠藤はいずれもプロ柔道（国際柔道協会）の出身者である。プロ柔道は日本においてプロレスの重要なルーツであり、人材供給源だったと言っていい。また、木村、山口、遠藤にとってプロ柔道は「プロ格闘技」参入の最初の機会であった。

木村政彦は17年９月10日、熊本県で生まれた。10歳で柔道を始め、37年から全日本選手権を３連覇する。49年の全日本選手権では、決勝戦で決着がつかなかったため石川隆彦と共に２人同時優勝となった。

これをもって「全日本選手権13年連続保持」と言われているが、その間に第二次世界大戦によるブランクがある。「鬼の木村」の異名を持ち、「木村の前に木村なく、木村の後に木村なし」と讃えられ、現在でも史上最強の柔道家とされることが多い。

山口利夫は14年７月28日、静岡県で生まれた。早稲田大学柔道部、南満州鉄道柔道部で活躍し、

「満鉄の虎」と呼ばれて恐れられた。

その後、39年に大相撲出羽海部屋に入門する。柔道での実績により幕下に付け出されるも、2敗した後に休場。土俵を去った後、日本軍に応召された。

10年間のブランクを経て、50年に国際柔道協会に参加。プロ柔道が頓挫した後も木村と行動を共にし、アメリカへ渡ってプロレス武者修行を行った。

遠藤幸吉は26年3月4日、山形県で生まれた。敗戦直後には横浜にいて、進駐軍相手のクラブで柔道のデモンストレーションを行う。木村の師匠でプロ柔道を仕切った牛島辰熊がやはり敗戦直後に横浜で柔道のデモンストレーションを手がけており、両者の繋がりはこの辺りから始まったと推測される。

全日本柔道選士權大會 第二日

大豪中島五段敗る

熱戰木村五段に凱歌

木村政彦は1937年から柔道の全日本選手権を3連覇した。これは初優勝した「木村五段」の文字が躍る東京朝日新聞の同年10月25日付の記事。

プロ柔道参入の段階で24歳と、木村、山口よりもずっと若い。プロ柔道崩壊後は木村らと異なる道を歩み、53年に力道山が設立した日本プロレスの創立メンバーとなる。引退後は同団体で役員の座に就き、NETテレビ（現・テレビ朝日）のプロレス中継『ワールドプロレスリング』で解説者を務めた。

1950年4月16日、プロ柔道旗揚げ興行

プロ柔道こと国際柔道協会の設立は、50年に入った頃のようだ。寺山幸一なる人物がスポンサーとして高野建設社長の高野政造を見つけ、木村の師匠・牛島辰熊に協力を依頼する。それを受けて、牛島は当時の一般の給与水準からすると破格のファイトマネーを約束して選手を集めた。

旗揚げ興行は同年4月16日、東京・芝スポーツセンターで行われている。

この大会では、まず木村を除く16人でトーナメント1～2回戦を行い、勝ち残った4人が「木村への挑戦権」を懸けたリーグ戦を敢行。決勝進出者が木村に当たるまでに5試合を要するので、体力的な平等を保証するため木村は七人掛けを行った。

2回戦を勝ち抜いた4人と挑戦権獲得リーグ戦の勝敗は以下の通りである。

・山口利夫（3勝0敗）
・坂部保幸（2勝1敗）
・今村寿（1勝2敗）
・遠藤幸吉（0勝3敗）

「鬼の木村」こと木村政彦。1954年の力道山戦の頃とは異なり、柔道衣に隠されていても素晴らしい肉体の持ち主だったことが窺える（写真提供：共同通信社）。

坂部保幸は後に木村、山口のハワイ遠征に同行しているが、２人とは異なり、その時はプロレスのリングに上がらなかった。

しかし、帰国後の51年12月９日、横浜のフライヤージムで行われたボビー・ブランズ一行の日本ツアーで生涯唯一のプロレス試合を行っている。この頃、坂部が柔道の稽古をつけていた少年の一人に、後の全日本女子プロレス会長・松永高司がいた。

今村寿は49年に行われた第４回国民体育大会の柔道競技団体戦25歳以下にて、神奈川県代表チームの大将を務めた。このチームの中堅が遠藤幸吉だった。今村は遠藤同様、木村の七人掛けの相手にも選ばれている。

試合に関しては、リーグ戦を勝ち上がった山口が木村に挑戦して敗れた。この旗揚げ興行の観客動員については、「まあまあ」と「散々」の両説がある。

牛島辰熊が国際柔道協会を設立した背景

プロ柔道をスタートさせるにあたって、選手を集めた牛島辰熊にはＧＨＱが民主化政策の一環として押し進めた学校教育における武道の廃止、大日本武徳会の解散命令で職を失っていた柔道家たちの生活の糧を作りたいという思いがあった。

この大日本武徳会の消滅があったことで、戦後の柔道を独占できたのが講道館である。現在、全日本柔道連盟の本部が講道館の5階にあることから理解できるように、日本の柔道はイコール講道館だ。

しかし、講道館とはそもそも1882年に嘉納治五郎が東京・下谷に開いた柔術の一道場である。戦前においては、大日本武徳会の他にも江戸期以来の古流柔術道場も多々存在していたため講道館が柔道界において唯一の権威だったわけではない。プロ柔道に参集した面々は、例えば講道館傘下の町道場を運営するといった時代の流れに乗れなかった柔道家たちだった。

牛島たちの国際柔道協会は、その在り方に対して当時の講道館系の柔道家から嵐のような批判を受けている。要は「神聖なる柔道を商売にしている」ということだ。町道場の運営も柔道を商売にしていることになるのだが、レッスンのプロは「教育」ゆえ許され、興行のプロは「金目当て」ゆえ邪道ということらしい。

プロ柔道への批判、それは講道館システムの傘の下で食えている者から出た。講道館が大きくなったのは、嘉納治五郎の政治力（一例を挙げれば、40年の東京オリンピック＝中止＝の誘致）の賜である。そして、その遺産もあって戦後の混乱を泳ぎ切ることができたと私は見る。

大正期にアメリカのプロレスラー、アド・サンテルが来日し、柔道家と戦った時も講道館内部は批判の嵐だった。

その頃、嘉納治五郎の側近の一人に飯塚國三郎・七段がいた。飯塚はサンテルと戦おうとする柔道家に対し、「柔道の精神に悖《もと》り、競技精神を破る商売人との試合は絶対に不同意で、講道館員の名で之《これ》をやる者があれば、警告を与えて、若し容《い》れなければ、館員として制裁する、即ち従来の館員としてお互が扱わない」（読売新聞21年３月３日付）と警告した。

それから約30年の間に飯塚は講道館柔道の十段を獲得し、大日本武徳会柔道範士（同組織における称号の最上位）にもなっている。その飯塚はプロ柔道の旗揚げに際して、自らの道場を練習場として貸し、「柔道の精神に悖り、競技精神を破る商売人」である国際柔道協会の名誉協会長となった。

是非は問うまい。戦争に負けるとは、こういうことなのだ。飯塚の変節こそが当時の日本人の象徴である。食うためにアメリカを受け入れ、同化する。飯塚に限らず、この無意識のアメリカへの同化も日本がプロレスを受け入れる根底にあった。

「シリーズ」になっていなかったプロ柔道の巡業

旗揚げ後のプロ柔道の興行は、当時の新聞などを見ると飛び飛びで行われている。

判明している限りにおいて、50年４月16日の旗揚げ興行の次は５月27日、静岡県三島市・東海劇場。三島は山口利夫の故郷であり、彼の伝手を用いたのだろう。その後は静岡県内の伊豆長岡、熱海、吉原を回り、千葉県や富山県でも興行を打つ。

興行の世界では、「コースを切る」という言葉がある。これは巡業の旅程を作ることだ。前記のスケジュールを見ると、国際柔道協会はコースを切るという発想が希薄だったように映る。プロレス風に言うと、「シリーズ」になっていない。また、新聞社の後援を取り付けたり、試合結果を逐一報道させたりといったマスコミの抱え込みもできていない。

当時、大相撲の伊勢ヶ濱親方（元関脇・清瀬川）は牛島にこう忠告したという。

「柔道の先生方は商売を全く知らない。興行というものは、行く先々の顔役を頼って切符の前売りをしなくては客は集まらない」（工藤雷介著『秘録日本柔道』）

大相撲には江戸時代以来の格闘技興行としての歴史があり、それらはチャンコや瓶付け油と共に組織内で一体化されている。

ところで、ここで言う「行く先々の顔役」とは誰か。いわゆるヤクザと言われる方々を指すことが多い。

1914年生まれの山口利夫は、プロ柔道を経て、1954年に全日本プロレス協会を旗揚げした時、すでに40歳になっていた（写真提供：共同通信社）。

国際柔道協会は、「興行」を知る者がいない素人集団だった。これは紛れもない事実である。

夏になって高野建設がスポンサーから降り、ランニングコストがショートしたため8月の北海道巡業は途中の函館で打ち切られた。

しかしながら、木村や山口らは9月24日、静岡公会堂で松竹映画の俳優やコロンビアレコードの歌手たちと共演し、「10人掛け挑戦者募集」のデモンストレーションを行っている。この興行は「プロ柔道渡米大合同歓送会」と題された。

10月に入ると、木村政彦と山口利夫は国際柔道協会からの脱退および全日本プロ柔道家協会の設立を宣言する。牛島に反旗を翻したのだ。

こうして、プロ柔道は空中分解した。国際柔道協会の失敗の根本原因は、どこにあったのか。いや、そもそも武道のプロ化は可能なのか。明治時代にプロ剣道、プロ薙刀などが試みられた歴史はある。しかし、これらは成り立たなかった。

日本人にとって武道は「実践するもの」ではあっても、「金を出して見るもの」ではないということが歴史的真実のように思える。では、相撲はどうなのかということになるが、八百長の問題を棚上げにしたとしても芸能的、見世物的な要素があり、それがあって日本人に浸透している。

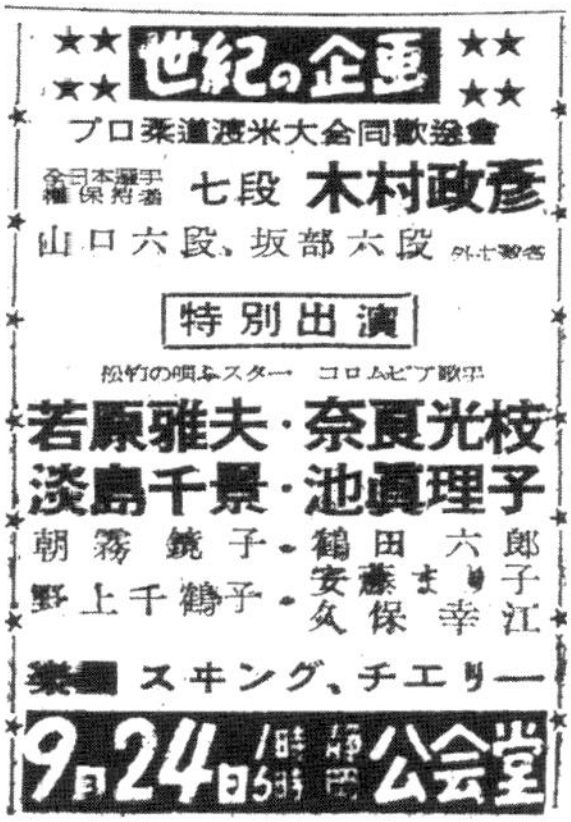

1950年９月24日、静岡公会堂でプロ柔道勢が俳優や歌手たちと共演した興行の広告。この後、木村政彦らはハワイに飛ぶ。

柔道をテーマにした富田常雄の長編小説『姿三四郎』が人気を得たとはいっても鬼畜米英と戦争中のことであり、その時期にプロ柔道が存在していたら少しは違っていたかもしれない。

木村政彦と山口利夫がハワイでプロレスデビュー

翌51年1月、木村政彦は坂部保幸を連れてハワイに渡航した。その後、山口利夫も日本を発ち、2月に彼らと合流する。

木村らとハワイを繋いだのは、山口の知己で雅叙園観光の経営者、さらに歌舞伎の興行師も兼ねていた松尾國三である。53年には力道山が設立した日本プロレス協会の役員に名を連ねることになる人物だ。

ハワイには日系人が多く、彼らにとって故国・日本の格闘技である柔道の王者は神に等しい。現地に着いた木村らは、ハワイ各地の柔道場を回って指導した。

さらに3月7日、9日、10日の3日間は観客の前で当地の外国人柔道家と柔道デモンストレーションマッチを行って勝利している。「柔道を見せて

木村政彦らのハワイ行きを斡旋した雅叙園観光社長の松尾國三。松尾は、1953年に日本プロレス協会の役員に就任する（写真提供：共同通信社）。

金を取る」という意味で、プロ柔道はハワイで生き長らえていたと言ってもいい。

その観客席にいたホノルル在住のプロモーター、アル・カラシックの誘いを受け、木村と山口は柔道家としてプロレスのリングに上がることになる。彼らにプロレスを教えるためカラシックは同地在住の日系一世、ラバーメン樋上をコーチにつけた。

このカラシックからの誘いは木村、山口がプロレス稼業に足を踏み入れるきっかけとなり、歴史的な区切りでいえば、ここがプロレスラーとしての彼らのスタートである。

同年４月22日、木村、山口はカラシックが主催するホノルルのプロレス興行でデビューした。当日、２人は共に「柔道マッチ」に出場し、木村はベン・シャーマンを、山口はスギ・ハヤマカを破っている。

戦前のアメリカマットで活躍したラバーメン樋上。木村政彦らがハワイでプロレスのリングに上がることになった際、彼がコーチを務めた。

「柔道マッチ」は、プロレスの正式なルールの中にはない。双方が柔道衣を着用し、最後は投げによる「一本」でフィニッシュ。おそらく試合内容は、そんなところだろう。プロモーターとしてはルール云々より、観客が呼べて、会場に来た彼らが喜べばいいのだ。つまり、「柔道」は観客を沸かせるための小道具である。

4月22日のプロレスデビュー以来、木村と山口は5月27日まで週に一度、合計で6回リングに上がった。なぜ週に一度なのかというと、ハワイはプロレス市場が小さく、週に一度の定期興行を維持できる人口を持つ都市はホノルルだけだったからだ。

滞在中の木村の戦績はシングルマッチ6戦を行い、4勝2分。引き分けた相手のうちの一人は、日本でオビラ・アセリンとして知られるアンドレ・アセリンである。

山口の戦績はシングルマッチ5戦4勝1敗、タッグマッチ1戦1勝。タッグマッチでのパートナーはホノルル在住の沖識名で、アンドレ・アセリン&アンドレ・アドレーに勝利した。対戦相手の2人は共にこの4ヵ月後、トリイ・オアシス・シュライン・クラブ主催の日本ツアーに同行することになる。

ところで、プロモーターのアル・カラシックはなぜ木村らに声をかけたのか。前述のように、自分が主催する興行に柔道家を上げることが「アトラクション」として観客動員に効果的と判断したからである。これは正しい。しかし、表面的な理由でしかない。

ただでさえ野心家が多いプロレスのプロモーターの中でも、カラシックの野望は群を抜いていた。

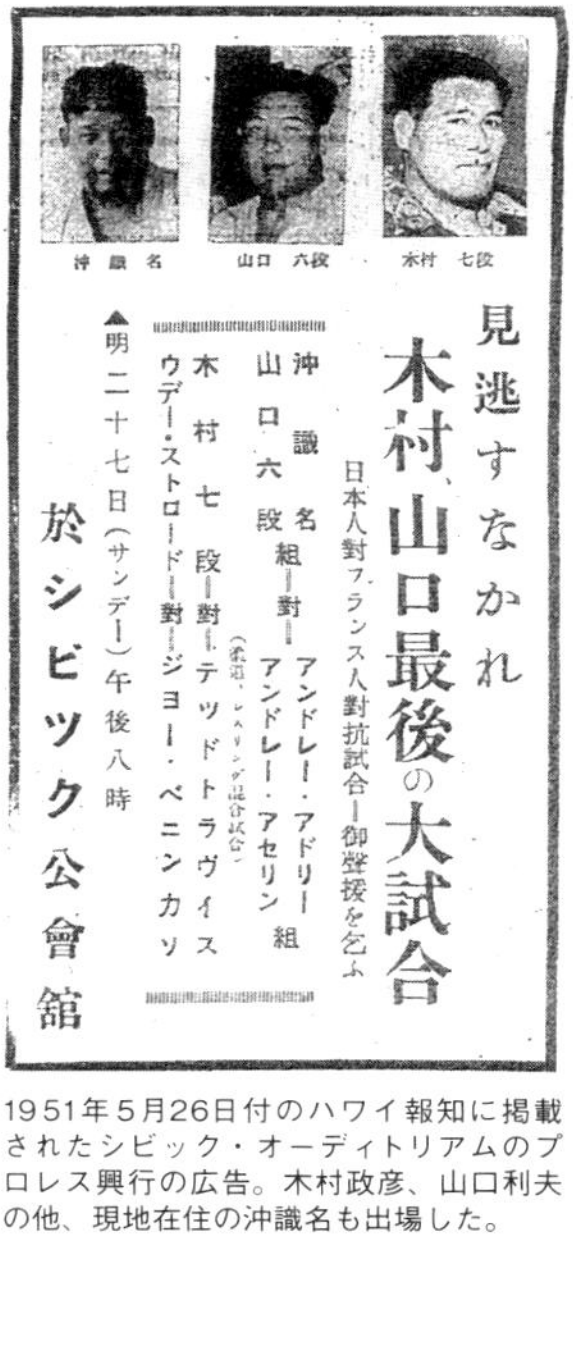

1951年5月26日付のハワイ報知に掲載されたシビック・オーディトリアムのプロレス興行の広告。木村政彦、山口利夫の他、現地在住の沖識名も出場した。

いずれはニューヨークもシカゴもロサンゼルスも自らの手に――。そんな思いを抱いていたカラシックのことを米本土のプロモーターたちは警戒していたという。

アメリカ本土では人々が教会に行く日曜日以外は毎日、プロレスの興行がある。ところが、ハワイはマーケットが小さい。

本土進出の夢は一旦棚上げし、目を大陸から反対側に向けると、そこには日本がある。カラシックは日本人レスラーをエースにして、日本で団体を立ち上げるプランがあったからこそ木村らに声をかけたのだ。

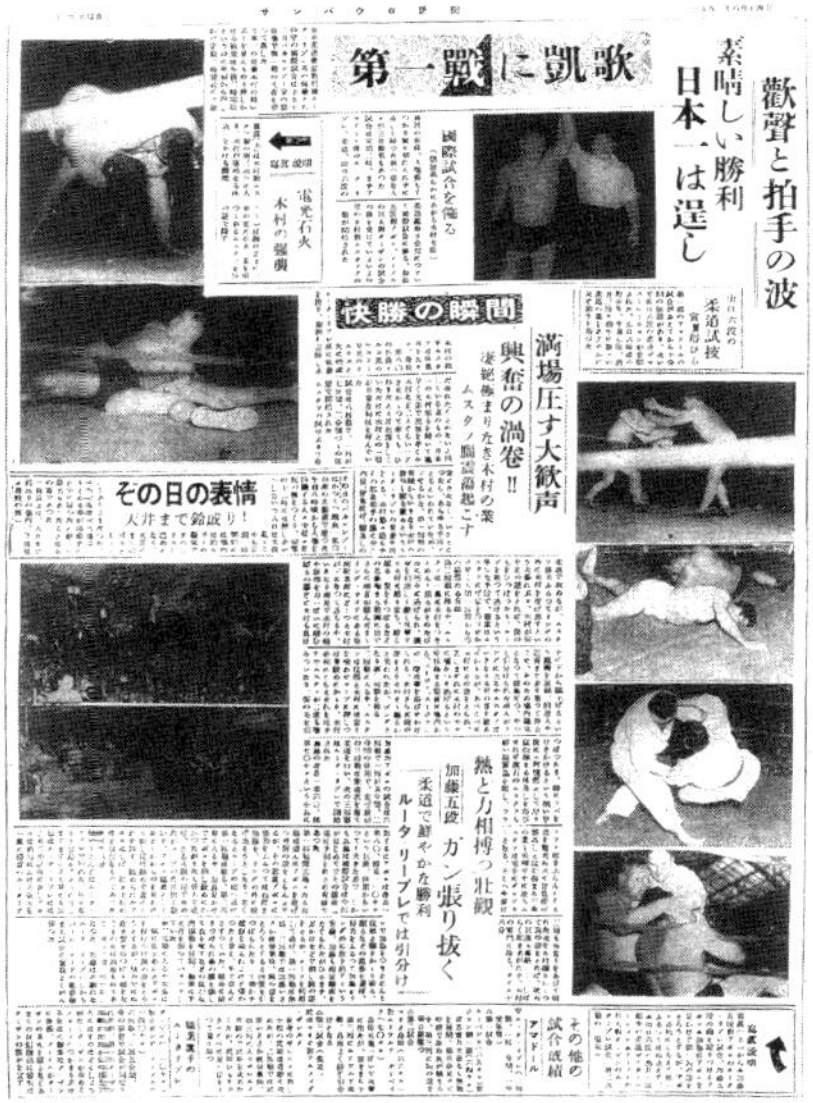
第一戦に凱歌
歓聲と拍手の波
素晴しい勝利
日本一は逞し
快勝の瞬間
満場圧す大歓声
興奮の渦巻!!
その日の表情
熱と力相搏つ壮観
加藤五段ガン張り抜く

1951年8月14日付のサンパウロ新聞は、木村政彦らのルタ・リーブリ参戦（第1戦）をセンセーショナルに報じた。この後、現地でエリオ・グレイシーに敗れる加藤幸夫五段も出場している。

木村と山口がブラジルの「ルタ・リーブリ」に参戦

ハワイでプロレスの試合を経験した木村&山口が一旦帰国後、ブラジルに飛んだのは51年7月20日のことである。

ブラジルもハワイ同様、日系人が多い。その市場を当て込んで彼らを招聘したのはサンパウロ新聞だった。

彼らが用意したメニューは、ルタ・リーブリ（注1）興行への参戦と柔道のデモンストレーションである。

現在、ルタ・リーブリはブラジルに存在する「ガチンコ系格闘技」を指す。しかし、木村が遠征した50年代において、ルタ・リーブリを名乗る格闘興行の本質は正真正銘の勝負ではなく、「ワーク」であった。ただし、この時代にはプロレスの本場アメリカマットとの交流はない。

木村といえば、ヒクソン&ホイスの父親にあたるエリオ・グレイシーに勝利したことがよく知られる。51年10月23日、ブラジルはリオデジャネイロのマラカニアン・スタジアムで両者は対戦。試合形式はブラジリアン柔術ルールだった（木村が腕がらみで勝利）。

この木村vsエリオ戦は、サンパウロ新聞社が用意したメニューにはなかった。これは木村らがブラジル入りした後に、エリオが挑戦を申し入れて実現したものである。

今となっては、木村&山口のブラジル遠征はエリオ戦ばかりが語られる。ならば、木村&山口がこの時期のルタ・リーブリのリングに上がったという事実をどう見るか。結果的にこれも将来、彼らが日本でプロレスを行う上での武者修行になっているのだ。

木村&山口がブラジルにいた時期に、力道山が日本でプロレスデビューした。そして、話の舞台を再び我が国に戻せば、その頃、日本では女子プロレスの原型も誕生していた。

【第2章　注釈】

1　ルタ・リーブリ＝ポルトガル語で、自由な戦いの意。これをスペイン語訳すれば「ルチャ・リブレ」、英訳すれば「フリースタイルレスリング」、和訳すれば「プロレス」となる。

第3章　パン猪狩がパリで見た「レッスルする世界」

敗戦後、物資が不足してインフレが進む中、1946年3月3日に日本政府は物価統制令を公布した。

しかし、値段を決めた政府に物資をきちんと流通させる能力がない。それにより、人々は生活に必要な物を闇値で求めざるを得なかった。「闇市」とは、このように政府による物価統制の体制下に物資が不足した状況で非合法な取引を行う市場と定義される。

私がイメージする闇市は新宿や新橋など鉄道駅の周囲の焼け跡にできた露店やバラックで〝すいとん〟などを売り、それに群がる復員兵、その周りをウロチョロする戦災孤児という光景である。横暴を極める外国人(注1)に対して日本の警察は無力であり、結局、治安維持はヤクザ組織に頼らざるを得なかった。

闇市の時代のプロレスといえば、猪狩定子が思い浮かぶ。力道山がプロレスデビューする以前の話だ。

以下は2018年7月1日に東京・巣鴨にあるプロレス&格闘技ショップ『闘道館』で私がトークライブを開催し、猪狩にゲストで来ていただいた際のプロフィールである。文章も私自身が作成した。

「スポーツショー」を行っていた当時の猪狩一座。左からショパン猪狩、坂本新兵、猪狩定子。ショーの内容がまだボクシング中心だったことを窺わせる。

１９３２年、東京目黒生まれ。１９４８年頃より兄パン猪狩（ボードビリアン）にレスリングを仕込まれ、パン猪狩、ショパン猪狩（後に東京コミックショー）と共に進駐軍キャンプでのコミックレスリング&ボクシングショーで人気を得る。54年、ミルドレッド・バーク日本ツアーに参戦。その技術を見たバークからスカウトされたが日本に残留。55年、小畑千代&伊藤静江を破り、日本女子ライト級タッグ王座戴冠。59年引退。その後コメディエンヌとして数々の舞台を務めた。

宣伝用のプロフィールとしては、これで良かったのだろう。しかし、資料的価値を持たせるには重大な欠陥がある。

それはコミックレスリング&ボクシングショー（スポーツショー）と54年のミルドレッド・バーク一行の日本ツアーの間に、「ミッシングリンク」があることを説明できていないない点だ。

すなわち、試合の場がフロアに敷いたマットだったのか、それともロープが張られたリングだったのか。また、前者から後者への移行があったのか。あったとすれば、それがいつ頃だったのかがわからない。

キャバレーなどのフロアのマット上で金を取ってレスリングを見せても、「これもプロレスだ」と納得できる方はそれほど多くはないだろう。このミッシングリンクを埋められないと猪狩は単なる「昔の芸人」となり、正真正銘のプロレスラーという評価はされない。実際、されてきていなかった。

プロローグで触れたように、猪狩は男子プロレス創成期のスターである力道山、木村政彦、山口利夫らと交流があった。しかし、それ以上に重要なのは、「女子プロレスラー・猪狩定子」を作った長兄のパン猪狩の存在だ。

牧伸二の人気テレビ番組『大正テレビ寄席』における「レッドスネーク、カモン！」ネタで世間的に有名なのは、猪狩のすぐ上の兄のショパン猪狩である。しかし、ショパンが妹に与えた影響は、長兄パンの足元にも及ばない。

パン猪狩は、天才的なアイディアマンであった。弟のショパンに比べて一般に知られていないのは、パン自身がメジャーの道を好まなかったからである。しかし、その芸は阿佐田哲也名義で麻雀小説も書き、自身も雀士であった作家・色川武大ら通好みの評価が高い。いわゆる鬼才である。

色川は著書『なつかしい芸人たち』で、パン猪狩について以下のように述べている。

日本のショー芸人にはいいスタッフをかかえる余裕がなかったので、いいネタがなかなかできない。この点が泣きどころだった。ショー芸人のみならず、喜劇の世界でも曾我廼家《そがのや》喜劇に代表されるように自作自演の人が多い。逆に言うと自分でネタを作れる人が座長になっていくという感じであった。

ショー芸人のほうで、ネタ作りの才能があって楽屋内ではたくさんの芸人から敬愛されていた人が二人居た。片や泉和助《いずみわすけ》、片やパン猪狩（後略）。


この文にパン猪狩の本質があると思う。

また、彼は豊富な人脈を持っていた。それがあったからこそプロレス界にも参入し、力道山や木村政彦とも繋がった。

戦後、彗星のごとく現れたボードビリアンのトニー谷はパンの親しい友人であった。高度成長期に活躍した早野凡平、坂本新兵、東京ぼん太、マルセ太郎らはパンの弟子筋にあたる。いずれも戦後の芸能界においてアクが強い方々ばかりだ。これはパン自身が非常にアクが強かったことの裏返しである。

そんなパンだからこそ、スポーツショーでの「ガーターマッチ」、さらには日本で初の女子プロレス団体設立という発想を持ったのだ。

ガーターとはそもそも衣装のずり落ちを防止するために着用するものであり、日本風に言えば「ストッキング留め」である。ガーターマッチとは、相手のガーターを奪い取った方が勝ちというルールの試合だ。

36年に日活の大道具から芸能界に関わり始めたパンは、旅回りの役者に転身する。しかし、役者稼業を「河原乞食」と蔑む元宮大工の父親は許さなかった。

勘当同然となったパンは、旅回りの一座と共に中国の上海に飛ぶ。当時、上海には欧米諸国の租界があり、東アジアにおける芸能のメッカであった。

当時のパリで行われていた「プロレス」とは？

猪狩定子の話によると、長兄パン猪狩は上海で特務機関（諜報・宣撫工作・対反乱作戦・秘密作戦を占領地域などで行っていた組織）の一員になったようだ。そして、上海からアメリカ、フランスへと足を延ばす。

パンはフランスのパリで、プロレスというものを知った。相手の太ももに巻かれたガーターを取った方が勝ちというルールの女子プロレスも見た。彼がヒントにした戦前・戦中のパリのプロレスとは、どういうものだったのか。

19世紀、パリは世界のプロレスの中心のひとつであった。１８６０年代中盤には覆面レスラーがこの地で誕生し、女子レスラーも現れている。

フランスを含むヨーロッパ大陸のプロレスは、20世紀になると大きな変化が起きた。グレコローマンスタイルのトーナメントが人気を呼んでいた当時、メジャーなプロレスが行われていた場はサーカスである。

書籍『サーカス　起源・発展・展望』（エヴゲニイ・クズネツォフ著、桑野隆訳）には、19世紀末のプロレスはスポーツと言えるものであったこと、20世紀に入ってプロレスはサーカスの演し物の中で最も人気があったこと、しかし、第一次世界大戦が近づくにつれて八百長が横行し、女子プロレスは淫らな見世物に成り下がったことが書かれている。そして、レスラーがプロモーターに試合内容やフィニッシュ時間を命じられるようになった。

第一次世界大戦でプロレス興行は停止され、戦後、復活するも人気が戻らず、１９２５年にまたも興行が停止された。

パリでプロレスが再び復活するのは、33年のことだ。これは30年にイギリスで『オールイン』という定期興行を開催する団体が旗揚げされたことに刺激を受けたもので、そのイギリスやスペイン、カナダの仏語圏モントリオールから名のあるレスラーがパリに来訪した。

ルールはかつてと異なるイギリス伝来のキャッチ・アズ・キャッチ・キャン・スタイルが基調で、パンチなどの反則技が色付けとして加味された。時期的にパン猪狩が見たパリのプロレスは、この復活後のものである。

しかし、フランスのプロレスの正史に「ガーターマッチ」は登場してこない。ここからは推測するしかないが、これはいわゆる「地下プロレス」で行われていたものでないか。

地下プロレスは、都市伝説的な存在である。これを「限定された会員のためのプロレス」と定義すれば、２つの事例を見つけることができる。

ひとつは20世紀初頭の世界王者フランク・ゴッチ（アメリカ）だ。ゴッチは普通の試合以外に、「サイドベット」と呼ばれた対戦者自身も金を賭ける試合にも出ている。これはプライベートで行われるもので、賭けを成り立たせるため八百長は排除されていた。つまり、ガチンコマッチである。

もうひとつは、日本人女子プロレスラーの小畑千代（注2）から聞いた話だ。私は小畑を何度か取材したことがあり、ハワイでの自慢話を聞かされたが、試合記録は発見できなかった。

これを解決したのが雑誌『世界』で短期連載された「女子プロレスラー・小畑千代　闘う女の戦後史」である。２０１５年７月号掲載分によると、１９６５年12月から３ヵ月間、小畑はホノルルのナイトクラブ『オアシス』で週６日、試合をしたという。

この遠征は彼女の僚友・佐倉輝美が一緒だったというから、カードは毎晩、２人のシングルマッチかもしれない。週６日のガチンコマッチは不可能であり、おそらくクラブの演し物だったのだろう。

前者と後者では、意味合いがまったく違う。女性同士によるガーター争奪戦は、言うまでもなく後者だ。パン猪狩はフランスに滞在中、キャバレー辺りでガーター争奪戦を目撃したのではないか。私はそこに第一次世界大戦前のパリの女子プロレスの名残を見る。

フランスといえば、哲学者・批評家のロラン・バルトが著書でプロレス論を展開したことがあった。

私がバルトの名を知ったのは、村松友視の著書『私、プロレスの味方です』所収の「ロラン・バルトよ、さようなら」と題された文章を読んだ時だった。村松はバルト著『神話作用』所収の「レッスルする世界」に違和感を唱えながらも、それに示唆されて『私、プロレスの味方です』を書き上げたと述べている。

「レッスルする世界」よりバルトの主張を要約すると、以下のようになる。

「レスリング（プロレス）はスポーツではなく、見世物だ。プロレスが八百長であると憤慨する人がいるが、だとしたら美点である下劣さが失われる。観衆は、そんなことはどうでもいい。事実を求めているのではなく、見て楽しめる物を求めている」

バルトの『神話作用』が世に出たのは、57年である。ということは、彼が見たプロレスは戦後のパリのプロレスであり、パン猪狩がパリで見てきたプロレスとほぼイコールだろう。そして、バルトが前提としているプロレスは彼が居住していたフランスという場所、第二次世界大戦の直後という時期の制約を免れない。

しかし、バルトが見たパリの試合を「プロレス」として一般化してしまうのは無理があるのではないか。

バルトは有名な思想家だ。その彼がプロレスを取り上げたことで、村松以降、何人かがバルトの解読を試みている。しかし、バルトがいたフランスと我が日本という「背景」を無視し、一緒くたに「プロレス」と括ったようにしか読めなかったため、それらの解読に対して私は腑に落ちた感覚を得られなかった。なぜなら、バルトは力道山以降、日本なりの発展を遂げたプロレスを知らずに「レッスルする世界」を書いているが、その視点が抜け落ちている論考ばかりだったからである。

猪狩兄妹による進駐軍キャンプの「スポーツショー」

ここで時間を第二次世界大戦中に戻す。パン猪狩が帰国した時は、まだ戦争中だった。そのパンに召集令状が届く。昭和天皇による玉音放送は、配属先の藤沢で聞いた。

敗戦後の混乱時、パンは旅回りの演劇一座に戻る。さらに、その一座に弟（ショパン猪狩など）や妹の猪狩定子を巻き込んだ。47年頃のことである。

猪狩定子は言う。

「戦争に負けて、何もなくなってしまって。何しろ、食っていくためなら何でもやらなければいけなかったのよ」

東北本線で仙台駅から30キロばかり北に小牛田という街があった。そこで猪狩らが所属していた一座が突然解散してしまう。入場料収入が上がらず、巡業を続けるにも最低限の費用すら欠いてしまったのだろう。取り残された猪狩兄妹は東京に戻る交通費がなく、小牛田駅前で呆然としていた。その時、駅から東北を巡業中の浪曲師・鶴乃一聲が降りてきた。長兄パン猪狩は「きちんと東京に連れて帰る」という約束で、妹を鶴乃に預けた。彼の人脈が功を奏したのだ。

そこから1ヵ月ほど猪狩定子は鶴乃の舞台を手伝いながら、無事に東京に帰ってきた。ところが、曲師（三味線弾き）だった鶴乃の奥さんが殺害される。それもあって、猪狩は兄の元に戻ってきた。

もしもの話であるが、鶴乃の奥さんが殺されていなければ、猪狩は女流浪曲師になっていたかもしれない。なぜなら兄のパンが妹を鶴乃に預けたのは、その声に「素質」を感じていたからだった。

右写真は、米軍キャンプで行われた猪狩一座のスポーツショーの様子。兄弟の中でボクシングの嗜みがあったのは、定子のすぐ上の兄のショパンだった。「目黒の坂の途中のジムで、トレーニング中のショパン兄さんをずっと見ていた」（定子）。

となると、女子プロレスラー・猪狩定子は誕生していない。

その後、パン猪狩は自ら一座を旗揚げし、弟・ショパン猪狩、妹・定子も座員に加える。私はここに日本初の女子プロレス団体である『全日本女子レスリング倶楽部』のルーツを見る。

活動の場はドサ回りだけでなく、進駐軍のキャンプやキャバレー、地方のストリップ劇場の幕間のショーと彼らは「テリトリー」を広げていった。

当時、GHQは日本中に基地を構え、兵士たちのために週末にはキャンプ＝駐屯地内でのライブが多々行われていた。メニューは音楽や演芸、格闘技などである。

アメリカの港町ニューオーリンズのフレンチクオーターと呼ばれる一画辺りで発祥した音楽ジャズが日本に入ってきたのは、戦前のことである。しかし、戦中は敵性文化として禁止された。とはいえ、隠れて愛好する者は多かった。戦後、これが解禁されると巷にジャズが吹き荒れる。演奏者の中には、キャンプ内でのショーに呼ばれる者もいた。いつしか彼らによる音楽を「進駐軍ジャズ」などと呼ぶようになる。

ＧＨＱは学校教育の場で柔道を教えることを禁止したが、これはボクシングにはプラスに作用した。「ＧＨＱとボクシング」という文脈で、まず出てくるのがアルビン・カーンである。

天然資源局にいたカーンの職務は、日本人の食糧指導だった。そのため、お堀端にあったＧＨＱ本部＝第一生命ビルと築地市場の間を行ったり来たりの毎日であった。その途中にある日拳ホールでカーンが白井義雄を発掘したのは48年7月、カーンの指導により白井が日本人初のプロボクシング世界王者となるのが52年5月である。

その白井は、『ボクシングガゼット』誌の記者でもあった松永喜久（女性）のプロモートでキャンプ内で試合をする。相手は、やはりカーンの弟子の武蔵鏡一。月平均10試合で、これを本気でやったら体が持たないためハラハラドキドキの試合を演出した。もちろん、正真正銘の試合（コンテスト）ではなく、仕事（ワーク）である。

進駐軍の兵士たちを喜ばせればいい――。松永記者と同じように猪狩3兄妹が行ったこと、それが「スポーツショー」だった。

彼らを進駐軍のキャンプにブッキングしたのは、マナセプロダクション（注3）である。立川のキャンプから迎えに来たジープの助手席には猪狩定子が座り、その膝の上にはまだ小学生だった江利チエミ（注4）がいた。

何しろ敗戦後の無政府状態の中、何とか食っていかなければならない。長兄のパン猪狩には柔道、ショパン猪狩にはボクシングの心得があった。妹・定子は兄たちからその両方を教わり、寸劇、歌などの他、猪狩一座の演し物にコミックボクシングが加わる。演目数は徐々に増えていった。

ある日、パンは叫んだ。

「コレをやる」

こうして、演し物にパリで見たプロレスが加わった。ボクシングもやれば、レスリングもやる。その総称として、「パンスポーツショー」を名乗った。

警視庁が「ワイセツ」の疑いで猪狩一座を検挙

猪狩一座がスポーツショーに「レスリング」を加えたのは、いつ頃なのか。

50年10月14日付の朝日新聞夕刊の記事に、「レスリング」の5文字がある。この年の10月といえば、木村政彦がプロ柔道を離脱し、前月に自ら髷を切った力道山が今後の人生をどうするか悩んでいた時期である。

日劇小劇場に手入れ

警視庁保安課では十二日夜五時十分、千代田区有楽町日劇五階の同小劇場を手入れし、出演者パン猪狩こと猪狩登（三三）とリリー猪狩こと同定子（一八）と同劇場支配人・浜田栄（三八）演出・沢村い紀雄こと岡部静雄（四五）をワイセツ罪現行犯で検挙した。さる三日から公演のバアレスク（引用者注＝バーレスク）の「女のパクパク」第一部第九景「女のレスリング」があまりに煽情的でワイセツだというのである。

『週刊現代』60年1月24日号には、この事件を担当した中込刑事の手記が載っている。日劇小劇場は後の日劇ミュージックホール、つまりストリップショーを行う場である。警察は猪狩一座の演し物を「新奇なストリップ」と踏んでいた。新手のものは一度挙げておかなければならない。警察には、そんな考えがあったようだ。

猪狩兄妹が出番を終了した後、警察への出頭を命じたところ素直に応じたため「逮捕」とはならなかったという。彼らは東京地検に送致されたものの、不起訴となった。

日本でストリップショーが始まったのは戦後になってからの47年1月15日、東京・新宿の帝都座5階演芸場であった。猪狩が検挙される僅か3年9ヵ月前のことだ。記事中、未成年の猪狩定子が実名報道されていることにも驚くが、それはさておき事件の真相はどうだったのであろうか。

書籍『パン猪狩の裏街道中膝栗毛』（滝大作著）にパン自身の回想があるので、それを引用しよう。

そう、日劇小劇場でね、オレ、公衆猥褻陳列罪で挙げられたの。これがバカバカしい話なんだ。

そんとき、警視庁は暇だったらしいのね。なんか挙げなきゃ退屈でしょうがねえって心境だったわけ。で、目ぇつけたのが日劇小劇場の看板ね。〝女のパクパク〟って出てた。女のパクパクとはけしからん、ひどいことをやっているに違いないってわけだよ。

それで、まず、サンドイッチマンが挙がっちゃったの。女のパクパクなんて看板を持って歩いて、客を誘導した罪だよ。

ほんとはね、ウチが挙がるはずじゃなかったの。女のパクパク御用だって、劇場に入ってみたら、やってるのはちっともパクパクじゃないんだよ。でも、なんか挙げなきゃ警視庁だって面目丸つぶれじゃない。で、舞台に目ぇ光らしてたら、男と女が出て来て組んずほぐれつね、上になり下になりが始まったわけだ。オレは妹と組んでレスリングやってたんだよ。両方、海水着だ。そんときのレフリーが沢村い紀雄。で、警察としては、こいつらを捕まえろになっちゃった。舞台終わって楽屋に戻ったら、ちょっと警察に来いだよ。これがラジオのニュースに流れたわけ。

（中略）なぜ、あんなに組んずほぐれつするんだって訊くから、レスリングのこれこれこういう技だって言っても、まるでわかってもらえないのね。警察も、まだレスリング知らない時期だよ。調書に、レスラーとボクサーと間違えて書いちゃうの。

日劇小劇場に手入れ

警視庁保安課では十三日夜五時十分千代田区有楽町日劇五階の同小劇場を手入れし、出演者パン猪狩こと猪狩誠(三五)リリー猪狩こと同定子(一七)と同劇場支配人浜田宗(三七)演出沢村い紀雄こと西部幸雄(三八)をワイセツ現行犯で検挙した。同劇は三日から公演のバアレスの「女のパクパク」第一部第九景「女のレスリング」があまりに露骨的でワイセツだというのである。

秋田縣に突風被害

廿余名が

猪狩一座が警視庁保安課に検挙されたことを伝える1950年10月14日付の朝日新聞夕刊の記事。未成年の定子も実名で報道された。

日本は戦前の32年ロサンゼルス五輪、36年ベルリン五輪に代表を送り込んだものの、まだこの国で「レスリング」という言葉の知名度は低かった。

知名度を得たのは戦後、52年のヘルシンキ五輪である。この時、石井庄八がフリースタイル・バンタム級で日本唯一の金メダル、北野祐秀がフリースタイル・フライ級で銀メダルを獲得した。

GHQが学校教育の場で柔道を教えることを禁止したため、石井が始めたのがアマチュアレスリングだった。ヘルシンキ五輪開催中、「レスリング」は連日新聞の大きな見出しとなり、この言葉が多くの国民に刷り込まれる。日劇小劇場事件は、その2年前のことだ。力道山&木村vsシャープ兄弟戦が行われるのは、事件の4年後になる。

日劇小劇場事件はしばらくの間、大々的に報道された。これで知名度がアップしたパン猪狩の元に、日東紡のエリートサラリーマンでアメリカ出張の経験もある藤井重俊が現れる。藤井は自らパンに近づき、アメリカのプロレス雑誌を見せながら、「本格的な女子プロレスを立ち上げたら、どうだ?」と勧めた。

パンはそれに応え、団体設立の準備を始める。藤井は後にアメリカの一流女子プロレスラー、ミルドレッド・バークらを日本に呼ぶ際にも尽力した人物だ。

次章では、猪狩が検挙される前月に自ら髷を切った力道山にスポットライトを当ててみる。

【第3章　注釈】

1　外国人＝当時、在日朝鮮人、台湾人のことを第三国人と呼んだ。彼らは戦後、無政府状態の闇市で小さくなっていた日本人を尻目にやりたい放題を尽くした存在だった。敗戦直後の日本人にとって悪者だった第三国人を放逐したのは、敗戦で弱気になっていた警察ではなく、義侠心に溢れたヤクザの親分や戦災孤児を束ねた愚連隊の親分だった。

2　小畑千代＝浅草の東洋興行が経営する東京女子プロレスで１９５５年にデビュー。日本女子プロレス時代の68年11月、東京12チャンネル（現・テレビ東京）で放映されたファビュラス・ムーラ戦は高視聴率を上げ、一躍時の人となった。74年から76年にかけては、吉原功が主宰する国際プロレスの女子部に所属した。

3　マナセプロダクション＝１９４６年に曲直瀬《まなせ》花子が夫・正雄と共に設立。仙台駐留の米軍基地に通訳として採用されたのがその始まりで、後に芸能プロダクションとして歌手の坂本九らが所属した。渡辺プロダクションの創始者である渡辺晋の妻・美佐は、曲直瀬夫妻の長女。

4　江利チエミ＝美空ひばり、雪村いづみと共に、「三人娘」として人気を得た歌手。女優としては、実写版の『サザエさん』でサザエ役を演じた。１９５９年に俳優の高倉健と結婚したが、後に離婚した

第4章　関脇・力道山の「大相撲廃業」と「プロレス転向」

繰り返しになるが、本書の主人公は「プロレス」であり、力道山ではない。したがって、登場する各選手のプロフィールや戦績などの記述は最低限に留めている。これは力道山も同様である。

しかし、プロレスのリングに上がるまでの力道山については謎が多い。まるでその様は宮沢賢治ではないが、何か行動するとそのたびに風が吹く「風の又三郎」のようである。で知られていなかった事実の発見もあった。少し長くなるが、力道山のプロレスデビュー、アメリカ武者修行出発までの過程を順を追って述べていきたい。

力道山が亡くなった1963年12月、私は物心がつく前だった。私がプロレスを見始めたのは68年からである。その頃、力道山は24年11月14日に長崎県大村市で生まれた日本人だった。力道山の出生の秘密が世に知られたのは、70年代も後半に入ってからだと記憶している。

力道山は、いつ生まれたのか。雑誌『Ｎｕｍｂｅｒ』70号の記事によれば、本当のところは22年らしい。生まれは日本統治時代の朝鮮(注1)・咸鏡南道。父・金錫泰、母・巳が生んだ三男三女、6人兄弟の末っ子で、出生時の名は金信洛であった。

ここで力道山は最初の「風の又三郎」ぶりを発揮する。母の名が違うという説があるのだ。確かに戸籍上は巳なのだが、韓国版のウィキペディアには正しくは田器（チェン・ギ、田が姓、器が名）

だと書かれている。これは役所の手違いが原因らしいが、少なくとも私は裏が取れておらず、事実かどうか判断できない。些細なことではあるが、あえて本書に記しておく。

39年（38年説もある）の端午の節句にシルム、いわゆる朝鮮相撲の大会に出ていた信洛は見物に来ていた現地駐在所の所長、小方寅一に「発見」される。小方の義父・百田巳之吉は長崎県大村で大相撲の力士、初代・玉ノ海（注2）の後援会幹事を務めていた。

小方に勧誘された信洛少年は日本に渡り、玉ノ海が親方（現役と親方の二枚鑑札だった）を務める二所ノ関部屋に入門する。40年5月場所、信洛は初土俵を踏むと共に四股名「力道山」となった。

翌年、日本はアメリカとの戦争に突入する。併合地出身者は軍隊で謀反を起こす可能性があるということで、兵役を免除されていた。そのため力道山は召集されることなく番付を上げ、その勢いは戦争が終わってからも衰えなかった。

49年5月場所には、自己の最高位である西の関脇にまで上がる。力道山が力士の命である髷を自ら切り、

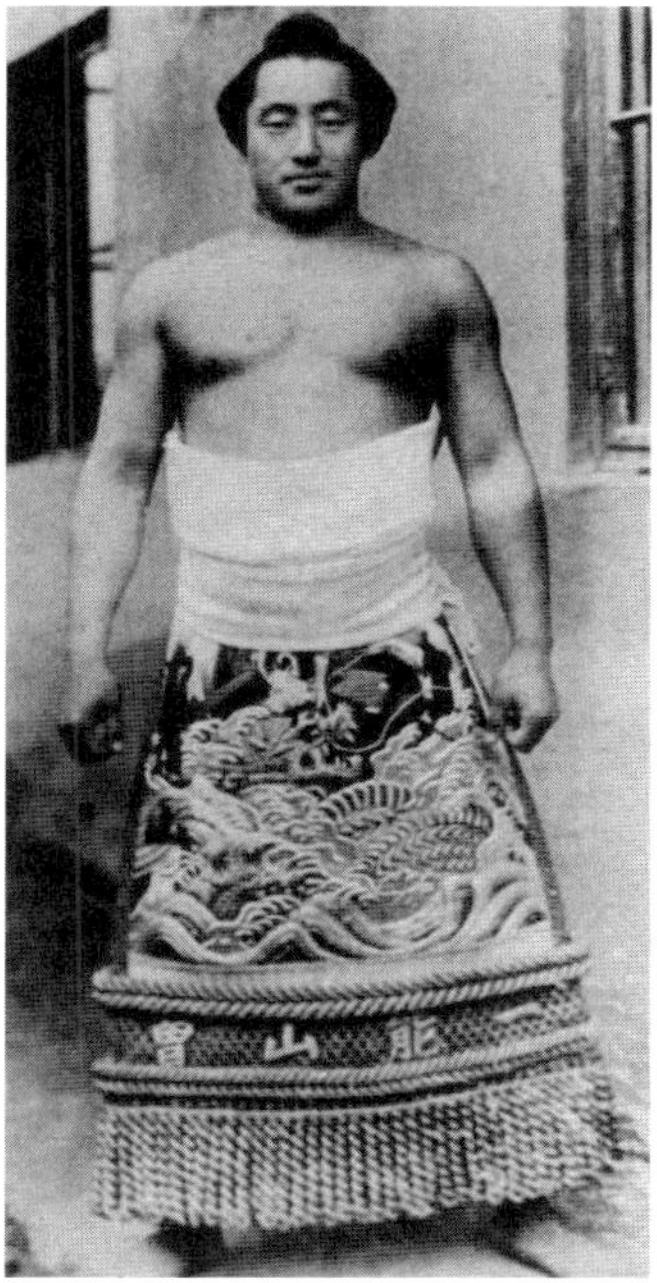

大相撲時代の力道山。プロレスラー時代のガッチリした体格とは裏腹に、当時は小兵力士の部類に入る。

大相撲の世界から去ったのは翌50年の9月場所直前であった。

生年月日や出生地を変えた理由は色々と取り沙汰されているが、これ以上は深入りしない。人気商売ならば、ありがちなことだからである。

力道山は何月何日に髷を切ったのか？

現在、大相撲用語に「廃業」という言葉はない。かつては力士を辞める際、親方として日本相撲協会に残る場合を「引退」、残らない場合を「廃業」と言ったが、今は双方とも前者で呼称が統一されている。したがって、力道山が50年に大相撲の世界から去ったことは「廃業」とされた。

力道山が髷を自ら切り、土俵人生に終わりを告げたことはよく知られる。では、力道山は50年の何月何日に髷を切ったのだろうか。9月11日の他、プロレス関係の書籍では8月25日や9月12日など諸説あり、曖昧にぼかされていることも多い。

同年9月12日付の朝日新聞に、次のような記事がある。


大相撲秋場所番付が発表された十一日、関脇力道山が突然マゲを切り引退を発表した。力道山は夏場所後、二所ノ関親方（元玉ノ海）や大関佐賀の花ら一行とともに北海道、東北地方の巡業（注3）に出て、持病の肺臓ジストマを注射で抑えつつ秋場所に備えケイコを続けていたが、症状回復がかいがいしくなく、全快の望みがないので、ついに引退を決意したのである。

だが、力道山が髷を切った直接の原因は肺臓ジストマではなく、玉ノ海親方との口論にある。それは9月1日、秋場所の前に行われていた神奈川県横浜市での巡業の場で生じた。しかし、この朝日新聞の記事は9月11日の番付発表の直前に力道山が髷を切ったように読める。

読売新聞は同月11日付の夕刊で、力道山の廃業を散髪後の写真入りで伝えた。

当時、二所ノ関部屋の親方だった初代・玉ノ海。力道山が大相撲を辞めた一番の原因は、この玉ノ海親方との確執である（写真提供：共同通信社）。

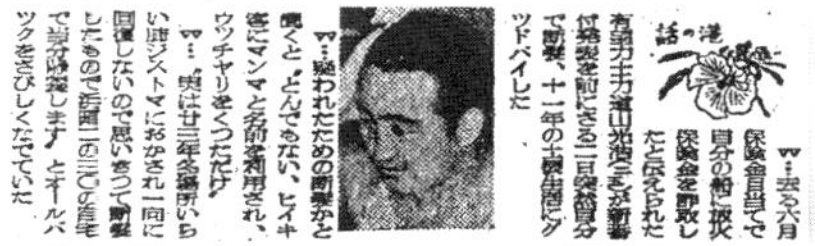

話の港

▽…去る六月保険金目当てで自分の船に放火保険金を詐取したと伝えられた有望力士力道山光浩(二七)が新番付発表を前にさる三日突然自分で断髪、十一年の土俵生活にグッドバイした

▽…疑われたための断髪かと聞くと"とんでもない、ヒイキ客にマンマと名前を利用され、ウッチャリをくつただけ"

▽…"実は廿三年名古屋場所いらい肺ジストマにおかされ一向に回復しないので思い切って断髪したもので近日二所ノ関部屋で引退発表します"とオールバックをさびしくなでていた

力道山が髷を切ったことを伝える1950年9月11日付の読売新聞夕刊の記事。髷を切った日付、保険金詐欺事件のことがはっきりと記載されている。

去る六月、保険金目当てで自分の船に放火、保険金を詐取したと伝えられた有望力士力道山光浩（二五）が新番付発表を前にさる二日突然自分で断髪、十一年の土俵生活にグッドバイした。疑われたための断髪かと聞くと〝とんでもない、ヒイキ客にマンマと名前を利用され、ウッチャリをくっただけ〟、〝実は二十三年冬場所いらい肺ジストマにおかされ一向に回復しないので思いきって断髪したもので、浜町二の三〇の自宅で当分静養します〟とオールバックをさびしくなでていた。

「保険金を詐取」という一文が気になるが、これは後回しとさせていただく。

力道山が髷を切った日付について、70年以上にわたって歴史的な事実とされてきた「9月11日」ではなく、読売新聞では「9月2日」になっているではないか。しかも、断髪後の頭髪を綺麗に整えた写真も掲載されている。9月2日は、玉ノ海親方と口論した翌日だ。

翌51年、玉ノ海親方も相撲界を去った（注4）。廃業の原因がいなくなった力道山は、相撲界への復帰工作を始める。つまり、力道山は大相撲に未練があったのだ。

ならば、髷切りは発作的だったということになる。しかし、9月1日に玉ノ海親方と口論になり、前記の朝日新聞の記事にあるように番付発表がある9月11日の朝に髷を自ら切ったとしたら、少なくとも「発作的」ではない。

ゆえに髷切りは、読売新聞が報じた9月2日のことである。なお、プロレス以外の書籍ではどうなのかというと、多くの大相撲関係の著作で知られる石井代蔵の『巨人の肖像 双葉山と力道山』では正しく「９月２日」としていた。

しかし、なぜ70年以上もの間、「９月11日」とされてきたのか。考えられるのは、この時期の読売新聞の縮刷版がないためである。つまり、髷切りの日付を確認するため図書館に行っても朝日新聞や毎日新聞しか縮刷版では見られないのだ。実際、私は国立国会図書館、早稲田大学中央図書館であたってみた。この２つの巨大な図書館にないということは、他も推して知るべしである。

また、朝日新聞の記事では、廃業の理由を「肺臓ジストマ」としていた。これは肺に寄生する寄生虫で、モクズガニやサワガニを生食すると感染し、肺結核に似た症状を起こす。

力道山は49年にこれにやられ、新関脇で迎えた５月場所を３勝12敗と大きく負け越して棒に振った。しかし以後、番付を戻し、最後の50年５月場所でも関脇で勝ち越ししているのだ。したがって、肺臓ジストマは回復していたと見ていい。

つまり、肺臓ジストマは廃業の表向きの理由であると私は判断した。力道山がこれを理由としたのは、本当の理由を語ることが憚られたからだ。真因である玉ノ海親方との確執が明らかになるのは廃業から３年後のことで、雑誌『相撲』53年８月号で力道山は髷切りの理由を「部屋の関係です」とはっきり述べている。

さて、親方との確執もだが、その前に気になってしまうのは「保険金目当てで自分の船に放火、保険金を詐取」のくだりだ。

自分の船というのは、「力道山丸」と名付けられていた商船である。力道山がサイドビジネスと

保険金詐欺容疑で力道山が高知署員に連行されたことを伝える1950年6月14日付の朝日新聞の記事。力道山は「共犯性なし」と翌日に釈放され、巡業に戻った。

して関わっていたこの船は49年の暮れに火災を起こし、船主が保険金を受け取っていた。

しかし、これが放火と判明して船主らが逮捕され、力道山にも共犯の嫌疑がかかった。6月になって力道山自身が高知地方検察庁に呼ばれ、取り調べを受ける。力道山は一泊したものの、共犯関係はないということで釈放された。

だが、この無罪放免は力道山の交友関係がグレーだったことの否定にはならない。この辺りのことは50年6月14日付、15日付の朝日新聞でも報道された。

親方が口にした「俺を脅迫するのか」という言葉

力道山が髷を切った理由として、よく語られるのが番付への不満である。実際、力道山は61年10月17日付の日刊スポーツに寄せた手記で、そのことに触れている。

番付、つまり大相撲におけるランキングを決めるのは親方衆の中の検査役（現在は審判部）だ。当時、日本相撲協会で主流をなしていたのは出羽海部屋であった。だが、そこに属す力士が番付面で優遇されていたのかというと微妙である。これを露骨にやってしまうと、世間の批判を浴びてしまうからだ。

しかし、神風（引退後はＮＨＫの大相撲中継解説者）や芳の里（後に日本プロレスに入団）のように番付面での不遇が協会を去る原因となった者もいる。神風も芳の里も、そして力道山も揃いも揃って二所ノ関部屋だ。

自分が在日朝鮮人だから番付で差をつけられた、と力道山はカリカリ来ていた。実際、元横綱・双葉山の時津風親方に直訴したこともあった。時津風親方にたしなめられて相撲を続けていたことは事実だが、ここに主因はなかったと私は見る。主因はすでに触れた通り、玉ノ海親方との確執である。

現在とは異なり、当時の大相撲の本場所は５月の次は９月だった。この年の二所ノ関部屋の夏巡業は５月場所終了後から北海道、東北と続き、一旦東京に戻る。

その後、９月１日の横浜市東神奈川駅前を皮切りに小田原、豊橋、蒲郡で興行を打ち、同月11日の番付発表の日に秋場所が行われる大阪に乗り込む予定だった。

前述のように９月１日の横浜巡業で、力道山は玉ノ海親方と口論になった。力道山が借金を申し出る。親方は断る。力道山に言わせると、決定打となったのは親方の「俺を脅迫するのか」という言葉だった。力道山は、そのまま巡業の場から立ち去って東京に帰ってしまう。

力道山は、まず後援者で新田建設社長の新日新作に廃業を相談した。だが、新田からは止められている。しかし、力道山は翌日の９月２日に髷を切った。

親方に借金を申込み、それが断られて逆上して自ら髷を切る。そこには力道山なりの「理」というものがあったはずだ。これについて考えてみる。

相撲界の主流である出羽海部屋はともかくとして、敗戦後、相撲部屋の運営は大変だった。二所ノ関部屋の運営のために、力道山は様々なところから金銭を工面した。

曲がりなりにも部屋は潰れずに残っている。力道山には、部屋の功労者としての自覚があった。そんな自分が金が必要になった時に出た「俺を脅迫するのか」という親方の一言が力道山には許せなかったようだ。

この時、力道山は逆上した。裏を返せば、それが本人にとって言われたくない言葉だったことになる。両者の間に、どんなやり取りがあったか。ポイントは、力道山が借金を申し出た道理が「部屋の運営に協力してきたのだから、俺が困っている時には協力してくれてもいいだろう」という点である。

しかし、それがなぜ親方の「俺を脅迫するのか」という返答になるのか。ここは私の想像なのだが、部屋のために作ってきた金の出どころとして、力道山が「力道山丸事件」に触れたのではないか。前述のように無罪放免となったものの、力道山は保険金詐欺事件の共犯を疑われ、一度はしょっ引かれた。

取り調べに対して、力道山は船主からの金銭の受領は認めている。それを部屋の運営に回した。つまり、力道山は「そうした人間たちと付き合ってまで苦労して金を引っ張ってきたんだ。今度は俺に協力してくれてもいいだろう」という考えだった。この想像が正しいとすれば、親方の「俺を脅迫するのか」という言葉は「俺を共犯者として巻き込むのか」という意味になり、力道山の金策の苦労を否定したことになる。

髷切りの場にいたジョージ・ボハネギとは何者か？

力道山の次男・百田光雄が著した『父・力道山：初めて明かす父の実像、父への愛』には、父親が自宅で髷を切る様子が克明に記されている。

それによると、この時にジョージ・ボハネギなる人物が自宅にいたという。髷切りという力道山にとって重要な節目で、その傍らにいたボハネギはどういう人物か。

力士時代の末期、力道山は「力道山丸」に留まらず他にもサイドビジネスを展開していた。中古の外車の輸入である。ロシア系アメリカ人だったボハネギは、そのビジネスパートナーであった。だが、中古車販売業はボハネギの蒸発で終わる。そして、力道山は新田新作の元に駆け込んだ（注5）。玉ノ海親方は戦争が終わるまでの力道山は大人しかったが、戦争が終わってから人が変わったと評す。

番付が上がった力士がそれまでの我慢から解放されて、地を出すことはよくある話だ。また、親方は力道山と会うためボハネギが部屋に出入りする場面も目撃し、相撲界を辞めて外車販売に転業するために無理難題をあえて自分に吹っかけ、廃業の大義名分を作ろうとしたとの解釈を示した。

商船運用に外車販売。国技・大相撲の三役たる力道山がこんな副業三昧では怪しからん、ということだ。見方を変えれば、力道山はそんな大相撲の世界の枠に収まらない人物だったということだろう。

なぜ新田新作は力道山を支援したのか？

力道山が草鞋を脱いだ先の新田建設の社長・新田新作を単なる土建屋のオヤジと認識すべきではない。プロレスラー・力道山、そして特に金銭面で日本のプロレスを創った最重要人物の一人である。

新田は04年に福井県で生まれ、裸一貫で東京に出てきた。戦前は右翼団体の関東国粋会にいたこともある。とはいっても、新田自身は国家哲学を論じる思想的な右翼ではなく、国粋会の構成員に多かった博徒であった。

「黄金の羽根」という言葉がある。これは制度の歪みがもたらす幸運を意味する。

45年3月、未曾有の被害をもたらした東京大空襲。この頃、新田組として土木建築を手がけていた新田新作が得たのは焼け跡整理の仕事であった。戦争が終わってもこの仕事を継続し、GHQからも受注する。こうして新田組は大きくなっていった。新田が新興成金となったのは、制度の歪みの最たるものである戦争があったおかげだ。

GHQから仕事を受注ができたきっかけは、戦中に手厚く扱ったアメリカ人捕虜が戦後にGHQ内で力を持ったからだった。これにより、新田はこの時代のGHQに太いラインを持つ数少ない日本人の一人となる。

新田は頼まれると何でも「ガッテンだ」の一言で引き受けてしまうので、「ガッテンの新ちゃん」と親しまれていた。そんな性格が捕虜を手厚く扱うことに繋がったのだろう。

新田には、「明治座社長」の肩書きもあった。戦災でボロボロになった東京・人形町の劇場『明治座』の再建に取り組み、自ら社長に収まる。

新田建設社長の新田新作は、力士時代から力道山のタニマチであった。しかし、「日本のプロレス」にとってはそれ以上の存在で、金銭面での貢献は計り知れない。

しかし、あくまでも本業は建設事業だ。新田は旧・両国国技館がGHQに接収されたことを受けて、日本橋の浜町、明治座の裏に仮設国技館を建設した。また、蔵前国技館についてはGHQとのコネを用いて建設資材を確保すると共に、料金は後払いで建設にあたった。これで金を得て「戦後成金」となった新田は、高砂部屋の東富士のタニマチとなる。

　タニマチとは相撲界の隠語で、後援者、支援者のことだ。大阪の谷町に力士の面倒をよく見ていた人物がいたことに由来している。新田は東富士を通じて力道山を知り、そして力道山のタニマチにもなった。

相撲界との繋がりは、新田が貸元（博打の主催者）だった時代に出羽海部屋の力士だった九州山がその賭場に出入りしたことから始まっている。東富士を新田に紹介したのは、この九州山だった。後に九州山は、力道山の日本プロレスでレフェリーを務めることになる。

1951年10月28日、力道山がプロレスデビュー

力道山は51年10月28日、東京・両国のメモリアルホール（旧・両国国技館）でプロレスラーとしてデビューした。相手はボビー・ブランズで、結果は10分時間切れ引き分けだった（エキシビションマッチ）。

この試合は、前述のようにトリイ・オアシス・シュライン・クラブが主催したブランズを団長とするアメリカ人プロレスラーたちの日本ツアーの第5戦であった。ここで同ツアーをプロレス史的に評価してみたい。

まず第一にツアー中、力道山がデビューしたことを挙げるべきだろう。

もうひとつ、このツアーが21年のアド・サンテル以来、30年ぶりの本格的なプロレスラーの来日であったことだ。しかし、サンテルの場合は講道館柔道との異種格闘技戦が目的であり、プロレス興行の開催を目的とした海外での素性がわかっているレスラー巡業団は、これが史上初となる。

ツアー自体は観客動員面や社会的影響において成功と言えるわけではなかったものの、54年に日

本のプロレスが本格的に始まる上で大きな布石となった。

このツアーは、９月30日に同じくメモリアルホールで開幕している。記念すべき開幕戦の試合結果は、以下の通りだ。

▼メインイベント＝60分３本勝負
ドクター・レン・ホール（２－１）アンドレ・アドレー
▼セミファイナル＝45分３本勝負
ハロルド坂田（２－１）ケーシー・バーガー
▼第１試合＝30分１本勝負
ボビー・ブランズ（時間切れ引き分け）オビラ・アセリン

当時、この大会はどのように報道されたのか。以下、翌日付のスポーツニッポンを見てみよう。見出しは「スリル満点！」、「プロレスリング初公開」である。


映画でなじみの打つ、蹴る、なぐるのスリル百パーセントのプロ・レスリングが三十日夜、身体障害者慈善興行としてメモリアル・ホールで挙行された。

映画やテレヴィ（引用者注＝テレビ）で人気のある競技だけに進駐軍、日本人観客によって満員の盛況である。

試合は三十貫以上の巨漢が組んず組まれつリングせましと荒れ回れば観客は大喝采、双方エキサイトするごとに満身の力をこめてのタックルにリングの外まで飛出し、新聞記者も観客もその度にドギモを抜かれ、この夜は十二分にプロ・レスリングの壮快さを満喫した。

第一試合は三十分だったが、相手を攻める時の武器は主にリストロック（腕固め）とヘッドロック（頭締め）が用いられ、グランドに入ってからは腕の逆と足の逆、これに胴締めと連続業が使用される。疲労すると得意の業をかけたまま休み、攻守逆転して中々勝負がつかない（後略）。

1951年の秋、日本市場の開拓のためにレスラー団を構成して来日したボビー・ブランズ。非常にクレバーな頭脳の持ち主である。

記事を書いたのは、系列の毎日新聞社運動部にいた伊集院浩である。伊集院は日本にプロレスが定着していく上で、マスコミの立場から大きくサポートした人物だ。

「ボビー・ブランズ一行」と称されることからも理解できるように、この日本遠征団を編成したのは第1試合に出ているブランズだった。開幕戦の1ヵ月後、力道山のデビュー戦の相手を団長のブランズが自ら務めたのは、このツアーの目的のひとつが近い将来、日本にプロレス市場を誕生させたいという構想があったからである。

50歳代のレスラーが珍しくなくなった現在では意外に思われるかもしれないが、当時は40歳代は下手をすればロートルである。37歳のブランズでさえ、日本遠征団の団長を任されるほどベテランとして扱われていた。

猛者の集まりであった一行の象徴は、開幕戦のメインイベントで勝利したドクター・レン・ホールである。

ドクター・レン・ホール（右）は、ルー・テーズにガチンコルールでの対戦を申し込むなど鼻柱が強いところがあった。写真は日本ツアー初日のアンドレ・アドレー戦。

51年当時のアメリカのプロレス界は、プロモーターの同業者組合である新NWAが仕切っていた。新NWAの設立は48年、全米を統一したと言えるのは49年である。それ以前はカナダを含む北米で、「世界王者」を名乗るレスラーがウヨウヨいた。その一人がホールであり、46年にミネアポリスで現地版の世界ヘビー級王座に就いている。

また、ボビー・ブランズも48年の

新NWA結成の直前はカンザス版の世界ヘビー級王者で、一行には乱立期の元世界王者が2人いた。日本は相撲と柔道の国である。相撲取りや柔道家が挑戦してきても対応できる本格的なレスラーによって、一行は結成されていたのだ。

ブランズの背後にはサンフランシスコ地区のプロモーター、ジョー・マルセウィッツとハワイのプロモーター、アル・カラシックがいた。この2人がNWAの西のフロンティアをハワイから日本に延ばそうと画策し、共同作業をしていたことは事実である。

ブランズ一行には、日系人のハロルド坂田も加わっていた。坂田は48年ロンドン五輪に重量挙げのアメリカ代表として出場し、銀メダルを獲得している。ブランズが坂田を巡業団に加えたのは、将来の日本への本格的な進出を見据えて、そのエース候補、もしくは補佐として現地で名を売っておきたいという考えがあったのだろう。

1964年に映画『007／ゴールドフィンガー』に出演し、俳優としても有名になったハロルド坂田。キャリアの晩年には、若手時代のスタン・ハンセンを破っている。

力道山と正力松太郎を結ぶ「スキャッパニズム」

普通、新聞社がスポーツイベントを後援する場合には社告を出したり、紙面の関連記事に「○○新聞後援」と記載する。ブランズ一行の日本ツアーに関しては色々な新聞記事にあたったものの、どこの新聞社が後援していたのかは見えなかった。

ところが、プロボクシングの前世界ヘビー級王者ジョー・ルイスがツアー中参加するため来日すると、記事になる頻度が増える。これが世間の注目度であり、当時のプロレスの知名度だ。同月19日付の読売新聞には、「トリイ・オアシス・シュライナー・クラブと本社」がルイスを招聘したとある。

読売新聞の社主は、戦前は内務省のエリート官僚だった正力松太郎である。正力は戦後、GHQにより公職追放され、その最中に2度、読売新聞で争議が起きた。そのたびにGHQは介入し、助けて

正力松太郎は警察官僚から読売新聞のオーナーとなり、日本テレビを創設。CIAのエージェントであり、さらに衆議院議員になるなど何人分もの人生を全うした（写真提供：共同通信社）。

いる。GHQに借りがある正力・読売新聞がトリイ・オアシス・シュライン・クラブをサポートするなど、お安い御用だった。

GHQは、「General Headquarters」の略称である。これを直訳すると、「総本部」といった程度の意味にしかならない。それがなぜ「連合国軍最高司令官総司令部」と翻訳されるのか。正式名称は、「General Headquarters, the Supreme Commander of the Allied Powers」だからである。したがって、GHQにはその頭文字を取った「SCAP」という略称もあった。

「スキャッパニズム」とは、45年の敗戦から52年の独立までのSCAP（連合国軍最高司令部）とJAPAN（日本政府）による談合状態を皮肉る言葉である。例えば、前述のトリイ・オアシス・シュライン・クラブが旧・水交社の土地・建物を安価で購入したことは、まさしく「スキャッパニズム」そのものだった。

この派生語として、「スキャパニーズ（SCAP＋ジャパニーズ）」がある。マッカーサーに媚びて、うまく立ち回った日本人をそう呼んだらしい。

正力松太郎は東京読売巨人軍のオーナーとして、多くの人々をプロ野球の虜にしてきた。また、53年に民間放送を初めて開始した日本テレビの初代社長でもある。

一方で、原子力導入に絡んでCIAの協力者だったことも公文書により明らかにされている。そこにはズブズブの「スキャッパニズム」があった。正力がマッカーサーに媚びたかどうかは知らないが、立派なスキャパニーズではある。

スキャパニーズといえばもう一人、力道山を挙げてもいいのではないか。何しろ日本古来の相撲の関脇でありながら、自ら髷を切り、「西洋相撲」と揶揄されたプロレス、しかも実質的にＧＨＱが主催のリングに上がったのだから。

その力道山のタニマチだった新田新作はＧＨＱ絡みで財を成した人物であり、後述するが、力道山がプロレスデビューする過程でＧＨＱに繋がる人間の手引きも受けている。

相撲を辞めて燻っていた力道山が再び日の当たる舞台に躍り出られたのは、「スキャッパニズム」という構造が当時の日本にあったからだ。

力道山の日本プロレスは、58年の秋に日本テレビでレギュラー放映の番組『三菱ダイヤモンドアワー』を得た。これをもって力道山と正力松太郎の間に太いパイプがあったように見えるが、それは錯覚である。少なくとも、レギュラー放映が始まる辺りまで本人同士の繋がりはほとんどない。

このレギュラー放映は正力ではなく、番組スポンサーとなった三菱電機の尽力による部分が大きい。しかしながら、51年に正力の読売新聞が関わったリングで力道山がプロレスデビューしたことは間違いない。力道山と正力を結ぶ細い糸、それが「スキャッパニズム」だった。

第1章で述べた「パンとサーカス」に譬えれば、プロ野球もテレビもプロレスも「サーカス」である。ＧＨＱのサーカス部門は「スキャッパニズム」の中で運営され、総監督が正力、現場監督が力道山という構図が見えてくる。

正力が用意したテレビという名の街頭に置かれた小さな箱の中で力道山が暴れ回る54年まで、あと2年半である。

力道山の「銀馬車物語」と「相撲復帰工作」

力道山がプロレス入りしたきっかけとして、「銀馬車物語」というものがある。かいつまんで説明すると、力道山が銀座のナイトクラブ『銀馬車』でプロレスラーのハロルド坂田と出くわした際に喧嘩になりかけたものの、すぐに意気投合し、坂田が宿泊していたトリイ・オアシス・シュライン・クラブの本部を訪ねた。

そして、51年9月30日の日本ツアー開幕戦に招待された力道山はプロレスに魅せられ、この世界に入っていくという〝逸話〟である。

事実は、そんなに単純な話ではない。力道山のプロレス入りの事情は、もっと複雑である。この「銀馬車物語」はマニアの間では、とうの昔から否定されている。しかし、いまだ真実としている媒体もある。

力道山が『銀馬車』に飲みに行き、その時に坂田が一緒だった可能性はあり得る。しかし、力道山は9月30日にメモリアルホールで行われた開幕戦の客席にはいなかった。

では、どこにいたのか。大阪の特設国技館である。力道山は前年秋に廃業して以来、初めて大相撲の場に足を踏み入れていた。この日は秋場所の千秋楽で、新田新作に連れられて大阪に赴いたのだ。

優勝は新田が後援していた東富士で、力道山は優勝祝賀会にも出た。これは力道山自身が61年10月19日付の日刊スポーツに手記を寄せているので間違いない。

当時の日刊スポーツのプロレス担当記者は、鈴木庄一である。鈴木は力道山が書いたことになっている書籍『空手チョップ 世界を行く』のゴーストライターだ。これは鈴木自身が自著『鈴木庄一の日本プロレス史 上』で明かしている。

若き日の鈴木は、トリイ・オアシス・シュライン・クラブのツアーに日刊スポーツの記者として関わった。これは私の推測だが、おそらく「銀馬車物語」の作者も鈴木だろう。マスコミがプロレスのプロモーションに手を貸すことは多々あるので、これを問題視するつもりはない。

『鈴木庄一の日本プロレス史 上』にはボビー・ブランズ一行のツアー開幕戦、９月30日のメモリアルホールで巨人軍の中上秀雄投手と共に観戦する力道山の写真が掲載されている。銀馬車で意気投合した坂田に招待された「証拠写真」というわけだ。

しかしながら、その写真の力道山の頭には髷がある。力道山が髷を切ったのは前年秋のことだ。頭隠して尻隠さずという譬えがあるが、これは笑えない。時系列が入れ替わっている上に、偽の証拠写真である。

話を戻そう。「銀馬車物語」が流通する以前の54年、雑誌『人物往来』12月号に掲載されている力道山の略歴には、「(昭和）二十六年秋、力士時代の後援者でGHQ法務局のフランク・スコーノス氏の勧めで、日本最初のプロ・レスラー第一号として転向」とある。

力道山とGHQがどう繋がるのか。当時、力道山が身を寄せていた新田建設がGHQ関連の仕事を数多く請け負っていたこと、ボビー・ブランズ一行のツアーを主催していたトリイ・オアシス・シュライン・クラブがGHQ系の団体だったことは、すでに述べた通りである。

ということは、力道山の同ツアーでのプロレスデビューはＧＨＱ（フランク・スコーノス）↓新田新作↓本人というラインでオファーが来たと考えられる。力道山がリングに上がるきっかけは、ＧＨＱがツーカーである新田を通じて参戦を要請した。これはまず間違いないところだろう。

この日本ツアーに先立つこと2ヵ月前、51年7月21日付の毎日新聞に秋にプロレスの興行が行われることを告げる記事が載り、「エキシビジョンには昨年引退した力道山が名乗りを挙げている」と報じられた。

同年10月29日付の朝日新聞は、力道山が前の晩にデビューしたことを伝えている。そして、そこには「三週間とは見えない進歩を見せ」とある。

逆算すれば、力道山がツアーに参戦するため東京・芝のトリイ・オアシス・シュラ

ボビー・ブランズ一行の日本ツアーでプロレスの試合を行った力道山。デビューの場は、かつて力士として土俵に上がった旧・両国国技館（GHQに接収されてメモリアルホールに改称）であった。

イン・クラブ本部でボビー・ブランズから指導を受け始めたのは大阪の秋場所千秋楽から戻った後、10月に入ってからだということが読み取れる。

ボビー・ブランズ一行の日本ツアーではプロレスだけでなく、ボクシングも行われた。元世界ヘビー級王者の〝褐色の爆撃機〟ジョー・ルイスは、11月20日の横須賀大会から出場。ツアーへの参加が遅れたのは、10月26日にニューヨークのMSGでロッキー・マルシアノと戦っていたからだ。ルイスは日本でボクシングのエキシビションマッチを行い、プロレスの試合でレフェリーを務めた後、韓国に飛んで国連軍の慰問を続けた。

このツアーでは力道山以外にも、プロ柔道出身の遠藤幸吉が11月14日に、坂部保幸が12月9日にプロレスデビューしている。

しかし、ブランズから本格的なプロレス転向に向けてハワイに来るように誘われたのは力道山だけだった。

12月11日、メモリアルホールでのツアー最終戦でプロレスは僅か1試合しか行われていない。カードは力道山vsブランズのエキシビションマッチ。他はアマチュアボクシングが6試合、ジョー・ルイスがアメリカ陸・海・空軍の兵士を相手にしたエキシビションマッチが3試合組まれた。

だが、ブランズ一行のツアーが始まった段階で、力道山は自分の将来をプロレスに懸ける気持ちにはなっていなかった。ツアーに参加しながらも、大相撲への復帰運動を続けていたのだ。

年が明けて、52年1月7日付の毎日新聞は日本相撲協会が初場所を前に力道山の復帰問題について「力士会の一部に反対意見が出た」ことを尊重して否決したと報じている。

また、61年10月19日付の日刊スポーツに寄せた力道山自身の手記でも、復帰を諦めた理由に役員会（力士会とは言っていない）の反対があったことに触れている。実際に、反対した人物の中に横綱・羽黒山がいた。

この辺りのことは歴史研究者の間でもよく知られ、これで踏ん切りがついた力道山はブランズからの誘いに乗って、52年2月からアメリカ武者修行を始めたというのが定説となっていた。

だが、私には腑に落ちない。相撲界から復帰を拒否されたのが52年1月6日。ハワイに飛び立つのが同年2月3日。拒否から出発までの期間があまりに短い。力道山の渡航準備やらハワイ側の受け入れ準備やら、それなりに時間がかかるはずなのだ。相撲界から復帰が拒否された時のことも考えて、その際にはすぐにハワイに飛べるよう両方の準備をしていたのだろうか。

私は本書執筆中、52年1月7日付の毎日新聞の記事を読み直していた際、後半に妙な部分を見つけた。

協会は近く役員会を開き同問題を処理するが、増位、力道ともに復帰には熱がないので問題は結局、力士会の意向に従って打ち切られるものと見られる。

「増位」は元大関・増位山のことで、50年3月に引退したものの、力道山と同時期に復帰に向けて動いていた。

記事中にある「復帰には熱がない」とは、どういうことなのか。前述した力道山の大阪場所訪問は、大相撲復帰運動の一環と捉えるべきである。一方、この時期にトリイ・オアシス・シュライン・クラブのツアーに参加することが予定されていたのも事実だ。

力道山は玉ノ海親方がいなくなった二所ノ関部屋に出向いて稽古に加わり、「俺は第三国人だぞ！」と叫びながら後輩をしごいたと言われている。力道山は復帰したいから相撲界に働きかけ、役員会や力士会の議題にまで上がった。しかし、なぜ熱がないのか前記の記事からはわからない。

この疑問を解決する鍵は、読売新聞の記事にあった。それによると、51年12月26日の相撲協会理事役員合同会議では力道山が現役復帰を希望した場合、事情によっては承認しようと意見の一致を見た。しかし、同月28日の力士会緊急役員会議では、「引退相撲を行い慰労金までもらった者がカムバックすることは相撲界のため面白くないとの意見が多数」（51年12月29日付）を占めたという。

ここまではいい。ところが、その2日後となる同月30日に「市川小学校」（所在地は不明）での出羽海部屋&時津風部屋合同巡業の支度部屋に姿を現した力道山が「自分は積極的に復帰する意思はない、一月二十日羽田を出発してアメリカへ行きレスリングをやる」（51年12月31日付）と記者団にコメントしたというのだ。

タニマチの新田新作を通じて、力道山は復帰を願い出ていた。蔵前国技館の建設費用を後払いにしてもらった新田に大きな借りがある日本相撲協会は、即座にはノーと言えない。したがって、討議は行った。

だが、力道山は最終的に力士会で復帰を否決される52年1月6日よりも前、51年の暮れの段階で「復帰する意志はない」とマスコミに表明していた。この時、すでにボビー・ブランズとの間でハワイ行きの話し合いは終わっており、現地のプロモーター、アル・カラシックから正式なオファーが来ていたということだ。

トリイ・オアシス・シュライン・クラブの本部でプロレスの練習を始めた頃には大相撲復帰の意思が固かった力道山だが、ツアー参加中に諦め、プロレス転向に気持ちが傾いた。大相撲復帰からプロレスへ――。その決心の時期が力士会に復帰が否決される前だったということは、もっと注目されていい。

では、なぜこうもすっきりと復帰を諦めることができたのか。力道山には、新田新作という頼りになるタニマチがいた。さらにツアー中に新田以外にもう一人、強力な支援者を得たからではないか。新たなる支援者、その名を永田貞雄という。

なぜ永田貞雄は力道山を支援したのか？

永田貞雄は、浪曲興行の第一人者だった。そして、横綱になったばかりの千代ノ山のタニマチでもあった。

千代ノ山が出羽海部屋所属で、力道山の復帰の意思なし宣言が出羽海部屋&時津風部屋合同巡業の場だったことを思い出してほしい。同日の夜、「千代ノ山後援芸能人の会」が雅叙園観光ホテルで行われたことが読売新聞の記事から発見できた。

雅叙園観光といえば、オーナーの松尾國三は力士時代から力道山を支援していた歌舞伎のプロ

前列中央が日新プロダクション社長の永田貞雄。「日本のプロレス」にとって、最大の功労者の一人である。写真は1954年11月、松竹大船撮影所で行われた力道山vs木村政彦戦の調印式の模様。

モーターでもある。また、松尾はマッカーサーの側近でトリイ・オアシス・シュライン・クラブの会長、ウィィリアム・マーカットとも繋がっていた。

さらに国際柔道協会が分裂した際、木村政彦、山口利夫にハワイ行きの道をつけた人物だ。そして、この松尾が経営する雅叙園観光ホテルで52年２月１日に渡米壮行会を行ってもらうのが力道山である。

力道山はその翌々日の２月３日、ハワイに向けてプロレス武者修行の旅に発った。力道山がキッパリと相撲を諦めることができたのは、新田新作に加えて永田貞雄からの強力な支援がこの段階で約束されたということだろう。その証拠に力道山は渡米中、日本にいる永田にまめに手紙を書いている。後述するが、永田からの支援は尋常ではない。

力道山と永田が出会ったのは51年５月場所

後、千代ノ山の横綱昇進パーティーの場であった。

同年7月、新田建設が手掛けていた隅田川の川開き（花火大会）で2人は親しさを増す。そして、8月になると木挽町（現在の地下鉄『東銀座駅』辺り）の永田が経営していた料亭『蘆花』内の一画にある自宅に力道山が日参するようになった。自ら運転手を買って出て、永田の懐に飛び込んだのだ。

同年秋にトリイ・オアシス・シュラインズ・クラブによるボビー・ブランズ一行のツアーが開催された際には、力道山が永田に横浜のフライヤージム（10月4日と11日）、メモリアルホール（同月14日）のチケット300枚を捌くことを依頼したという。永田自身も会場を訪れたようで、おそらく地理的に見て14日のメモリアルホールで試合を観戦したのだろう。これが永田とプロレスの出会いである。

力道山と永田の会遇が、2人にとってどういうものだったのかを考えてみる。

両国で花火大会があった7月といえば、力道山がトリイ・オアシス・シュラインズ・クラブのリングに上がることが報道された時期である。しかし、その段階ではまだ大相撲に復帰したいという気持ちがあった。

永田宅への日参が始まった8月も、力道山の相撲界に対する気持ちに変わりはない。しかし、それが実現しなかった場合には、プロレスへの転向もあり得る。となれば、必要となってくるのは興行の世界に明るい人物だ。力道山の永田への接近には、そんな下心が見え隠れする。

確かに、新田新作も力道山にとって強力なスポンサーではある。ただし、いくら名門劇場の明治座を所有していたとはいえ、それは戦後のドサクサの結果であり、興行の専門家ではない。力道山にとって、永田と親しくなるメリットは十分にあった。

一方、永田にとってはどうだったのか。戦争が終わって、アメリカの文化がどんどん日本に入ってくるようになった。そんな世相を見て、永田は浪曲の未来に一抹の不安を感じていたのではないか。

というのは、この年の6月に永田は「ハリウッドの大スター」という触れ込みだったケニー・ダンカンの二丁拳銃実演興行を独自のネットワークを通じて全国の興行師に売り捌いた。後になってわかったことだが、この男はハリウッドのスターでも何でもなく、単なる偽者だった。

しかし、人々は公演に先立つダンカンの街頭パレードに押し寄せた。この時、舶来のスターへの需要が十分にあることを永田は興行師として感じ取ったはずである。そんなところに飛び込んできたのが力道山からのプロレス興行のチケット販売依頼であった。

永田は、山口組2代目組長の山口登と四分六分で盃を交わしている。「盃を交わしたからといって私はヤクザじゃありませんよ」(『週刊読売』87年11月8日号)とは本人の弁だ。全国各地で浪曲の興行を続けていく上で、そうした付き合いも必要だったということである。

旗揚げ以降の日本プロレスの興行的な成功も永田の力によるところが大きい。この時、永田は日本全国に張り巡らされたコネクションを用いた。戦前からの浪曲興行の実績で「興行界の顔役」と言われていた永田は、裏社会にも顔が利く。したがって、コース切り(興行の日程を組み、会場を手配すること)はスムーズだった。

永田は56年に新田新作が亡くなった後、日本プロレスの2代目社長に就任する。浪曲以外の分野への進出は、52年の美空ひばり公演からだ。時期的に、力道山がアメリカで武者修行をしている最中である。

永田は04年に佐賀県で、杵島炭鉱の納屋（他の業種でいえば飯場）頭の息子として生まれた。小学校も卒業しないうちに初代・天中軒雲月に弟子入りして浪曲界に入り、天中軒雲衛を名乗る。しかし、喉を痛めたことなどもあって18歳で興行師に転身した。

その後、同門の女流浪曲師・伊丹とめと結婚し、彼女は由緒ある天中軒雲月の2代目を襲名した。これは亭主である永田が「雲月」という名跡の権利を持っていたからである。戦後、とめは永田と離婚し、雲月の名を返上して伊丹秀子を名乗った。

こう見えても私は音楽ファンである。しかし、平成の初期の頃は浪曲に暗かった。そんな私が伊丹秀子を知ったのは、音楽評論家の中村とうようがロックからソウル、ワールドミュージックに至るまで世界中の音盤の中からベスト１００を選んだリストに彼女のレコードがあったからだ。

永田貞雄の妻だったことを知ったのは、そのずっと後である。伊丹秀子はそれほどの浪曲師なのだが、そこに至る過程は壮絶だった。

２人が夫婦だった時代、永田は劇画『巨人の星』で息子・星飛雄馬をしごいた父・一徹のごとく伊丹を鍛えた。浪曲師になれなかった自分の思いを伊丹に託していたのだろう。それにあってか、伊丹は「七色の声」の異名を取るに至った。

私は永田に狂気を見る。この伊丹のことだけではない。

まずは力道山の帰国後、自分の料亭『蘆花』を売り払ってまで支援したことである。これはシャープ兄弟を呼んだ54年２月の日本プロレス旗揚げシリーズを開催するにあたって、運転資金が不足したからだ。

この時、彼が経営する日新プロダクションの内部は海のものとも山のものともわからないプロレスに肩入れすることに大反対だった。「先行投資」というにはあまりに無謀で、常識を超えている。

もうひとつ。日本プロレス旗揚げシリーズは54年2月19日からの蔵前国技館3連戦で始まり、以後、全国主要都市をサーキットして全15戦が行われた。まだプロレスが人々に知られていない段階で、なぜそんな興行日程を組んだのか。

力道山のタニマチの新田新作はGHQとのラインがあり、そのサポートが期待できたにしても、すでに占領は終わっている。観客が集まらなければ、成功はない。いくら地方の興行師に顔が利く、裏社会の協力を得られるとはいっても、いきなり全国ツアーである。

永田の中で「興行師として力道山に感ずるものがあった」と言ってしまうと、それは後付けだ。ここまで支援したのは、興行師としての勘が働いただけではないだろう。

これは私の想像だが、浪曲師として天下が取れなかった自分自身の夢の投影先が力道山だったということなのではないか。自分の狂気の注ぎ先が妻のとめから力道山に移行したように思う。

そんな永田の支援を受けて、力道山はプロレス武者修行の旅に出発した。何かを始める際、成功を確信することがその第一歩になるとも言われる。以後、力道山も永田も成功に向けて走り続けた。

【第4章　注釈】

1　日本統治時代の朝鮮＝日本の統治が終わるのは、1945年の第二次世界大戦終了時である。日本が敗れて、旧植民地の朝鮮、台湾に生まれた者はそれぞれ同国の国籍となった。したがって、力道山は45年からは朝鮮人である。大相撲廃業の少し後、50年11月に力道山は帰化し、日本人＝百田光浩となった。

2　玉ノ海＝1938年12月に二所ノ関部屋の親方として現役も兼ねていた玉錦が急性盲腸炎で死亡したため、玉ノ海が年寄・二所ノ関を二枚鑑札で継承し、同じく現役兼任の親方となった。
力道山は親方になってからの一番弟子。長崎県大村市の出身で、故郷のタニマチである百田巳之助はその後、力道山の戸籍上の父親となった。

力道山が髷を切った翌年、51年に日本相撲協会を退職し、NHKの大相撲中継開始後は解説者として活躍した。

3　北海道、東北巡業＝現在、本場所の間に行われる巡業は日本相撲協会全体の事業として開催される。しかし、当時は部屋ごと、もしくはいくつかの部屋が合同で行った。

4　玉ノ海親方も相撲界を去った＝その背景には二所ノ関部屋の分裂騒動があった。これが主因である。他の要因として、玉ノ海親方は1947年に戦争犯罪人としてGHQの取り調べを受けたが、本人は身に覚えがなく、その理由を日本相撲協会側にうまく説明できなかった。これで協会にいづらくなったこともある。
ちなみに、GHQに呼ばれた原因として戦時中に部屋全体で兵庫県西宮市の久保田鉄工所（現・株式会社クボタ）で勤労奉仕を行った際、アメリカ軍人の捕虜に対する虐待があったことが定説となっている（真犯人は力道山）。しかし、真因は敗戦直前に故郷の長崎県大村航空隊が日本軍に都合の悪い書類を焼却した件だったが、親方は無関係であった。

5　新田の元に駆け込んだ＝力道山はジョージ・ボハネギの蒸発を受けて新田建設に入社したとする説、あるいは同社入社後も中古車販売業を続けていたとする説もあるが、どちらが正しいのかは定かではない。いずれにしろ、相撲を廃業した力道山は新田建設の資材部長となって建設業に従事し、その中には米軍キャンプに関係する仕事もあった。

第5章　1952年、それぞれのアメリカ武者修行

プロレス界には、「海外武者修行」という言葉がある。団体に入門し、デビューした若手は前座戦線で台頭した後、海外（主にアメリカやメキシコ）に送られ、そこで何年間かファイトする。

帰国後、その選手は海外での実績を元にメインイベンターに登用される。その最たる例がジャイアント馬場であり、アントニオ猪木だ。

シャープ兄弟が来日した1954年、その時に日本側の主人公は力道山、木村政彦、山口利夫、遠藤幸吉だった。

その2年前の52年に、この4人はアメリカのリングに上がった。

当時、まだ日本にプロレス団体は

アメリカ武者修行を前に撮影された力道山の宣材写真。日系人が多いハワイやカリフォルニア州でファイトするには、力士時代の化粧まわしは必需品であった。

存在していない。したがって、彼らは自分の所属団体からの派遣で海外に行ったわけではないので、「武者修行」といっても馬場や猪木のそれとは若干質が異なる。

実際、力道山の場合はプロレスラーとして実績を積むと同時に、プロモーターとして興行の運営方法やテレビの使い方などプロレスビジネスの定石を知る修行でもあったし、木村、山口、遠藤は柔道家として声がかかったゆえの出稼ぎでもあった。しかしながら、ここでは便宜上、この４人のアメリカ行脚に「武者修行」という言葉を用いる。

彼らのアメリカ武者修行について重要なのは詳細な戦績ではなく、彼らが現地でプロレスの何を学んだかだ。４人が経験した当時のアメリカのプロレスとは、どういうものだったのか。結論を申せば、根本的な部分は現在と変わりはない。

いくつかのキーワードを用いて述べていこう。まずは「ワーク」である。

狭義の場合、プロレスは「八百長」なのか？

我が国でプロレスを語る時、どうしても「八百長」という言葉がついて回る。「八百長」も「タニマチ」と同様、相撲界由来の隠語で、明治時代に八百屋の長兵衛（通称・八百長）という者が相撲の親方と囲碁を打つ際、わざと１勝１敗になるように手加減していたところから発生した。

プロレスは八百長なのか。これは、それをどう定義するかで異なる解答が出てくる。

一般に八百長とは前もって勝敗を打ち合わせておき、表面上は真剣に勝負を争っているように見せることを言う。これを広義の八百長としよう。

では、狭義の八百長とは何か。大相撲で問題になったように、勝敗に金銭が媒介する場合である。そういう意味で狭義の場合、プロレスは八百長ではないことになる。

プロレスの勝負は、原則的にガチンコ（真剣勝負）とは異なる。これを業界の隠語で「ワーク」と言う。文字通り、仕事として与えられた職務を遂行するということだ。言葉のニュアンスの問題かもしれないが、本書では「八百長」と「ワーク」を区別する。

力道山、木村、山口、遠藤が52年にプロレス修行をしていた時代のアメリカのプロレスも現在と同様にワークである。しかし、ワーク化をもってプロレスラーが弱くていいということにはならない。ワークであることが公表されておらず、業界から外に出ない秘密である以上、レスラーがアスリートであることは必要条件である。

例えば、当時はＮＷＡ世界王者ルー・テーズのように本格的にレスリングの修練を行っていた者も少なくなかった。レスリングを観客に見せる上で、実際にレスリングができる。これは利点だったからだ。

しかしながら、プロレスにはビジネスとして成り立たなければならないという制約条件がある。ワーク化されたゆえ、レスリングができない者でも業界への参入が可能になった。正真正銘のレスラーであろうと、そうでなかろうと、ビジネス上で有効だとプロモーターが判断すれば、リング上でカードは組まれる。

プロレスラーを名乗る者がリング上で、そしてリング外で、どう戦ってきたかが問題なのだ。相撲の場合は土俵から外に出たり、足の裏以外が土俵につけば負けである。柔道の場合は一本を取られたり、タップすれば終わる。

ところが、プロレスの場合はワークであるからこそ、例えばアクシデントが起きたとしても試合をストップできないこともある。そこで試合が終わると、観客が満足しない場合があるからだ。プロレスの試合を見ること、プロレス史を考察すること、その「核」にあたる部分はここにある。

確かに、この時代のアメリカでプロレスはすでに一般のマスコミからは見向きもされない「ラフィングマター＝お笑い草」であり、世間もそう扱っていた。だからといって、プロレスを価値なきものと一笑に付す立場には私は立たない。

ワークは、どのようにして形成されたのか。このシステムができるまでに、プロレスはどのような歴史を辿ってきたのか。

まずプロレスを「プロフェッショナルレスリング」、つまり職業としてのレスラーによる試合と定義した時に、どこまで遡れるかということである。

１７２０年頃のイギリスはロンドンに、ジェームス・フィグという選手がいた。フィグは、プロボクサーのはしりである。

当時のプロボクシングは、「プライズファイト」とも呼ばれた。文字通りの「賞金マッチ」である。プライズファイトは時に「殴ることはダメだが、掴むことはできる」、つまり「レスリングルール」で行われることもあった。私は、これをプロレスの始まりと見る。したがって、フィグはプロレスラーのはしりでもある。

この賞金マッチは、賭博の対象でもあった。賭けが成り立った。つまり、それは勝負がリアルファイトだったということだ。

しかしながら、人間のやることにおいて、すべて八百長は可能である。ガチンコの時代だって、八百長はあった。

現在ではアマチュアレスリングにしか残っていない「グレコローマンスタイル」のルールが成文化されたのは、１８６０年のパリである。当時、ここパリをはじめヨーロッパ大陸のプロレスのルールはグレコローマンスタイルであった。しかし、イギリスではイングランド北部ランカシャー地方の民族格闘技であったキャッチ・アズ・キャッチ・キャン・スタイル（以下、ＣＡＣＣ）が主流だった。

第３章でも述べたように19世紀末、パリのプロレスはグレコローマンスタイルで、サーカスの演し物として行われた。しかし、「サーカス」という言葉から想像されるものとは反し、中身はスポーツそのものだったという。

だが、20世紀に入ると八百長に汚染され、女子プロレスの淫らさも批判された。そして、第一次世界大戦によってイギリスも含めたヨーロッパ全体に興行のブランクが生じる。

目をアメリカに移してみよう。アメリカは移民の国である。したがって、１８８０年辺りはグレコローマンスタイル、イギリス発祥のＣＡＣＣ、さらにはアイルランド系のアメリカ人が伝えたカラー＆エルボースタイルなどが混在していた。しかし、20世紀になるまでにＣＡＣＣが主流となる。有名なフランク・ゴッチvsジョージ・ハッケンシュミット戦は、ＣＡＣＣの王者とグレコローマンの王者の対決でもある。

結果はゴッチが連勝した。１９０８年の初戦はガチンコだったようだが、11年に行われた再戦は予め勝敗が決められていた。ヨーロッパでも、アメリカでも、八百長説が囁かれたのが10年頃と同じ時期である点は興味深い。

第一次世界大戦は18年に終わった。しかし、戦場となったヨーロッパでは戦争のダメージにより、ドイツを除いてプロレスの興行は極端に数を減らした。

アメリカでは、大戦中からプロモーターの権限が増大した。その頃、ニューヨークのジャック・カーリーを中心とするプロモーターのグループ「トラスト」により、勝敗が意図的に作られるようになる。

この辺りの内情が一般マスコミで報道されたことで、アメリカではプロレスの地位が低下した。試合は「コンテスト」ではなく「ワーク」となり、社会的にマイナーなジャンルとなる。

ワーク化の流れに抵抗する勢力「トラストバスターズ」もあったものの、営業不振により消えていく。そして、プロモーターたちは約束破りを行わせないために、自団体を守る役割のガチンコに強いレスラーを雇うようになる。彼らは業界の隠語で、「ポリスマン」と呼ばれた。

20年代のアメリカマットは「トラスト」と、その分派である「ゴールド・ダスト・トリオ」が興行戦争を続けた。後者の中心人物は、ルー・テーズの師匠としても知られるエド・ストラングラー・ルイスである。

ルイスはガチンコでの強さでも知られるものの、この「ゴールド・ダスト・トリオ」は現在に繋がるレスラーをグループ化してサーキットさせるシステムを作るなど改革を行った。一方の「トラスト」は大都市での興行をそれまでの単発ではなく、定期的に打ち始める。

両者の対立が結果的にはプロレスのシステムの変革を推進した。ガチンコが前提という状態で裏取引する狭義の「八百長」状態から、シナリオ通りに試合をする「ワーク」状態に業界が変わっていく。

20年代も末となると、プロレスは賭けの対象ではなくなっていた。そして、30年辺りまでに「ワーク」の波はヨーロッパやメキシコ、オセアニアにも波及し、各国にワーク主体の団体が設立される。

こうしてプロレスは根本の部分で今日と変わらないものとなった。

1920年代に「プロレス」というシステムを作ったエド・ストラングラー・ルイスは、第一次世界大戦と第二次世界大戦の間で最も重要なプロレスラーである。

アメリカマットで確立された「テリトリー制」

20年代の初頭、アメリカの大都市では定期的にプロレス興行が打たれるようになった。30年代になって、定期興行というシステムは中小都市にまで波及する。

アメリカではすでに自動車社会が確立されており、中心となる大都市と周辺の決まった都市をひとまとめにして、そこを同じレスラーが自動車に相乗りしてサーキットし、毎週同じ曜日に興行を行う。これが「テリトリー制」と呼ばれるシステムである。

中心となる大都市にはテリトリーを統括するプロモーターがいて、地区全体を仕切る。以後、本書で例えば「力道山がサンフランシスコ地区で戦った」とは、「カリフォルニア州サンフランシスコ市を中心としたテリトリーで戦った」ことを指す。

力道山が設立した日本プロレスはもちろん、アントニオ猪木が設立した新日本プロレス、ジャイアント馬場が設立した全日本プロレスもアメリカから見れば、80年代までは「日本（中心地は東京）」というテリトリーの団体だったと位置づけられる。

80年代までと限定できるのは、アメリカでテリトリー制が80年代の半ばに崩壊したからだ。崩壊の端緒は84年、それまでアメリカ東部の団体だったＷＷＦ（現・ＷＷＥ）がテリトリーの垣根を越えて全米で興行を打った時にあった。

話を30年代に戻すと、テリトリー制の確立で業界のパイはますます大きくなった。テリトリーのスター選手は正真正銘のレスラーだけではなく、喧嘩屋、軽業師、怪奇派、モンスター、女子などバリエーションを広げていく。

戦後になると、ミゼットレスラーも誕生した。そして、気がつけば、悪党によって持ち込まれる凶器や意図的な流血などの小道具（ギミック）も次々に発明されていた。

それに伴い、プロレスのリング上は見た目では「ワーク」だとはわからない状態から、見る人が見れば「格闘技であれば、ああいう動きにはならない」状態に変化した。観客を沸かせるための仕掛けも露骨になっていく。力道山、木村政彦、山口利夫が武者修行をしたサンフランシスコ地区のジョー・マルセウィッツ、ハワイのアル・カラシックがプロモートを始めるのもこの30年代である。すでに述べた通り、第二次世界大戦中にアメリカのプロレスは沈滞し、戦後はアメリカの各家庭に急速にテレビが普及したことで人気が復活する。48年には、プロモーターの同業者組合の新ＮＷＡが誕生した。そして、この新ＮＷＡがアメリカのプロレスの覇権となる。その象徴が連勝街道を爆進する世界王者ルー・テーズだった。

プロレス史全体を見れば、複数の世界王座が存在しているのが常態なのだが、この時代は例外である。テレビのプロレス中継が全米にネットされていたゆえ、世界王座も統一されていた方が都合が良かったからだ。力道山、木村、山口、遠藤の４人がアメリカで修行したのは、この時期になる。テレビ中継がない時代にプロレスとマスコミのタイアップといえば、メインは新聞であった。

１８７０年代、ニューヨークなどアメリカの東部地区ではグレコローマンスタイルのプロレスが主流で、中心のスター選手はウィリアム・マルドゥーンだった。そのマルドゥーンを支援していたのは、『ナショナル・ポリスガゼット』という新聞である。日本の東京スポーツ新聞社のように、プロレスとマスコミの二人三脚はアメリカではすでに19世紀に実現していた。

１８８４年、ニューヨークでデビューした日本人初のプロレスラーであるソラキチ・マツダ、彼と共にアメリカに来た浜田庄吉を売り出したのも同紙である。『ナショナル・ポリスガゼット』は、それ自体がプロレス団体のように機能した。

毎日新聞社の記者・伊集院浩は１９５２年、アメリカで取材旅行を行い、現地で力道山や木村にも会っている。

伊集院は同年12月6日付の毎日新聞に寄稿した記事で、「アメリカのプロ・スポーツは野球、ボクシング、レスリング、アイス・ホッケー、バスケットが非常に盛んであるが、テレヴィが普及してからレスリングがメキメキと台頭して来た」と伝えた。伊集院も、そして力道山、木村、山口、遠藤も日本にプロレスを導入する際のテレビの重要性をアメリカで認識することになる。

アメリカのテレビマッチはスタジオにリングが組まれ、スター選手が名もない噛ませ犬専門のレスラーを一方的に破る。これは60年代に確立され、80年代の半ばまでスタンダードだったテリトリーごとの番組の作り方だ。

力道山、木村、山口、遠藤の4人が修行した時代の手法は異なる。ニューヨーク、シカゴ、ロサンゼルスの小会場からの全国ネット中継がメジャーネットワークを通じて、テリトリーの垣根を越えて全米に流されており、色々なチャンネルでプロレス中継は毎日のように見ることができた。

小会場というところがミソで、大会場での興行はノーテレビである。大相撲に譬えると、横綱はテレビ中継にはあまり登場せず、大関vs平幕の取組がメインイベントに組まれる。

お馴染みの大関が横綱に挑戦するのはノーテレビの大会場で、シカゴを例にすれば、大関はバーン・ガニア（後のＡＷＡ世界ヘビー級王者）、横綱はＮＷＡ世界ヘビー級王者として全国を回っているルー・テーズである。

力道山が日本に輸入した「タッグマッチ」の歴史

偶然か、必然か。力道山、木村、山口が修行したサンフランシスコ地区はアメリカマットの中でもタッグマッチに関して最前線を走っていた。とはいえ、この段階でその歴史はまだ浅い。

サンフランシスコ地区では、まず49年に太平洋岸タッグ選手権（修行中の力道山も同王座に就いた）、翌50年には世界タッグ選手権が制定された。「世界」とはいってもＮＷＡが正式に認定したものではなく、同地区のプロモーター、ジョー・マルセウィッツが勝手に名乗っただけである。

他のテリトリーでもタッグ王座は作られたのだが、いつの間にかタイトルマッチが行われなくなり、フェードアウトしていく。各テリトリーでタッグ王座がほぼ出揃うのは、ずっと後の55年辺りになってからで、これはサンフランシスコ地区というモデルケースがあったからだ。

では、なぜサンフランシスコ地区はタッグ

右がサンフランシスコ地区のプロモーター、ジョー・マルセウィッツ。エド・ストラングラー・ルイスの配下にいた元レスラーでもある。

王座に関して先鞭をつけることができたのか。それは同地区に定着し、軸となった王者チーム、ベン&マイクのシャープ兄弟がいたからだ。

タッグマッチの祖先は、バトルロイヤルである。近世イギリスの闘鶏興行で、そのラストに当日のファイトで傷を負った鶏たちを集めて戦わせた大喜利的な試合は「バトルロイヤル」と呼ばれた。これがプロレスでも行われるようになったのが第一次世界大戦の直前である。

前述のように、その頃からプロレスの「ワーク」化が始まった。レスラーをベビーフェース（善玉）とヒール（悪玉）に分け、その対決で興行を作るようになったのが20年代。バトルロイヤルも、観客をヒートさせるためベビーフェースとヒールの団体戦のようになる。

30年代、バトルロイヤルの発展形として、「チームマッチ」が出現した。タッグマッチと異なるのはレスラー全員がリングインする点で、現在これはテキサス・トルネードマッチと呼ばれる。

40年代に入ってチームマッチは、リングで戦う権利を持つ選手は各チーム一人ずつ、パートナーは自軍コーナーに待機し、「タッチ」によって交代する形にアレンジされた。これが現在に続く「タッグマッチ」である。

これにより、ヒール側チームはレフェリーのブラインドをついて２人がかりでベビーフェースを痛めつけるという観客を沸かせるネタが増えた。これが得意だったのがサンフランシスコ地区のヒール、シャープ兄弟である。

54年に日本でプロレスが本格的に始まった時、シャープ兄弟がそこにいた。それは歴史的に大きな出来事だが、シャープ兄弟はアメリカのタッグマッチの先駆けでもあった。

日本でジュニアヘビー級部門のビジネスモデルを作ったのは新日本プロレスであり、そこには藤波辰巳（現・辰爾）がいた。それと同様に、アメリカの業界で初めてタッグマッチのビジネス化に成功したテリトリーがサンフランシスコ地区であり、そこにいたのがシャープ兄弟だったという図式である。

そして、木村や力道山は武者修行時にタッグマッチを体験し、シャープ兄弟にも遭遇した。

54年2月19日、蔵前国技館で日本プロレスの旗揚げ戦が開催された時、メインイベントのカードは力道山&木村vsシャープ兄弟だった。これはサンフランシスコ地区での修行の再現でもあったのだ。

アメリカでタッグマッチの地位を確立したベン（左）とマイクのシャープ兄弟。中央は元プロボクシング世界王者のジャック・デンプシー。

ボビー・ブランズの「ブッカー」としての手腕は？

プロレス界の隠語に、「ブッカー」というものがある。これはプロモーターを補佐し、リングに上がるレスラーを編成し、日々のマッチメークを行い、興行のストーリーラインを作る役職だ。原則的に、誰がブッカーを務めているか団体側は公表しない。日本では「現場監督」、「現場責任者」とも呼ばれる。

プロモーターがブッカーの役割を兼務することもある。そうではない場合、ブッカーはプロモーターにとって重要な下請けだ。レスラー側から見れば、プロモーターの代理人的な立場であり、逆らったり、信用を失った時は失職を覚悟しなければならない。

ブッカーとはスカウトマン、現場監督、シナリオライターを兼ねたような職種である。プロレスラーのリング上での成功は、ブッカーに認められるところから始まる。また、それぞれのテリトリーの盛衰はブッカーの手腕にかかっている。興行を「点」ではなく「線」にしなければ、観客の興味を継続して惹きつけられない。

ここではブッカーの一例として、ボビー・ブランズを挙げることとする。

ブランズはトリイ・オアシス・シュライン・クラブの日本ツアーにレスラーとして参加したが、それ以上にブッカーとしての役割が大きかった。

この日本ツアーが終了したのは51年12月。ブランズはツアー前にホームリングとしていたサンフランシスコ地区には戻らず、ハワイで荷を下ろした。以後、55年までここにブッカー兼レスラーとして定着する。

ブランズのブッカーとしての最初の大きな仕事は、力道山をハワイに呼び、修行させることであった。そして、引退同然だった沖識名（当時47歳）を力道山のコーチにつけた。

沖もブランズも戦前から戦後にかけてアメリカ本土で活躍した一流レスラーであり、両者のシングルマッチがシカゴでメインを張ったこともある。ホノルルでこの2人が側にいたことは、力道山にプロレスラーとしての、そしてプロモーターとしての「英才教育」が施されていたことを意味する。

さて、ブランズがホノルルのブッカーになってからハワイのリングはどう変わったのだろうか。一言で言うとマッチメークがカラフルになった。ブランズの伝手で、本土から来る一流レスラーが増えたからである。一例を挙げれば、NWA世界王者ルー・テーズのハワイ来襲で、ホノルルにおける初のNWA世界戦開催はブランズがブッカーに就任してから実現した（52年8月24日）。

テーズのそもそもの本拠地は中西部のミズーリ州、セントルイス地区である。40年代いっぱいまでブランズの本拠地も同じ中西部のカンザス地区であった。セントルイス地区とカンザス地区は隣

現役時代の沖識名。1932年1月にデビューし、同月中に早くもニューヨークのMSGに登場した大型新人だった。以後、第二次大戦まで主に米本土で活躍した。

接テリトリーであり、レスラーの交換など関係が密だった。こうしたブランズが持っていた他地区とのコネクションがハワイでブッカーとしての職務に役立ったのである。

力道山が3人のレスラーにシングルマッチで敗れた理由

ここからは力道山、木村政彦、山口利夫、遠藤幸吉の武者修行について記す。

力道山はアメリカで2度、武者修行をした。便宜上、52年2月から53年3月までを「第一次武者修行」、一時帰国（日本プロレス協会設立）後の53年11月から54年2月までを「第二次武者修行」と名付ける。

木村、山口については51年春にハワイでプロレスのリングに上がった時を「第一次武者修行」、同年夏にブラジルでルタ・リーブリに参戦した時を「第二次武者修行」と定義すれば、ここに記すのは「第三次武者修行」である。

遠藤はグレート東郷に誘われて、空手の大山倍達と共にアメリカ、キューバをツアーしたものを武者修行とする。

なお、ハワイでは稀にハワイ島やマウイ島などでスポットの興行を打つものの、定期興行はオアフ島のホノルルだけだった。したがって、ここはテリトリーを形成しているとは言えないので、本書では「地区」をつけない。

太平洋岸もハワイほどではないにせよ日系人が多く、彼らはプロモーターにとって大きなマーケティングターゲットである。したがって、日系人を含む日本人レスラーは需要があった。もっとも日系人や日本人といった区別にこだわるのは我々だけであって、アメリカ人にとっては同じ「ジャップ」である。

52年、力道山が回ったコースをざっくり言えば、ハワイ→太平洋岸である。これは同時期に武者修行をしていた木村&山口と逆のコースを描いている。

なぜそうなったのかというと、力道山と木村&山口が対立していたからではない。隣接テリトリーとして交流が密だったサンフランシスコ地区とハワイで、「日本人」というキャラクターが被らないようにしただけのことだ。

では、4人の武者修行を検証していこう。戦績については漏れている試合(報道記録が未発見)が存在する可能性もあり、あくまでも2024年3月末判明分である。

■力道山(第一次武者修行)
《期間》
52年2月17日~53年3月1日
《テリトリー》
ハワイ、サンフランシスコ地区、ロサンゼルス地区

《主なタッグパートナー》
デニス・クレーリー
※52年９月30日から11月18日まで太平洋岸タッグ選手権を保持。
※この時期にボビー・ブランズとのコンビでハワイ・タッグ選手権を獲得したという説があるが、これは誤報。正しくは王座決定トーナメントに出たものの、決勝で敗退した（53年３月１日）。

《戦績》
シングルマッチ‥82戦61勝４敗16分（１結果不明）
タッグマッチ‥99戦39勝30敗27分（３結果不明）

力道山の武者修行の第一歩は、ハワイだった。力道山がホノルル空港に着いてタラップを降り、レイをかけられるフィルムがある。しかし、それはずっと後になって映画用に撮影されたものだ。つまり、力道山が武者修行に出かけたことは世間的にはほとんど注目されていなかった。

前述のように、力道山はホノルルで沖識名のコーチを受けた。ここが重要なところで、沖が力道山に施したカリキュラムはプロレスラーとしての身体的なものはもちろんだが、将来の日本のプロモーターに対して業界のイロハのレクチャーも加わった。

沖は格闘家として、プロレスラーとして豊富なキャリアを持っている。プロ入り前には壇山流柔術、ハワイ相撲を経験し、後にマネージャーとなるタロー三宅から「ワーク」時代以前のプロレスを授けられた。そして、32年1月にハワイでデビューし、早くもその月にニューヨークのＭＳＧデビューも遂げた。

夏には鈴木英太郎（同年ロサンゼルス五輪のアマレス日本代表）からキャッチ・アズ・キャッチ・キャン・スタイルのコーチも受け、翌年には業界の大スターだった〝黄金のギリシャ人〟ジム・ロンドスとの対戦に漕ぎ着けている。以後、何度も色々なバージョンの世界ヘビー級王座に挑戦した。

この30年代はアメリカでテリトリー制が確立される時期であり、沖はその過程を見てきている。日本が真珠湾攻撃を仕掛け、日米が開戦する41年12月まで沖はハワイだけでなく、アメリカ本土でも日の当たる道を歩き続けた一流レスラーであった。

ホノルルでは週に一度しか試合がない。これは実入りが少ないということであり、普通であれば生活に窮する。力道山にとっては、プロである沖識名へのコーチ料の支払いもあるはずだ。つまり、これは力道山を経済的に支援する者がいたということである。

新田新作なり、永田貞雄の顔が浮かぶ。彼らにとって、これが投資だったことを忘れてはならない。投資は回収が前提だ。後になって、その回収が力道山と彼らの対立を生み出し、それが54年暮れの力道山vs木村戦の混乱に繋がるのだが、それについては後述する。

力道山が第一次武者修行においてシングルマッチではタム・ライス、フレッド・アトキンス、レオ・ノメリーニにしか敗れなかったという話は有名であり、また事実だ。

タム・ライス、正確には彼が中身だった覆面レスラーのレッド・スコーピオンに敗れたのは52年5月11日と6月1日のホノルルである。当時、スコーピオンはハワイ・ヘビー級王者だった。ほど

武者修行中の力道山に土をつけた２人目のレスラーがフレッド・アトキンス。後に鬼コーチとして、ジャイアント馬場やタイガー・ジェット・シンをしごいた。

力道山にプロ入り初の黒星を与えたのがレッド・スコーピオン。日本には1956年、素顔のタム・ライスとして来日した。

なくして、力道山はハワイを去ってアメリカ本土に渡る。テリトリーを去る直前に勝率が下がるのは、この業界の常だ。もうこれ以上、売り出す必要はないということである。

快進撃を続けるスコーピオンにストップをかけたのがルー・テーズだった。テーズはホノルル登場２週目の８月31日にスコーピオンを破ってＮＷＡ世界王座を防衛すると共に、マスクを剥いで正体がタム・ライスであることを明かした。力道山は、テーズvsスコーピオン戦を盛り上げるための噛ませ犬だったのだ。

力道山がフレッド・アトキンスに敗れたのは53年２月２日、サンフランシスコ近郊のヴァレーホで、レオ・ノメリーニにはその翌日にサンフランシスコで敗れている。要因としては、時期的にサンフランシスコ地区サーキットの末期だったことが大きい。これも先に述べたテリトリーを去る直前に勝率が下がるという定石の結果である。

力道山がノメリーニに敗れた会場は、ウィンターランド（4000人収容）だった。サンフランシスコといえば、カウパレス（1万6000人収容）が有名だが、まだプロレスは進出していなかった。

ノメリーニは、アメリカンフットボーラー兼任の大スターである。プロレス界で活動するのは、1月にスーパーボウルが終わってから7月にキャンプに入るまで。52年の下半期、サンフランシスコ地区内で徐々に地位を上げた力道山は、暮れにはベビーフェース陣営のトップになっていた。年が明けると、ノメリーニが帰ってきて、2月にサンフランシスコで力道山とのベビーフェース頂上決戦が組まれた。

これに勝ったノメリーニがNWA世界王者ルー・テーズに挑戦。しかも会場はプロレス初進出のカウパレスというストーリーの始まりに、力道山の敗北は位置付けられる。ハワイでレッド・スコーピオンに敗れた時と同様、力道山はまたも間接的に噛ませ犬の役割を演じたのだ。

しかし、敗れる力道山がしょっぱいとノメリーニが映えない。キャリア1年半の新人としては、

アメリカンフットボールの選手としても超一流だったレオ・ノメリーニ。ルー・テーズの無敗記録にストップをかけたことでも知られる。

力道山の役割は大きかったということになる。

タム・ライス、フレッド・アトキンス、レオ・ノメリーニが日本で有名なレスラーになったのは、力道山を破ったことが何度もマスコミで伝えられたからだ。力道山は彼らとの対戦で、ブッカーやマッチメーカーが作るストーリーラインというものを身をもって体験したと言える。

なお、力道山はハワイでもサンフランシスコ地区でも原則的にベビーフェース陣営としてファイトした。これは後述する第二次武者修行でも変わりはない。

木村&山口のタッグチームは、どう扱われたか？

■木村政彦（第三次武者修行）
《期間》
52年3月5日〜7月27日
《テリトリー》
ロサンゼルス地区、サンフランシスコ地区、北西部地区（オレゴン州、ワシントン州）、ロッキーマウンテン山麓地区（アイダホ州、ユタ州）、ハワイ
《主なタッグパートナー》

山口利夫、キンジ渋谷

《戦績》
シングルマッチ：11戦5勝4敗1分（1結果不明）
タッグマッチ：31戦20勝6敗0分（5結果不明）
※他にバトルロイヤルでの途中失格が1試合。

■山口利夫（第三次武者修行）
《期間》
52年3月20日〜5月25日

《テリトリー》
サンフランシスコ地区、ロサンゼルス地区、ハワイ

《主なタッグパートナー》
木村政彦
※1試合のみだが、ハワイでは力道山とタッグを結成（4月27日）。

《戦績》
シングルマッチ‥5戦3勝1敗1分
タッグマッチ‥17戦13勝3敗1分

52年3月から4月にかけて、木村と山口はタッグチームとしてサンフランシスコ地区とロサンゼルス地区を回った。これは51年の第一次海外武者修行の際にハワイでコーチをした縁でラバーメン樋上が声をかけ、彼自身がマネージメントも行っている。

アメリカ武者修行中の山口利夫と木村政彦。ご覧のとおり、現地では「柔道家タッグ」として売っていた。

樋上の現役時代は戦前で、20年代前半にアメリカに渡り、柔道を前面に出したスタイルで活躍した。沖識名より生まれもデビューも8年早い。プロレスラーとしてのキャリアの華は36年にロサンゼルスでジャック・レイノルズを破って世界ジュニアミドル級王座を奪った辺りで、40年にはハワイ・ジュニアヘビー級王者にもなっている。沖識名とは仲が悪く、ハワイでの派閥を異にしていた。

木村の武者修行のコースで力道山と異なるのは、同じ太平洋岸でも力道山がサンフランシスコ地区のみだったのに対し、木村はロサンゼルス地区、北西部地区、さらにはロッキーマウンテン地区と太平洋岸全域にわたっている点だ。これは戦前に樋上が活動したエリアと完全に一致している。つまり、木村は常に樋上の伝手でリングに上がっていたことになる。

アメリカで木村&山口のタッグは、「柔道コンビ」として売り出された。彼らが初めてサンフランシスコのウィンターランドに登場したのは52年3月25日のことで、ダニー・プレッチェス&ボビー・ネルソンに勝利している。翌週4月1日のウィンターランドでは、同地区のタッグ部門でトップだったベン&マイクのシャープ兄弟を破った。この快挙は後に日本にも伝えられた。

しかし、木村&山口は翌週のウィンターランド興行に呼ばれないまま、ロサンゼルス地区に転戦する。そして、そのままサンフランシスコ地区に戻ることはなかった。

木村&山口がロサンゼルス地区にいたのは、4月いっぱいまでである。5月から木村は北西部地区に、山口はハワイに転戦した。

木村と山口は、ここでも柔道マンとして売り出された。木村もその後にハワイに転戦するが、その直前の7月2日にロサンゼルスでシングルマッチを1試合行っている。しかし、相手はロートルのデイブ・レヴィンであり、特筆すべきことはない。

注目すべき点は、木村&山口がサンフランシスコ地区でファイトした期間が2週間と短かったことである。

マッチメークのセオリーに則れば、木村&山口とシャープ兄弟の再戦がサンフランシスコで組まれる。シャープ兄弟が雪辱、もしくは木村&山口が彼らを返り討ちにする場面をファンに見せなければならない。実際、シャープ兄弟は4月3日にストックトンで木村&山口に雪辱しているが、サンフランシスコのファンのうち何人がその事実を知っているかわかったものではないからだ。

しかし、これを同地区のプロモーター、ジョー・マルセウィッツは行わなかった。理由はわからないが、観客を呼べるのであれば再戦が組まれたはずだ。

ロサンゼルス地区に関しても、せめてあと3週間ここにいれば面白かったと私は感じている。

5月21日、ロス近郊のハリウッドにあるギルモアフィールドでルー・テーズvsバロン・レオーネのNWA世界ヘビー級とロス版世界ヘビー級の王座統一戦を看板に、シャープ兄弟vsサンダー・ザボー&ヴィック・クリスティのNWA世界タッグ戦、ダニー・マクシェーンvsリト・ロメロのNWA世界ジュニアヘビー級とロス版世界ジュニアヘビー級の王座統一戦、さらには同地区で初めてとなるミゼットマッチ（スカイ・ローローvsカウボーイ・キャシディ）が行われている。

プロレス史上初めて興行収入が10万ドルを超えた大会として有名で、ここに木村&山口が出て柔道vsプロレスの異種格闘技タッグマッチでも行っていれば、彼らのプロレスラーとしての評価も多少は違ったものになっていたかもしれない。

ここで同地区のプロモーターだったジョニー・ドイルの立場に立ってみる。木村&山口がいることで、興行収入＝10万ドル超えが確実になるのならば、ロサンゼルス地区に置いておくだろう。しかし、いても、いなくても変わりはないと判断したというところか。

では、なぜ4月に木村&山口を使ったのか。まず随行しているマネージャー、ラバーメン樋上の売り込みがあったからだろう。そして、5月に入ると、ハリウッド決戦を盛り上げるために大物レスラーを地区入りさせる。これはコストアップを意味する。その前の4月後半、まずまずの客入りを維持するためのイロモノとしてだったら木村&山口は使える。そんな程度に考えていたようにしか見えない。

要はサンフランシスコ地区、ロサンゼルス地区といったメジャーなテリトリーで、木村と山口に「上で使える」という合格点が出なかったということだ。5月から木村が仕事をする北西部地区、山口が上がるハワイはテリトリーとしての格がずっと下がる。いわばドサ回りだった。

木村の著書『わが柔道』には、武者修行時代について以下のように書かれている。出版は力道山戦の真相を雑誌『Ｎｕｍｂｅｒ』70号で彼なりにぶちまけた83年よりも後のことだ。つまり、プロレスについて批判的なことを言っても憚らない時期である。

嘘は言っていない。しかし、当時の木村が本当にこんなことを考えながら修行していたとは言い切れない。重要な回想ゆえ、最後に一応触れておく。

要は、いかにしてお客さんを怒らせ、喜ばせ、興奮させるかがプロレスラーの生命である。勝ち、負け、というのは、第三、第四の問題であり、最も大切なことは〝芸〟である。つまり、芸の上手か下手かによって収入が多くなりもすれば少なくもなる。芝居の役者同様である。

そのために、毎日鏡を見て嬉しい顔、悲しい顔、怒った顔、なぐられたときの痛い顔などを写して見たのだが、喜んだ顔と痛い表情が似ているのには、我ながらガッカリさせられた。

なお、木村も山口は各地区で原則的にベビーフェース陣営としてファイトした。これは前年の第一次武者修行（ハワイ）、第二次武者修行（ブラジル）も同様である。

遠藤幸吉が東郷3兄弟の「コウ」に変身

■遠藤幸吉

《期間》

52年4月上旬（柔道のデモンストレーション）～9月21日

《テリトリー》

シカゴ地区、アイオワ地区、ミネソタ地区、フロリダ地区、キューバ、ミッドアトランティック地区（南北カロライナ州）、ハワイ

《主なタッグパートナー》

グレート東郷

《戦績》
シングルマッチ：6戦3勝1敗1分（1結果不明）
タッグマッチ：3戦0勝3敗
※他に素人の挑戦を受ける喧嘩マッチ興行「ATショー」に参戦。
※帰国後、柔道ジャケットマッチを含む約110戦を行い、75勝15敗20分の戦績だったと発表。

遠藤幸吉のアメリカ行きは本格的なプロレスラーを目指したというよりも、柔道家として声がかかって実現した。日系レスラーのグレート東郷による「日本の柔道家が欲しい」というオファーが木村政彦の師匠である牛島辰熊に届き、それが遠藤に伝わる。

52年3月29日、遠藤は東京・羽田空港からアメリカへと発つ。やはり東郷から声をかけられた空手家の大山倍達（後に国際空手道連盟極真会館を設立）と一緒だった。ホノルル、サンフランシスコ、ロサンゼルスを経由して4月4日にシカゴに着き、ここで東郷と合流する。遠藤、大山が東郷と交わした契約期間は3ヵ月であった。

東郷が2人を呼んだ大きな目的は、自分が転戦するリング上で遠藤には柔道の、大山には空手のデモンストレーションをさせるためである。東郷は彼らを自分の弟ということにして、遠藤に「コウ東郷」、大山に「マス東郷」とリングネームをつけた。東郷3兄弟の誕生である。

東郷がなぜ3兄弟によるツアーを行ったのか。これについて、東郷自身のコメントは残っていない。以下は、私の推測だ。

前年の51年、東郷はアメリカで大活躍した。観客動員力の凄さはＭＶＰ級である。この年、東郷はプロレスラーとして全盛期だったと言える
一方で、年齢は40歳の大台に乗った。自分がリングで戦うだけではなく、他のレスラーを自分のマネージメントで戦わせること（注1）で金を得たい。東郷3兄弟ツアーの動機は、そんなところだろう。実際に、東郷は遠藤や大山のアメリカにおける実質的なマネージャーであった。

その51年に大相撲の高砂一行（元横綱・前田山の高砂親方が率いて、大ノ海、藤田山、八方山が参加）が全米ツアーを行い、プロレスのリングに上がった。これが大いに受けた。

日本人が単体でアメリカのリングに上がることは、19世紀のソラキチ・マツダから見受けられる。しかし、単体ではなく、グループでのツアーが成り立ったことは重要である。なぜなら、それほどまでにアメリカのプロモーターが日本を市場として注目していたということになるからだ。

大ノ海などは改めてアメリカで武者修

遠藤幸吉は東郷３兄弟のツアーを経て、1953年創設の日本プロレスで力道山を支えるナンバー2の存在となるが、1960年代に入ると右肩下がりのキャリアを歩んだ。

行することを持ちかけられ、日本で団体を作るなら協力すると、あるプロモーター（誰なのかは不明）からそそのかされた。このプチ日本ブームを見た東郷の中で、「相撲がＯＫなら、柔道や空手もアリ」というアイディアが閃いたのではないか。

ただし、遠藤と大山は東郷の扱いに満足していなかった節がある。そもそも2人は東郷が全米各地のプロモーターと交渉する際のバーターとして使われ、大スター＝東郷の出汁でしかなかった。そんなこともあって、彼らにとって東郷の印象は悪い。

遠藤は82年に出版した自伝で、アメリカに遠征したことについて触れているが、東郷の名は出していない。また、東郷が後に日本プロレスに来日した際にもアメリカで世話になったことは公表しなかった。大山に至っては、翌53年に力道山と雑誌で対談した際に東郷のやり口を手厳しく批判している。

遠藤は、その53年に力道山が設立した日本プロレスの創立メンバーとなる。大山は、後に極真空手の総裁として名を揚げた。

大山とプロレスの縁は、この東郷3兄弟のツアーで途切れる。東郷3兄弟のツアー中、遠藤は柔道家、大山は空手家として東郷に随行したため純粋なプロレスルールの試合は少ない。

遠藤はリング上で柔道のデモンストレーションを行った他、東郷とタッグを組んでプロレスの試合に出る際はヒール陣営からの登場だった。また、シングルマッチの際は当日のマッチメークの都合でベビーフェース陣営に組み込まれることもあった。

大山に至っては、確認できるプロレスの試合は1戦のみである。52年5月6日、アイオワ州シーダーラピッズでジェリー・ミーカーに勝利。これが現時点で確認できる唯一の試合記録だ。ただし、大山の手記や妻への手紙などからATショーに出場した形跡が見られる。

大山といえば、75年に「アメリカで力道山が勝てなかったタム・ライスをやっつけた」と語り、話題になったことがある。私も調査を試みたが、どこをどう探しても、そんな試合結果は見つからない。大山とライスに接点があるとすれば、遠藤と東郷の弟を演じた直後、52年7月から9月にハワイに行った時である。ちょうどライスがルー・テーズに覆面を剥がされた頃だ。しかし、大山はハワイのリングには上がっていない。

52年にアメリカで修行した力道山、木村、山口、遠藤は日本に戻り、翌53年になると各々がプロレスラーとして独自に活動を始めるようになる。

【第5章　注釈】

1　他のレスラーを自分のマネージメントで戦わせること＝これは1959年以降の日本プロレス、68年の国際プロレスでも実行された。この時は、両団体に対して外国人レスラーを斡旋する形である。しかしながら、手数料が多額だったためトラブルが絶えず、「守銭奴」と蔑まれた。

また、国際プロレスの外国人招聘ブッカーに就いた際、その後にルー・テーズの名を借りて日本で新団体旗揚げを画策した際は日本プロレスの幹部だった遠藤幸吉と対立する形になった。

第6章　1953年7月30日、日本プロレス協会が発足

1954年のシャープ兄弟を招聘した日本プロレス旗揚げツアーは、毎日新聞社が後援した。まだ我が国でプロレスが始まる前の段階で、同紙はなぜ後援を決めたのだろうか。

シャープ兄弟の来日を前に、永田貞雄など日本プロレスのスタッフは読売新聞と毎日新聞に後援を願い出た。読売新聞は即座に断る。プロレスの胡散臭さは、すでに知られていたからだ。しかし、毎日新聞はスッタモンダの挙句、受け入れた。

読売新聞と毎日新聞、これに朝日新聞を加えて「三大紙」と言われる。その中で、朝日新聞は夏の高校野球に象徴されるようにアマチュアスポーツ志向が強い。

読売新聞と毎日新聞の共通点は、プロ野球球団を持っていたことである。読売新聞は東京読売巨人軍、毎日新聞は毎日オリオンズ（現在の千葉ロッテマリーンズのルーツ）だ。

巨人軍は戦前の34年に設立された老舗だが、オリオンズは50年のセントラル・リーグ、パシフィック・リーグ分立時にできた球団である。

人気面では、巨人軍にずっと後れを取った。それにより、会社の事業（注1）としてプロ野球以外の柱が欲しいという思いは毎日新聞の方が強かったはずである。しかし、さらに一歩踏み込めば、異なる風景がある。

53年３月、力道山がアメリカでの第一次武者修行を終えて帰国するという第一報は毎日新聞によってもたらされた。

「プロ・レスラーとしてアメリカ、ハワイ各地を転戦した元力道山、百田光浩氏は六日午後三時羽田着のＰＡＡ機で帰国する旨、五日勤務先の明治座に入電があった」（毎日新聞53年３月６日付）

明治座とは、力道山のタニマチの新田新作が経営する劇場だ。入電があったことは、明治座が毎日新聞に伝えない限りわからない。これは新田と毎日新聞に何らかのパイプがあったということである。だとすると、毎日新聞側の窓口は誰なのか。

当時、運動部長だった伊集院浩である。伊集院は報知新聞ＯＢの田鶴浜弘と並んで、日本で最初のプロレス記者である。前年にはアメリカに飛んで、力道山や木村の武者修行ぶりも見ている。

34年、つまり戦前に伊集院は毎日新聞系列の雑誌『サンデー毎日』９月２日号に以下のような記事を寄せている。

現在のアマチュア・レスリングが拳闘程の隆盛さを見せたらプロに転向するものが出来たりして盛んになるでせうが、今のところでは駄目ですね。

最も今の職業力士の中からよいやつを引き抜いて、これにコーチャーをつけて二、三年ミッチリやらしたら一流のプロ・レスラーが出来るだらうが、協会あたりにこんな思ひ切ったことをするような頭のいい人間は一人もないから駄目ですね。

日本のアマレスの黎明期、統括団体が3つもできてしまった時期に書かれたものだ。そのアマレスを運営する者たちへの批判が記事の主旨だが、伊集院自身のプロレスへの思いも感じる。伊集院は明治大学ラグビー部出身で、毎日新聞のボクシング記者として名を馳せる。後に日本プロレス中継の解説者、そして力道山が開設したリキボクシングジムの会長となった。

シャープ兄弟が来日する前の段階で、プロレスの記事は読者にとってニュースバリューはない。しかし、微かかもしれないが、毎日新聞には会社に利益をもたらす「新たな事業の柱」としての期待があった。

その内部には、待ちに待ったプロレスがやっと始まるという思いの伊集院がいた。やがて伊集院は永田貞雄、新田新作ら日本プロレスのスタッフに動かされつつ、そして彼らを動かしつつ、「プロレス応援団長」としての日々を送ることになる。

力道山がアメリカで購入した2台のキャデラック

力道山がアメリカで武者修行をしている頃から帰国した辺りにかけて、本人およびその周辺、具体的には永田貞雄の日新プロダクション周辺で力道山のイメージ戦略が綿密に練られていた節がある。これを当時の新聞記事を分析することで実証したい。

私がイメージ戦略に永田が噛んでいたとする根拠は、後に紹介する読売新聞の記事の引用していない部分で力道山が横綱・千代ノ山に言及しているからだ。千代ノ山のタニマチは永田であり、読

サンフランシスコ滞在中の力道山。リング上ではそれなりに活躍しつつ、心の中は帰国後の構想でいっぱいだった。力道山がここで得た最大の成果は、シャープ兄弟とのコネクションである。

売新聞には千代ノ山の記事が多い。つまり、読売新聞は永田と親交が深かったと判断した。

以下は、まだ力道山が第一次武者修行中だった52年11月27日付の読売新聞の記事である。

　プロ・レスリングに転向しアメリカで無敗の成績を誇っている力道山はさる四日、もと世界選手権保持者サンダー・ザボ（引用者注＝ザボー）を破り、近く現世界選手権保持者ル・ティース（引用者注＝ルー・テーズ）とタイトルを賭けて戦う準備を進めアメリカ・レスリング界注目の的となっている。

まず指摘したいのは、力道山は無敗ではない。また、力道山は名前が出ている旧ＮＷＡの世界ヘビー級王者サンダー・ザボーに勝ったことは事実だが、ＮＷＡ世界王者ルー・テーズへの挑戦は第一次武者修行中には実現しなかった。

これは力道山が「世界征服」に向けて、連勝街道を歩んでいるという印象操作を狙った記事である。

続いては、力道山が一時帰国した直後、53年３月７日付の毎日新聞の「大変な人気」と題された記事から本人のコメントを引用する。

ハワイ、アメリカを通じて試合回数は三百回以上でした。このうち負けは五回、最初はコツがのみこめなくてやりにくかったが、試合ごとに調子が出て来た。大体ハワイ滞在中いろいろとレスリングのテクニックを教わり、アメリカ本土に渡ってからは西部をふり出しにシカゴからニューヨーク付近まで行きメキシコ、カナダの方まで渡って試合をやりました。

これは力道山の土産話である。

『週刊サンケイ』同年４月５日号では、力道山の口からアメリカでの戦績がさらに詳しく伝えられた。要約すると、以下のようになる。

「勝った強敵の中にはサンダー・ザボーやボクシングの元世界ヘビー級王者プリモ・カルネラがいた。負けたのは５回で、シングルマッチでレオ・ノメリーニ、レッド・スコーピオン（タム・ライス）、フレッド・アトキンス、２回はタッグマッチ、それもパートナーのデニス・クレイリーがフォールされたものである」

まだインターネットというものが存在しない時代のことである。情報は、いくらでも操作できた。私が調査した戦績は前章にある通りで、力道山はかなり話を盛っている。プリモ・カルネラとはタッグマッチで組んだり対戦したが、シングルマッチでは当たっていない。

面白いのは、力道山がシングルで負けた相手に関しては正直に告白していることだ。これは日本プロレスを旗揚げ後、タム・ライス、フレッド・アトキンス、レオ・ノメリーニを呼ぶプランがあったということである。雪辱の物語を演出する上で、自分を破ったレスラーの名を有名にしておくことは力道山にとってもメリットがある。実際、後に力道山はこの3人を呼んだ。

次は転戦したテリトリーについてだが、これも盛っている。毎日新聞の記事にあるシカゴ、ニューヨーク付近、メキシコ、カナダには行っておらず、実際にはハワイとサンフランシスコ地区、スポット参戦で1試合だけロサンゼルス地区に行っただけだ。

第1章で触れたように、この時期のアメリカのプロレス中継の発信地はニューヨーク、シカゴ、ロサンゼルス（隣接のハリウッド）だった。これは当時、アメリカのプロレスの中心がこの3都市だったことを意味する。

力道山の次男・百田光雄は、武者修行中の力道山が家族に宛てた手紙を保存している。百田が著した書籍には力道山から当時の内縁の妻・ふみ子への手紙が写真入りで掲載されており、その中に次のようなくだりがある。

「其後元気か。私はシカゴ又東部地方を廻って先週同地へ帰って来たよ」

「同地」とは、本拠としていたサンフランシスコのことだろう。力道山は妻への手紙でもシカゴ、ニューヨーク（東部）を回ったと記している。まだ日本でプロレスは始まっていない。力道山も世間的にほとんど注目されていない。そんな時期でも、来る日に向けて情報操作は徹底されていたのだ。

再び52年11月27日付の読売新聞の記事を引用する。

彼（引用者注＝力道山）の収入は月七千ドルを下らず、最近一台六千ドルもするキャデラック二台を買い込んだりして大した景気だ。

力道山がタニマチの新田新作への土産として、アメリカでキャデラックを2台買ってきたことは有名な話だ。収入が月7000ドルを下らないからこそ、6000ドルもするキャデラックを2台も買えたのだろう。

前記の毎日新聞53年3月7日付に掲載された力道山自身の土産話として、次のようなコメントもある。

どこへ行っても在留邦人が心配してくれ、アメリカ人の中でも日本のプロ相撲の一流選手だというので大変な人気でした。今後日本人のレスラーを養成する一方、あちらから一流選手を呼んで試合をやりたいと思います。

毎日新聞53年３月12日付の力道山の記事には、次のような一文があった。

最近帰国した元日本相撲の力道山が加州各地でレスリング試合に出たが、力道山は非常にきれいな試合ぶりをするので土地の邦人が大喜びで後援会を組織して後援をした。力道山は実力も相当あり非常に人気が良かったようだ。


現地での人気はともかく、キャデラック２台も盛った話だろう。

この時代の力道山が月に７０００ドルを稼げるのだろうか。当時のプロレス業界の稼ぎ頭は、ＮＷＡ世界ヘビー級王者のルー・テーズである。テーズと交流があったプロレスライターの流智美に聞いてみたところ、52年にテーズは11万ドル（１９２試合）を稼いだという。力道山が月収７０００ドルだった場合、年収は８万ドルを超える。

流智美によれば、例えば当時サンフランシスコ地区でトップだったレオ・ノメリーニにしても、せいぜい年収２万ドルがいいところで、力道山のこの収入は考えられない。確かに力道山もノメリーニと同様に地区でベビーフェース側の上の方にいた。メインイベントを務めたこともあったが、それはノメリーニがアメリカンフットボールの方に行っていて不在の時期である。

力道山はアメリカで買ったキャデラックを２台も日本に持ち帰ってきたということになっているが、確証がない。日本プロレス旗揚げに向けて、外国人選手のファイトマネーなど札束が羽をつけて飛んでいくことは目に見えている。仮に高額なファイトマネーを得ていたとしても、キャデラックに金を回せる余裕はないはずだ。また、2台のキャデラックをアメリカから日本に移送する費用もバカにならない。車1台分くらいの料金になる。

ここで思い出していただきたいのは50年9月に髷を切った頃、力道山がジョージ・ボハネギなる人物と中古外車の輸入ビジネスを行っていたことだ。力道山はアメリカ車の中古車市場に精通している。

余談だが、一時帰国から半年ほど経った53年10月の大相撲秋場所の千秋楽、東富士の優勝パレードで力道山が運転手を買って出たことが新聞記事などで確認できる。写真を見ると、左ハンドルなので外車だということは推定できるものの、車種はキャデラックとは断定できない。また、その記事の中に「力道山」の名前はなく、当然、この外車がアメリカで力道山が買い込んだものであるとは言及されていない。

しかし、力道山が運転手を買って出たことは自分自身のイメージ戦略を広くアピールするために努力していたと解釈することは可能である。

世間で流布されたプロレス八百長説

新聞や雑誌は、「八百長」という言葉をいちいち定義していない。以後、煩雑さを避けるため八百長の定義についてはいちいち触れず、新聞や雑誌が使っている言葉をそのまま引用する。

54年暮れの力道山vs木村政彦戦が行われる前に世間が沸き立ったのは、この試合が真剣勝負なのか、八百長なのかで世論が二分されたからだ。後述するが、プロレス八百長論はシャープ兄弟が帰国して数ヵ月後、54年8月頃から賑やかになった。

ただし、八百長論が新聞記事になるのは、この時が初めてではない。すでに戦前の読売新聞38年5月4日付では「米国の〝見世物〟レスリング」、「ゲームに非らずしてショー」といった見出しで当時のプロレスを紹介している。

また、トリイ・オアシス・シュライン・クラブによるボビー・ブランズ一行の日本ツアー初日の様子を伝えるスポーツニッポン51年10月1日付の記事には、「日本の相撲の『ショッキリ』をやっていると思えばよい」、「あちらではレスリングは八百長が多いといわれるが、演出が真に迫っている」というくだりがあった。書いたのは毎日新聞の伊集院浩である。

読売新聞52年11月27日付の記事は、アメリカで武者修行中の力道山について八百長試合をしない例外的な存在であると主張している。

八百長の多いこの競技に力道山だけはつねに真剣に戦い、相撲道の精神を体して卑怯な態度がないというので、在留邦人のみならず米人間にもものすごい人気をかちえている。

しかし、力道山の一時帰国から1週間も経たない毎日新聞53年3月12日付では、プロレスについてボクシングと比較しながら次のように説明されている。

アメリカのプロ・レスリングは、拳闘と異りスポーツ試合とはいい難く「八百長」が多くて全く芝居がかりの「ショウ」だということになっている。試合のルールはもちろんあるわけだが、けん闘のようにルールに従って試合をするレスラーはほとんどいない。

打つ、けるなどは普通のことで、マットの上から相手を客席に投げ出すことや、乱暴なレスラーになると相手の眼の中へ指を突っ込んだり、鼻の穴に指を入れたり全然試合というより、けんかといった方が適当だ。

ファンの方でもレスリング試合を見るのではなく、マットの上の乱闘を見るために行くので、八百長も誠に徹底的で、どの程度まで面白い八百長を見せるかを見に行くわけだ。

この「アメリカのプロ・レスリング」と題し、「結局は八百長の面白さ」の見出しで始まる記事を書いたのはニューヨークの大田通信員である。しかしながら、当時のアメリカのファンに「どの程度まで面白い八百長を見せるかを見に行く」という意識があったかというと、そうとは言い難い。

続いてタッグマッチの説明があり、これも八百長との絡みで説明されている。

ところで、最近盛んになって来たのが二人組のチーム試合だ。これは戦前見られなかったものだが、今では各地で盛んにやっている。

二人組のチームの試合には一流選手は出ず、二流三流どころのレスラーで、やはり普通の試合と同じく、片方が「バット・ボーイ」組で片方が「神士（引用者注＝紳士の誤記と思われる）組」になっている。

大抵の場合は乱暴組が善良組を散々にいじめて最後には「善良組」が勝ち、ファンを喜ばす仕掛けになっているが、時には乱暴組が勝ってファンを怒らす場合もある。


力道山はタッグマッチが日本で受けるのではないかと考えていたはずで、それが日本プロレス旗揚げシリーズにシャープ兄弟を呼ぶことに繋がった。

同じ記事では、日系レスラーとしてグレート東郷とミスター・モトも紹介している。


日本人レスラーで有名なのが例の日系二世の東郷とミスター・モトだ。この二人は共に二百二十ポンドもある日本人としては大男だが、どちらも乱暴者で「仇役」をやっている。

東郷は時には羽織ハカマ姿でマットに上り、試合の前に焼香するなど全く芝居がかりだが、実力も相当あるが乱暴なことはいうまでもなく、ルールで禁止されている首締めなど柔道の手で相手を気絶させるなどは平気で、ファンから憎まれることおびただしい。

またミスター・モトも東郷に劣らぬ乱暴力士で知られているが、これは何れもプロモーターの興行政策ではあろうが、日本人ファンなどは見るに見兼ねて、米人の対日感情に悪影響を及ぼすからと日系市民協会の名で抗議をしたとのことだ。

（中略）とにかくアメリカのプロ・レスリングは、スポーツ試合とはどうしてもいえない「スポーツ・ショウ」ではあるが、それでも新しいレスラーが続々と現われ、殊にアメリカ人ばかりでなく、イタリヤ、ドイツ、イギリス、ハンガリー、さらに南米方面からも異色あるレスラーが出て来るので益々人気を呼び、ボクシングとは異った意味でファンが増加している。

確かに試合中の反則攻撃は、ビジネス促進のための手法だろう。ここまでの引用記事を読むと、「同じ日本人でも日系レスラーは悪いことをするが、力道山は例外で、その結果、現地で人気が出てキャデラックを2台買えるほどの収入に繋がった」という印象を受ける。

さて、世間はこれらの記事にどう反応したのであろうか。調べても、その反応を見つけることはできなかった。当然である。プロレスはまだ日本に本格的に入ってくる前で、社会的な注目の外にあったからだ。

54年の日本で、プロレスはあくまでも「スポーツ」として始まった。プロレスが始まる前なら言うに及ばず、始まってしまってからの八百長説は業界にとって痛手である。

これに対し、力道山は機会があるごとに丁寧に説明した。そして、その論拠は「確かに、アメリカのプロレスにそういった面はある。日系レスラーの中には、そんなことをやって凌いでいる怪しからん連中もいる」としながら、「しかし、私は違う」と主張していた。つまり、例外論である。

その根底にあるのは、53年3月12日付の毎日新聞の記事「八百長の面白さ」に対しての理論武装である。しかしながら、実際にはワークであるからこそその面白さがプロレスにあることも事実だ。

力道山の「スクリプトライター」は存在したのか？

こうして、力道山には「世界を征く正義の力道山」というイメージが作られた。

シカゴからニューヨーク付近まで行き、メキシコ、カナダにも足を延ばす。しかし、当時の日本人にとってアメリカといえば、具体的な都市名が出たとしてホノルルやサンフランシスコである。レコードでは岡晴夫の「憧れのハワイ航路」や渡辺はま子の「桑港（サンフランシスコ）のチャイナ街」が売れていて、それで十分ではないか。ニューヨーク、シカゴが中心というのはアメリカのプロレス業界の事情であり、なぜ力道山はそこまでこだわる必要があったのか。

日本にプロレスはまだ存在していない。これから日本人の心に突き刺していく必要がある。日本人がイメージするアメリカの、さらに向こう側を設定する。そこまで天高く壮大なものではないと、民衆に届かない。

世界を征く。つまり、世界征服の壁はＮＷＡ世界王者のルー・テーズだ。いずれはテーズを倒すために、まずはタム・ライス、フレッド・アトキンス、レオ・ノメリーニといった一度は敗れている敵を設定した。

正義には二通りの意味がある。まずはアメリカの日系人レスラーと違って、反則をしないこと。もうひとつは、八百長をしないことだ。

すでにキャデラックを2台購入できるほどの金銭を得たということは、そんな力道山の姿勢が本場アメリカで支持された結果であり、現地でメジャースポーツのプロレスにおいてトップの一角を占めた――。言外に、怪しげなプロレスというものを八百長がない美しい世界に変えていく存在が力道山なのだと匂わす。

これが来る日に向けて、力道山のイメージ戦略となった。

いくら力道山が異能の人物だったとして、果たして一人でそこまで考えつくだろうか。もしかして力道山と共にストーリーを考える、いや、力道山にスクリプトを与えた人物がいたのではないか。私には一人の人物の名が思い浮かんだ。もちろん、これは私の推測である。その名を中川明徳という。

52年2月に雅叙園観光ホテルで催された力道山のアメリカ武者修行壮行会、その案内書の文面は中川によるものだ。

後述する54年12月の力道山vs木村政彦戦に先立って、木村から力道山に「確約書」なるものが渡されている。その場面に力道山側の関係者として木村側の側近・工藤雷介と共に立ち会ったのが中川だった。

そんな場面に立ち会えたのは中川が日新プロダクションの専務取締役だったからで、社長の永田貞雄に命じられての仕事だった。この中川は、そもそも浪曲作家である。

永田に出会うまでの中川の人生は、波瀾万丈の物語である。中川は10年、佐賀県杵島郡に生まれた。つまり、永田から見れば同郷の6歳下の後輩にあたる。しかし、浪曲一座からの叩き上げだった永田とは、まったく異なる人生を歩んだ。

学歴は旧制の第五高等学校（現在の熊本大学）卒業とある。国立の旧制高校は大学の予科であり、卒業生は全員が帝国大学に入学できた。つまり、超エリートである。しかし、中川は入学していない。28年に「３・15事件」が起きた。政府による共産党弾圧事件である。これにより中川は地下に潜り、非合法活動に入った。すでに小倉中学校時代から社会主義に共鳴し、逮捕歴もある。39年、永田に拾われて上京する。時に第二次世界大戦の直前であり、「浪曲に憩を求める人たちが、日本にとって一番大切な人たちだ」（唯二郎著『実録浪曲史』）との思いで浪曲の台本を書き始めた。当然、中川は学生時代にカール・マルクスの『資本論』に触れていたはずである。その壮大なストーリーは、「20世紀最大の実験」と総括された社会主義国家のマニュアルとなった。マルクスは、中川のスクリプトの作風に影響を与えていたと言えないか。

私は思った。中川が力道山のスクリプトライターだったとすれば、右だ左だというイデオロギーの方向性ではなく、プロレスの中心地ニューヨークやシカゴにまで征くというストーリーの壮大さでイメージ戦略を練ったのではないか。

繰り返すが、中川が力道山の物語に絡んだということは、あくまでも私の推察である。しかし、中川が力道山の側にいたことは事実だ。

永田貞雄と中川明徳。力道山の側には、元浪曲師と元浪曲作家がいた。私は、それが日本のプロレスと無関係だとは考えていない

ならば、「浪曲とは何だ?」ということになる。

「浪曲」と「日本のプロレス」の類似点とは？

浪曲、もしくは浪花節はフシ（唄）とタンカ（語り）を交互に繰り返しながら物語を詠んでいく。浪曲の確立は明治中期で、それまで大道にあった音と語りの諸芸を取り入れて形成された。

この「大道」というところが重要だ。これを「ストリート」と英訳すれば、ジャマイカ・キングストンのトレンチ（ドブ川）タウンから生まれたレゲエ、ニューヨーク・ブロンクスから誕生したヒップホップはストリート発祥の音楽・文化である。

明治維新後の社会変動により多くの農民が土地を失い、故郷を捨てて都市労働者となって、新たなる貧民層が誕生する。浪曲は、新貧民層となった彼らに受け入れられていった。

書籍『芸能の始原に向かって』などからノンフィクション作家・朝倉喬司の著作を援用して、浪曲が発生する光景を再現してみよう。

当時の貧民層の感覚は、「強いものへの憎悪や復讐の衝動を無意識に感じている内的な屈折状態、いわゆるルサンチマン」である。彼らにとっては自由民権運動も新政府で役職をもらえなかった旧士族の駄々こねでしかなく、自分たちを助けてくれるものではない。

「明治維新、自由民権運動なんて言ったたって、かえって悪くなったじゃねえか」

こういった「新しい社会の動きに乗り遅れた人々の無意識を虜にし、カタルシスをもたらした物語」、それが浪曲だった。その主人公は、えてしてアウトローや狼藉者である。

その頃に世を去ったばかりの『資本論』の著者カール・マルクスは、都市貧民層は時間と共に自覚し、革命勢力となると予言した。しかし、日本で人々のマインドは国粋主義的な方向に流れていく。そして、日清・日露の戦争に突入する。

浪曲は、その出自や題材からして下賤で浅薄なものと識者からは蔑まれた。しかし、日露戦争の直後、「中興の祖」と言われる桃中軒雲右衛門の出現により、ジャンルとしての地位を確立していく。

普及を助けたのは、この頃に生まれた新しいテクノロジーのSPレコードであった。これはプロレスが昭和中期に出現したテレビと共に育っていったのと似ている。新メディアの出現がジャンルの成長を促したという面で、浪曲はプロレスの兄貴分である。

大正時代、それは浪曲にとっての高度成長期であった。永田貞雄が浪曲の世界に入ったのも、その頃だ。そして、昭和を迎え、日本にとって悪夢の太平洋戦争が始まる。浪曲は国民の戦意高揚に用いられ、そんな中で興行師として台頭したのが永田だった。

しかし、日本は敗戦を迎える。浪曲はGHQからファシズムを手助けした旧時代の遺物とされ、マスコミも追随した。ところが、国民は浪曲を支持する。地方巡業の客入りの良さは相変わらずだった。この地方巡業というのがミソであり、そのシステムは永田によりプロレスの「シリーズ」に適用されることになる。

永田が力道山と出会ったのは、51年のことだ。敗戦から社会が落ち着きを取り戻したその年、日本はサンフランシスコ平和条約の締結により、独立を回復する。同じ51年9月には、民放のラジオ放送が始まった。そして、その年の12月にTBSラジオ（ラジオ東京）が開局する。

開局翌日に始まった『虎造アワー』は、「スシを食いねえ」の清水次郎長伝で知られる広沢虎造の浪曲を流す番組である。これがたちまち人気を得て、聴取率ナンバー1の34％を弾き出す。虎造は国税庁が発表する芸能界の長者番付の常連にもなっていた。これは浪曲が民衆の心を掴い取り続けた結果である。

今になって振り返ると、浪曲が果たしていた役割を永田がプロレスに暖簾分けしたかのようである。

日本プロレス協会の役員は誰が集めたのか？

「日本プロレス」には、二通りの意味がある。「日本プロレスリング協会」と「日本プロレスリング興業株式会社」である。

53年7月30日に発足したのは前者の日本プロレス協会だ。これは形の上では非営利組織であり、団体（日本プロレス興業）や選手、タイトルを管理する。

日本プロレス興業はその名の通り興行会社で、新田新作を社長に設立されたのは翌54年にシャープ兄弟を迎える直前である。ちなみに、この段階では業界全体のお目付役であるコミッショナーはまだ存在していない。

後に日本プロレス協会も日本プロレスコミッショナーもお飾り的な存在となり、日本プロレスといえば、日本プロレス興業を指すことになる。しかし、54年の段階では「日本プロレス」はイコール「日本プロレス協会」と考えた方が見通しがきく。この時期、日本プロレス興業は日本プロレス協会理事長の新田が経営する会社でしかない。

　東京・浪花町に完成したばかりの力道山道場で行われる発会式には、役員お歴々が来場する。そこで必要になるのはプロレスのエキシビションマッチだ。

　ところが、協会所属レスラーは力道山ただ一人である。錚々たる面々を前にエキシビションマッチを行うため力道山は三顧の礼で遠藤幸吉を迎えた。団体の所属選手が増えていくのは、協会発足後のことである。

　発会式に先立って7月1日に発表された日本プロレス協会の役員は、別掲の表の通りだ。

「さすが、力道山！　政財界に官界、それに興行界まで、よくぞこれだけのお歴々を集めた」

　こうした認識では歴史

日本プロレス協会の発会式で行われたエキシビションマッチ。力道山は、珍しくドロップキックを繰り出した（写真提供：共同通信社）。

解釈を誤る。

表の下部にある記号に注目してほしい。「○」は52年2月1日、力道山がアメリカ武者修行に出るにあたって雅叙園観光ホテルで行われた壮行会の出席者である。松尾國三に「◎」がついているのは、彼自身がここのオーナーだったからだ。

「△」は当日、雅叙園観光ホテルにいたことが確認できなかったものの、その6日前となる52年1月26日に行われた横綱・千代ノ山（出羽海部屋）の慰労会にいたメンバーだ。これには力道山も出席しており、記号があるメンバーは力道山が武者修行に出る前の段階で、すでにその周辺にいたということになる。

これは力道山が武者修行に出る前から、彼らお歴々に支援されていたということを意味する。出席者たちは、壮行会に手ぶらでは行けない。それなりの祝儀を包むはずである。この壮行会の筆頭幹事とも言える永田貞雄は、50万円を包んだ。要は政治家の資金稼ぎパーティーのようなものだ。

日刊スポーツの記者だった鈴木庄一はこの壮行会に先立って、力道山がプロレスデビューしたトリイ・オアシス・シュライン・クラブによる日本ツアーにスタッフとして加わっていた。当然のことながら、鈴木は力道山の壮行会にＧＨＱの関係者と共に出席している。鈴木の著書『日本プロレス史　上』によると、この壮行会の出席者は百数十人。３００人説、１０００人説もあるが、これが一番正しいのだろう。

ここで壮行会にいた前記以外のメンバーを挙げておく。相撲界から横綱の千代ノ山と東富士、小結の若乃花（初代）。ＯＢの九州山は司会を務めた。さらに政界から後々まで力道山を支援する楢

日本プロレスリング協会役員一覧

会長	酒井忠正	旧華族	○	
理事長	新田新作	新田建設社長	○	福井
常務理事	林弘高	東京吉本社長	△	
常務理事	永田貞雄	日新プロダクション社長	○	九州
理事	今里広記	日本精工社長	○	九州
理事	加賀山之雄	元国鉄総裁		九州
理事	吉田秀雄	電通社長		福井
理事	松尾國三	雅叙園観光社長	◎	九州
理事	古荘四郎彦	千葉銀行頭取		九州
理事	矢野範二	弁護士		
相談役	永田雅一	大映社長		
相談役	出羽海秀光	日本相撲協会理事長	○	
顧問	萩原祥宏	元黒龍会	△	
顧問	大麻唯男	改進党代議士	○	九州
顧問	太田耕造	元文部大臣		

橋渡、芸能界から浪曲の広沢虎造といったところである。

力道山が本格的にプロレスに乗り出すにあたって、そのタニマチの新田新作はあまり乗り気ではなかったと言われている。実際に、それらしい言動もあった。したがって、壮行会以降の永田と新田にかなりの温度差があったかのような解釈が多い。

確かに、アメリカ武者修行中の力道山は主に手紙で永田と頻繁に連絡を取り合っていた。永田は興行師であり、力道山からすれば新田よりも頻繁に連絡を取る必要がある。しかし、だからといって新田と連絡を取っていなかったというわけではない。

表中の「福井」、「九州」は出身地を表している。新田新作は福井県、永田貞雄は九州の佐賀県の出身だ。さらに補足すると、協会役員の九州出身者は佐賀、長崎、熊本など西九州が多い。

力道山の支援者が新田、永田の地縁で集まったことは事実である。しかし、力道山とて当時は長崎県大村市の出身ということになっていた。実際に同市の出身だった玉ノ海親方の人脈を力道山が引き継いでいた面もあっただろう。

しかしながら、これをもって日本プロレス協会の役員を力道山がかき集めたことにはならない。永田、新田の力が大きかったことは言うまでもなく、特に前者の色が強い。別掲の表で、永田人脈が新田人脈を数で凌ぐことに注目されたい。

日本プロレス協会構成メンバーの横顔

ここで重要なのは、彼らお歴々がなぜ役員を引き受けたのかということだ。

サンフランシスコ平和条約が発効となり、日本は独立を回復していた。これと同時にＧＨＱ（注2）は解体された。しかし、アメリカ軍は日本に駐留を続ける。ここまで何度も述べたように、日本プロレス協会理事長・新田には彼らとの豊かな人脈がある。

そして、永田の力道山に対する尋常ではない肩の入れようだ。永田は翌54年にシャープ兄弟を迎えるにあたって、その資金として経営していた料亭を売り払った話もすでに述べた。永田の半端ない本気度に引っ張られた者もいたに違いない。

そんな新田、永田がバックについている力道山と日本プロレス協会に、自分も噛んでおきたいという思いもあっただろう。ただし、永田辺りには「何かが始まる」というワクワク感はあっただろうが、お歴々が同じ温度を持っていたとは思えない。何しろ、まだ日本でプロレスが始まる前である。

そして、ここが最も大切な点かもしれない。近年の政治の低迷について、政治家に二世、三世が多くなったことに要因を求めるようになって久しい。これは経済界も同様である。

それに反して、日本プロレス協会の役員の多くが叩き上げの人物だった。日々是戦場。地位にふんぞり返る発想自体がなかった者たちである。

まず財界人を見ていこう。今里広記は財界のまとめ役として、「財界官房長官」、「財界幹事長」の異名を取る人物であった。48年には労働争議で瀕死の状態だった日本精工の社長となり、再建に成功する。

吉田秀雄は広告の鬼として知られ、有名な電通の「鬼十則」を作った。この鬼十則、プロレス誕生期の力道山の行動規範とあまりにも一致する。ご興味がある向きは、ご参照されたい。

雅叙園観光オーナーの松尾國三は旅芸人から身を起こし、プロモーターとして歌舞伎を支えた。被占領下という厳しい条件の中、日本人がホテルを新規運営しにくい状況でGHQと掛け合い、雅叙園を買い取る。後には奈良や横浜に日本版ディズニーランドを目指して、ドリームランドを作った。

千葉銀行頭取・古荘四郎彦は横井英樹（注3）の白木屋乗っ取り事件において資金提供など情実と蔑まれる融資を独断専行で乱発し、物議を醸した。しかし、本人は「ただでは貸してはいない。十分な担保を取って行った」と堂々と言い返した。「いわゆる地方銀行の長として古荘のような豪気なサムライは少ない」、「さながら戦国時代の野武士を想わせる」とは新夕刊新聞社編『人物千里眼』の評価である。

戦後の日本の復興は、こういった人物の活躍があったからこそ成し得たのである。まさしく「戦後復興の実働部隊」だ。

次に政界である。大麻唯男が当時所属していた改進党は、55年の保守合同で自由民主党となる。57年に日本相撲協会が国会で問題にされた際(注4)、ある協会関係者は「大麻さんが生きていればなあ」と、その直前の死去を嘆いた。それほどまでに、「政界の寝業師」という異名は実効性があったのだ。

官界からは第2代国鉄総裁だった加賀

初代・千葉銀行頭取の古荘四郎彦。その後は海千山千ぶりが祟り、金銭スキャンダルで失脚することになる。

いかにも調整役に相応しい温和な風貌の今里広記。力道山とは後に経済評論家・三鬼陽之助が国政に立候補した時、応援演説を要請するなど交流が続く。

山之雄。総裁時代、国鉄は下山事件、松川事件、三鷹事件といった謎の謀略事件の中にあった。それらの後処理に奔走した後の役員就任である。加賀山はプロ野球球団・国鉄スワローズの発足にも尽力した。

芸能界からの役員入りは林弘高と永田雅一。林は単なる吉本興行のサラリーマン支社長ではない。創業者の吉本せいの実家・林家の次男、せいの弟である。当時、東京吉本は浅草に小屋『浅草花月』を持っていた。

優しさと怖さが同居したような風貌の大麻唯雄。彼のような「寝業師」的な政治家を見なくなって久しい（写真提供：共同通信社）。

吉本興行本社は大阪にある。後に設立される山口利夫の全日本プロレス協会は大阪が拠点だ。林の役員入りは大阪での興行に噛んでもらうと共に、任侠系が多い全日本プロレス協会役員との軋轢を未然に防ぐためだけではない。林は永田貞雄と共に営業部門の先頭に立ち、毎日新聞の後援を取り付けることに尽力した。

大映社長の永田雅一は、「永田ラッパ」の愛称で有名である。映画会社の大映は当時、まだ全盛時にあった。

萩原祥宏がかつて在籍していた黒龍会は、

ＧＨＱによって解散させられた右翼組織である。萩原には、右翼の下部組織にいたヤクザ者を押さえる役割が期待された。

当時の日本相撲協会の理事長・出羽海（元横綱・常ノ花）が役員に名を連ねたのは、永田貞雄や新田新作に対する義理だろう。彼は力道山の現役時代に、「あの張り手はイカン」、「あれじゃ大関力士になれない」、「勝てば良いという相撲」と公言していたほどの力道山嫌いであった。しかし、相談役として丸め込まれた。

太田耕造は戦前の五・一五事件、血盟団事件で弁護士を務め、敗戦時には貴族院議員の地位で文部大臣だった。この後、55年からは亜細亜大学の学長も務める。これは教育界代表といったところか。

もうこうなると、プロレスは力道山や新田、永田の新規事業というレベルを超え、各界が協力して新たな産業が始まるといった趣である。

元国鉄総裁の加賀山之雄は役員就任当時、参議院議員でもあった。国鉄スワローズを設立した経験が買われ、プロ野球界との接点を期待してのオファーだったと思われる。

【第6章　注釈】

1　会社の事業＝新聞社には、例えば「事業部」と呼ばれるような新聞の発行以外の業務を行う部門がある。新聞社がスポーツ興行などを後援すると、傘下の新聞販売店が割引券を配り、それが宅配契約の部数向上にも繋がるという効果がある。新聞社が球団を持つメリットは、ここにあった。

2　GHQ＝本書の前半でしばしば登場してきたGHQの影は、力道山が第一次武者修行から帰国した後に薄くなる。これは1952年のサンフランシスコ平和条約の発効により、GHQが消滅したことと関係があるように見える。

しかし、トリイ・オアシス・シュライン・クラブは消滅していない。力道山との関係も続いており、少し後になるが、57年1月のアデリアン・バイラージョンを招いた日本プロレスのツアーは久々に同クラブの仕切りだった。

3　横井英樹＝「企業乗っ取り屋」として知られ、後に東京・赤坂の『ホテルニュージャパン』のオーナーとなる。1970年当時、ここは日本プロレスに来日した外国人レスラーの定宿であり、地下には63年に力道山が暴力団員に腹部を刺された高級ナイトクラブ『ニューラテンクォーター』があった。

4　日本相撲協会が国会で問題にされた際＝相撲茶屋の利権問題を突破口に、日本相撲協会は公益団体である財団法人の資格を問われた。これが当時の出羽海理事長の割腹自殺（未遂）を引き起こす。

第7章　プロ柔道出身たちと猪狩一座のプロレス

日本のプロレス史において初期の団体といえば、力道山の日本プロレス、山口利夫の全日本プロレス協会、木村政彦の国際プロレス団が挙げられる。

その旗揚げを「団体名を冠して興行を打つこと」と定義すれば、全日本プロレス協会と日本プロレスは１９５４年２月、国際プロレス団は同年11月になる。しかしながら、その萌芽が見られたのは、すべて53年７月だった。

前記の３人は、山口＝52年６月、木村＝同年７月、力道山＝翌53年３月の順でアメリカ武者修行を切り上げた。

山口、木村が帰国後、次に世間に出てくるのは53年７月である。同月30日には、力道山も日本プロレス協会を発足させた。

遡ること３年前、50年10月に木村と山口は牛島辰熊を裏切り、国際柔道協会を離脱した。彼らにはハワイ遠征が待ち受けている。同協会所属のままだとファイトマネーの一部を上納する羽目になり、それが嫌だったとも読める。２人はハワイでプロレスに出会い、武者修行もした。

日本に帰国後、木村が故郷・熊本でキャバレー経営に乗り出したことはよく知られる。この時期に、日本国内では頓挫したままになっているプロ柔道の再興を試みた形跡はない。

再度のアメリカ行脚を経て、木村も山口もプロレスで身を立てていくことを決心するに至った。柔道では食えない。これが2人のスタンスである。

さらに木村、山口以外のプロ柔道経験者もプロレスに流れていく。彼らにとってのプロレスは、柔道衣を着ないプロ柔道にしかすぎない。つまり、自らの能力の延長で行うことができる食い扶持である。

木村、山口はアメリカでプロレスの人気ぶりを身をもって知った。日本でも52年ヘルシンキ五輪で、レスリングという競技が注目を集めた。だから、プロレスなのだ。

その始まりが53年7月18日の山口利夫vs清美川戦であり、同月21日に始まる木村政彦の北海道ツアーである。私はこの2つの興行をもって、プロ柔道は発展的解消したと解釈する。

「柔道vs相撲」と「柔道vsレスリング」

まず口火を切ったのは山口である。山口は7月18日、大阪府立体育会館で「柔道が勝つか、相撲が勝つか」と銘打った興行を開催した。

5試合の柔道vsボクシング、柔道vsレスリングのセミファイナルに続き、メインイベントの山口vs清美川戦は「柔道vs相撲」を前面に打ち出したプロレスの試合であった。結果は、山口が首投げからフォール勝ち。この興行は、翌年に設立される全日本プロレス協会のルーツにあたる。

山口の相手を務めた清美川は大相撲出身で、最高位は前頭筆頭。大横綱の双葉山を破ったこともあり、それが清美川の知名度を上げた。

戦後に大相撲を廃業し、一時は故郷の秋田に帰っていたが、実業団（大谷重工業）相撲のコーチとなる。その頃、大谷重工業にいたのが後にプロレスラーに転身する長沢秀幸（日一）で、長沢はかつて大相撲出羽海部屋で山口と一緒だった。おそらく、山口は長沢経由で清美川と繋がったのだろう。

前年のヘルシンキ五輪で「レスリング」という単語が耳に慣れてきたばかりで、まだ力道山がシャープ兄弟と戦う前のことだ。したがって、メインイベントは「プロレス」ではなく、「柔道vs相撲」にすれば世間の人々もわかりやすい。53年の夏は、そんな状態だったのだ。この辺りから日本のプロレスは駆け足を始める。

山口が清美川を破った3日後、7月21日の北海道・札幌市中島球場を皮切りに8月上旬まで木村政彦をエースとした北海道ツアーが始まった。初日のメインイベントは、木村vsキング・サッファーのレスリングルール40分1本勝負である。前座では、「柔道vsボクシング」、「柔道vsレスリ

力士時代の清美川。見ての通りの美男力士であった。後年には全日本女子プロレスのコーチとなり、ジャッキー佐藤とマキ上田のビューティーペアらに稽古をつけた。

1953年7月21日、札幌で行われた木村政彦の国内プロレスデビュー戦の広告。「柔道対レスリング」を強調しているが、試合はプロレスルールだった。

ング」が行われた。

木村にとって、これが日本国内で初めてのプロレスの試合になる。「レスリングルール」にしたのは自分自身をプロ柔道家ではなく、プロレスラーとして売っていこうという意志の表れだ。木村が中心だった同ツアーも国際プロレス団のルーツと定義したい。

木村のツアーを主催した「日本競技連盟」は、任侠団体の上萬一家と表裏一体である。当初、このツアーに力道山が参戦する話もあった。これは力道山の後援者・新田新作がオファーを安請け合いしてしまったからである。新田の頼まれたら嫌とは言えないのではなく、嫌だと思わない性格のなせる業だ。

しかし、これは力道山自身のプランと相反するため本人は丁重に断った。力道山はあくまでもアメリカの一流レスラーを呼んで、自らの手で初陣を飾りたかったのだ。

「柔拳＝柔道vsボクシング」の始まりと変遷

明治時代の末期辺りから、我が国では柔道家が白人の俄ボクサーと異種格闘技戦を行う興行がしばしば開催されていた。これを「柔拳」

という。興行化の始まりは大正時代の初期、嘉納健治（講道館柔道の始祖・嘉納治五郎の甥）が手がけ始めた時である。

戦後になって、再び柔拳が出現する。これと戦前に嘉納が手がけていた興行とは、組織的な繋がりはない。

戦後の柔拳を始めた人物は、万年東一である。彼は新宿を拠点に愚連隊を率いていた。愚連隊とヤクザの違いは、前者が博徒やテキ屋をルーツとしない点にある。今で言う半グレ集団である。

万年の柔拳に、柔道家として木島幸一が加わった。

その木島は、万年のところに静岡県浜松市のキャバレー経営者だった中村守恵（男性）を連れて行く。その結果、中村は柔拳のスタッフとなった。ただし、キャバレー経営者というのは表の顔で、中村は裏風俗「ステッキガール」（ステッキのように一緒に歩いてくれるガールというのは建前で、実質は売春婦）も仕切っていた。

面白いことに、この3人はいずれも女子プロレスと関わっている。

彼らは55年に全日本女子プロレス協会を設立した。これは後年にビューティーペアやクラッシュギャルズを輩出した全日本女子プロレス（通称＝全女）と名前が似ているが、別組織である。『週刊サンケイ』55年3月22日号には、「国光ボクシングジムを手がける万年東一」が女子プロレスも手がけるようになったと紹介をされている。

木島幸一は後に東洋女子プロレスでコーチとレフェリーを務め、日本女子プロレスや吉原功が主宰する国際プロレスの女子部でも試合を裁いている。

中村守恵は67年４月に女子団体とミゼット団体が合併して日本女子プロレスが結成された際、万年と共に経営にあたった。

話を50年代の半ばに戻せば、万年の全日本女子プロレス協会に選手として松永礼子が入る。すると、その兄の高司がスタッフとして加わった。

松永高司は、プロ柔道出身でトリイ・オアシス・シュライン・クラブのツアーでプロレスの経験もある坂部保幸に柔道を教わったことがあった。そのため万年が全日本女子プロレス協会の興行のメニューに加えた「柔拳」の柔道側選手となる。

柔拳興行で謎のタイ国人ボクサー、チャン・マメルトンを演じた松永高司。一世を風靡したビューティーペア、クラッシュギャルズの生みの親である。

その後、松永はコーナーを変えてボクシング側に回り、タイ人のチャン・マメルトンを名乗った。本人の証言によると、静岡県三島市の山口道場（56年に解散した全日本プロレス協会の後継団体）から出稼ぎに来た出口一（後のミスター珍）と柔拳の試合を行ったという。

全日本女子プロレス協会が日本女子プロレスに合流するにあたって、松永高司も一緒にスライドする。そして、68年の春頃に中島まゆみ以外の全選手を連れて離脱し、新たに「全日本女子プロレス」を結成して社長の座に就いた。
これを受けて日本女子プロレスは元東洋女子プロレスの選手でフリーだった小畑千代、佐倉輝美を入団させ、団体を維持した。

「男子プロレスラー供給庫」としての柔拳

再び53年7月の山口利夫vs清美川戦、木村政彦の北海道ツアーに目をやれば、前座で柔拳の試合が行われていたことに気づく。ここで柔拳に出ていた選手のうち、何人かはその後にプロレスへと流れた。

7月18日の山口vs清美川戦で、前座の柔拳試合に出ていた三井（としか新聞で報道されていない）は、その後に全日本プロレス協会に所属する三井三四郎だろう。

また、同月21日に札幌で行われた木村vsキング・サッファー線の前座で組まれた「柔道vsレスリング」で柔道側だった市川登も、その後に全日

1953年8月4日、函館で開催された木村政彦の北海道ツアーの広告。メインイベントとセミファイナルのカードが札幌大会と同じである。

本プロレス協会に入ってプロレスラーに転向している。

　その市川の相手だったキラー・マキシムこと本名ユセフ・オマールは、その日はレスラーとして出場したが、普段は柔拳興行のボクシング側にいた。後のユセフ・トルコである。

　トルコは31年、樺太の豊原市で生まれた。第一次世界大戦後、故国トルコ共和国の大混乱の中で難民となり、樺太に逃げてきたのが彼の両親である。現在、樺太はサハリンと呼ばれ、ロシア領だ。しかし、当時は日本が実効支配していた。ということは、生まれた時にトルコは日本人であった。「樺太」を「朝鮮」と置き換えれば、力道山と同じである。

　トルコは万年東一と中村守恵にスカウトされて、柔拳入りしている。53年12月以降は、山口利夫の全日本プロレス協会にレスラーとして参加。54年8月から日本プロレスに移り、71年暮れに離脱

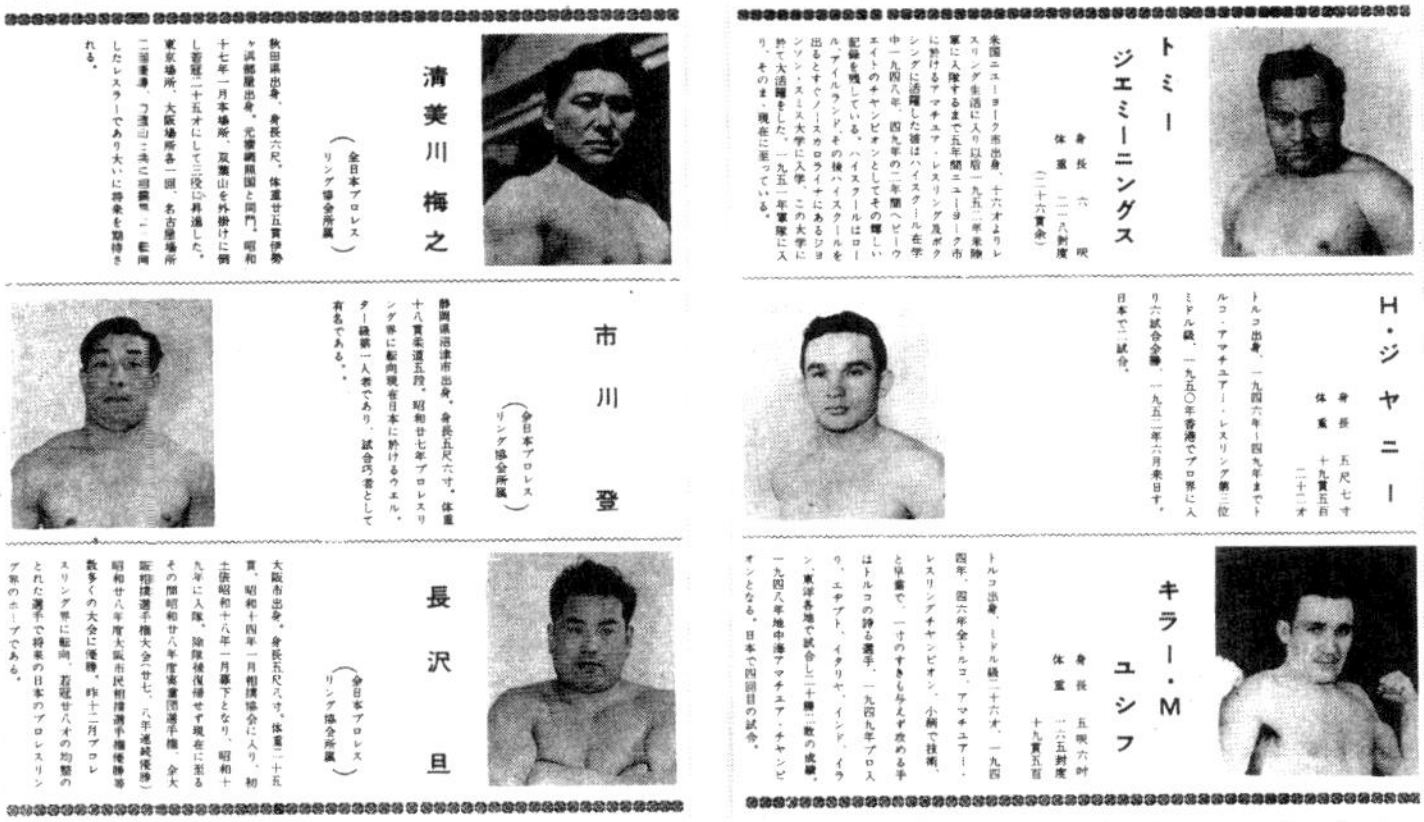
トミー ジエミーニングス
身長 六呎
体重 二二八封度（二十六貫余）
米国ニユーヨーク市出身、十六才よりレスリング生活に入り以後一九五二年陸軍に入隊するまで五年間ニユーヨーク市に於けるアマチユア・レスリング及ボクシングに活躍した彼はハイスクール在学中一九四八年、四九年の二年間ヘビーウエイトのチヤンピオンとしてその輝しい記録を残している。ハイスクールはロール、アイルランド、その後ハイスクールを出るとすぐノースカロライナにあるジヨンソン・スミス大学に入学、この大学に於て大活躍をした。一九五一年軍隊に入り、そのまゝ現在に至っている。

H・ジヤニー
身長 五尺七寸
体重 十九貫五百
二十二才
トルコ出身、一九四六年〜四九年までトルコ・アマチユアー・レスリング第三位ミドル級、一九五〇年香港でプロ界に入り六試合全勝、一九五二年六月来日す。日本で二試合。

キラー・M ユシフ
身長 五呎六吋
体重 一六五封度 十九貫五百
トルコ出身、ミドル級二十六才、一九四四年、四六年全トルコ、アマチユアー・レスリングチヤンピオン、小柄で技術と早業で、一寸のすきも与えず攻める手はトルコの誇る選手、一九四九年プロ入り、エヂプト、イタリヤ、インド、イラン、東洋各地で試合し二十勝二敗の成績、一九四八年地中海アマチユア・チヤンピオンとなる。日本で四回目の試合。

清美川梅之（全日本プロレスリング協会所属）
秋田県出身、身長六尺、体重廿五貫伊勢ヶ浜部屋出身、元横綱照国と同門、昭和十七年一月本場所、双葉山を外掛けに倒し若冠二十五才にして三役に昇進した。東京場所、大阪場所各一回、名古屋場所二回優勝、[illegible]したレスラーであり大いに将来を期待される。

市川登（全日本プロレスリング協会所属）
静岡県沼津市出身、身長五尺六寸、体重十八貫柔道五段、昭和廿七年プロレスリング界に転向現在日本に於けるウエルター級第一人者であり、試合巧者として有名である。

長沢旦（全日本プロレスリング協会所属）
大阪市出身、身長五尺八寸、体重二十五貫、昭和十四年一月相撲協会に入り、初土俵昭和十八年一月幕下となり、昭和十九年に入隊、除隊後復帰せず現在に至るその間昭和廿八年度実業団選手権、全大阪相撲選手権大会（廿七、八年連続優勝）昭和廿八年度大阪市民相撲選手権優勝等数多くの大会に優勝、昨十二月プロレスリング界に転向、若冠廿八才の均整のとれた選手で将来の日本のプロレスリング界のホープである。

1954年の全日本プロレス協会のパンフレットより。木村政彦の北海道ツアーに参加していたキラー・マキシムは、キラー・マイク・ユシフに改名。同年夏からユセフ・トルコを名乗る。

（新日本プロレス旗揚げに参加）するまでレスラー、レフェリーとして長く在籍した。

柔拳のボクシング側にいたヘンリー・ジャニーはトルコ同様、後に全日本プロレス協会のリングにレスラーとして上がる。

翌54年にトルコが日本プロレスに移籍してもヘンリーは団体に残り、同年9月の「日米土対抗水中プロレス」にも参戦した。しかし、プロレスのリングはここまでで、以後は柔拳に戻ったことが福岡・飯塚の嘉穂劇場のポスターで確認できる。

柔拳のボクサーだったロイ・ジェームスは、この年から芸能界とも関わり、その後は主に司会やDJとして有名になった。そもそもは在日タタール人二世であり、ロシア革命の余波で本来はトルコ共和国に亡命したかったものの、それができなかったために日本に来た難民二世だ。

柔拳のボクサーは、日本ボクシングコミッションから正式なライセンスを取得している者たちではない。難民として日本に逃げてきたトルコ人などの二世と言えば聞こえはいいが、松永高司は「日本にラシャ紙を売りに来たトルコ人のドラ息子たち」と表現していた。

柔拳は日本国内でプロレス団体が相次いで結成された54年を境に、男子団体の「レスラー供給庫」だった時代を終える。

日本における女子プロレス発祥の地

木島幸一は不思議な顔を持つ。小畑千代や佐倉輝美は「木下先生」と呼んでいたが、その理由は

ストリップ劇場のパイオニアであり、殿堂でもあった『新宿セントラル』で行われた柔拳の広告。柔道側に「五段」として、木島幸一の名前がある。

不明である。

54年6月25日付の内外タイムスには、ストリップ黄金時代を支えた劇場『新宿セントラル』の広告がある。これは同月25日から7月21日までのストリップと柔拳の相乗り興行を告知したものだ。そこに柔拳の柔道側選手として木島の名が出ている。

その後、すぐに木島は女子プロレスに関わり始めた。時代は下って63年夏、東洋女子プロレスの小畑と佐倉が韓国に遠征した際にも同行している。おそらくレフェリーとして試合を裁いたのだろう。

そして68年、小畑&佐倉時代の日本女子プロレスが東京12チャンネルのレギュラー放映を得た際にもレフェリーを務めた。しかし、それ以前に木島は小畑&佐倉のコーチであった。

猪狩定子によると、木島を小畑&佐倉に紹介したのは東京・浅草の浅草寺の西方にある大衆演劇のメッカ『木馬館』を経営する根岸吉之助だったという。

当時、小畑&佐倉が所属していた団体は東京女子プロレスであり、間もなく「東洋女子プロレス」と名を変えた。この団体はその名の通り、浅草フランス座演芸場『東洋館』の系列である。現在の浅草を代表する2つの小屋は、プロレスを通じても繋がっていたのだ。

木島は柔道家以外に、作詞家・剣あざみの名を持つ。作詞が木島、作曲が猪狩定子の唄も存在する。共作したのは猪狩が女子プロレスを引退後、コメディエンヌ専業になってからのことだ。

東洋女子プロレスはもちろん、猪狩の全日本女子レスリング倶楽部、さらには55年に藤田卯一郎（上萬一家5代目組長。松葉会創設者としても知られる）が旗揚げした東京ユニバーサル女子プロレスリング団。これらは、すべて本部が浅草にあった。

まるでこの地で柔道家と芸人が絡んで、日本の女子プロレスというものが始まっていったかのよ

1968年11月のファビュラス・ムーラ戦で22%の視聴率を稼ぎ、女子プロレスラーの代名詞となった小畑千代。

小畑千代をパートナーに、1960年代末期の女子プロレスを盛り上げた佐倉輝美。「バケツ女」の異名を取った。

うである。実際に浅草公会堂などでは女子プロレスの興行も打たれており、浅草がこの国において「女子プロレス発祥の地」だということが見えてくる。

全日本女子レスリング倶楽部の誕生

前述の猪狩一座が検挙された日劇小劇場事件当日のビラを見ると、舞台に上がっていた女子レスラーはリリー猪狩を名乗る猪狩定子とローズ高橋の２人だった。しかし、猪狩はローズ高橋の記憶はないという。猪狩にとって、「ローズ」とはローズ田山だ。

「(写真を手にしながら) この裏にメモがあるでしょ。田山さんは、私より10歳も年上でした。アクロバットの岡本姉妹舞踊団にいたんです」

写真の裏には、「大正11年（１９２２）年10月28日生、さいとうきく江」と書いてある。戦前から戦後にかけて、「アクロバット」

日本の女子プロレスラー第１号が猪狩定子なら、第２号は田山勝美である。本文にあるように、この写真の裏に彼女のプロフィールが書かれていた。

はショービジネスの一ジャンルとしてメジャーだった。これはバンドの演奏に合わせて踊り、体の柔らかさをショーとして見せる。その代名詞的存在は岡本姉妹で、田山は彼女たちの系列にいた。いずれにしろ、アクロバット出身のプロレスラーは稀有な存在である。

男子の場合、アメリカのプロレスラーの前歴として多いのはアメリカンフットボールとアマレスで、昭和時代の日本では相撲や柔道の出身者が多かった。女子の場合は格闘技経験がなく、いきなりプロレスラーになるケースが多い。

そんな中で田山はアクロバットとプロレスを結ぶ一本の細い糸である。女子プロレスの売り物のひとつに女性らしい体の柔らかさがある点を考えると、彼女は向いていたのだろう。田山はその後、55年に猪狩と組んで初代の日本ライト級タッグ王座に就く。猪狩とは切っても切り離せない選手である。

「さいとうきく江というのは、結婚前の本名ね。結婚して、田山になったんです。パン兄さんがね、〝田山きく江ではリングネームとしてはちょっと…〟ということで、ローズ田山にしたり、田山勝美に変えたりして。田山さんは器用な人でした。でも、苦労した方なんです。あの頃、少女吹奏楽団というのがあって、そこで彼女はサックスを吹いていたの。そんなこともあって、トランペッターでバンマスもしていた田山さんという男性と知り合って結婚したんです。ある地方興行で旦那がバンドの指揮をして、田山さんはその舞台でアクロバットを取り入れた踊りをしていたの。そうしたら、旦那がいきなり〝今、踊ったのはウチのカアチャンです〟と叫んでしまった。商品でしょ、田山さんは。普通、言わないわよね。周りの方々は、〝ついにキタか！〟って。その旦那、ポン中（注し）だったのよ。結局、いくらも経たないうちに旦那は亡くなってね。その後、田山さんがたまたまウチに遊びに来たんです。まだ三鷹の道場ができる前。ちょうど女子レスラーを増やそうかという時だったので、ウチでやることになりました」

田山のプロレス入門時の年齢は30歳前後で、当時としては遅い。

「パン兄さんは、〝ショーとしてやるんだ。アマレスじゃないんだ。お客さんに楽しんでもらわなければならない。しかし、根本はきちんとしたものじゃなければならない。稽古はする。時間をかけろ〟と言っていました。パン兄さんは基礎重視でね。教え方も上手かったですよ。今、世の中、みんなガツガツしていますよね。あの頃、もちろん私たちは一所懸命でしたよ。でも、時間をかけて作っていました。人様にお見せするものは、丁寧に作らなければいけないんです」

兄のパン猪狩には、柔道の心得があった。それがキャンプのフロアに敷かれたマットの上だろうが、ホールに設置されたリングの上だろうが、金を払った観客に見せることには

田山勝美の出身母体であるアクロバットやジャズは、戦前の新進芸能である。そして戦後、彼女は新進スポーツであるプロレスに転身した。

変わりはない。

そして、パン猪狩は東京・三鷹に自分たちの道場を作った。日本初の女子プロレス団体、全日本女子レスリング倶楽部の誕生である。

キャバレーや米軍キャンプのフロアで行われていたコミカルなボクシング＆レスリングの「スポーツショー」や「ガーターマッチ」を体育館で行われる「プロレス」へ――。そうした改変を目指したのだ。

私は、「スポーツショー」や「ガーターマッチ」とリング上で行われる「プロレス」は別物だと思っている。しかし、ジャンルに貴賤はない。きちんとした道場を作ったパン猪狩には、今更ながら敬意を感じる。

1953年10月に開催された『日本最大のショウ』

ここに一枚のプログラムがある。53年10月24日と25日の2日間、蔵前国技館で行われた『日本最大のショウ』(注2)のものだ。

ご覧いただければわかるように、演目はアクロバット、自転車曲乗り、曲技、機械体操、綱渡り、餅の曲つき、奇術などに続いて、プロレスがリリー猪狩vsローズ勝美、木村八段(政彦)vs山口七段(利夫)、力道山vs清美川と3試合(レフェリーはショパン猪狩)行われ、最後はバレーで締めるというメニューだ。主催は財団法人・東京都遺族厚生連盟、後援は東京都、東京都社会福祉協議

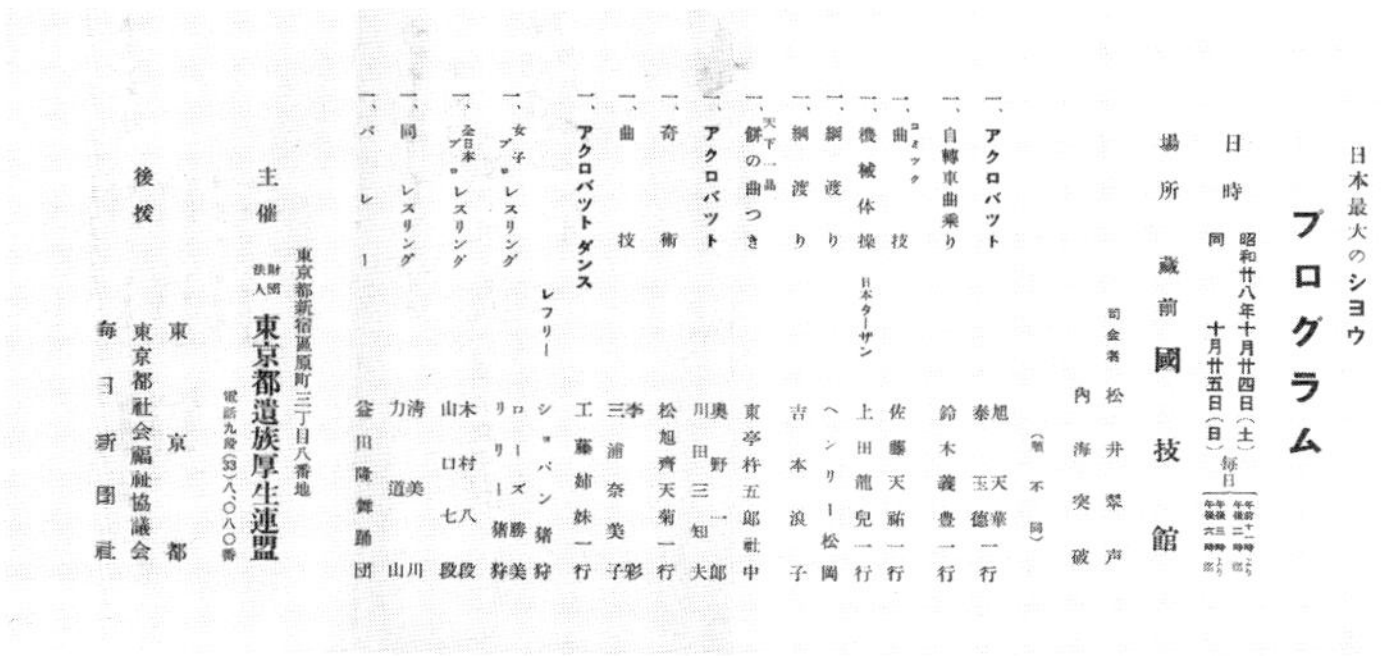

日本最大のショウ
プログラム
日時　昭和廿八年十月廿四日（土）午前十一時より／午後二時より
同　十月廿五日（日）午後三時より／午後六時より　毎日
場所　藏前國技館
司会者　松井翠声
内海突破
（順不同）
一、アクロバット　旭天華一行／泰玉徳一行
一、自轉車曲乗り　鈴木義豊一行
一、コミック曲技　佐藤天紬一行
一、機械体操　日本ターザン　上田龍児一行
一、綱渡り　ヘンリー松岡
一、綱渡り　吉本浪子
一、天下一品餅の曲つき　東亭杵五郎社中
一、アクロバット　奥野一郎／川田三知夫
一、奇術　松旭齊天菊一行
一、曲技　李彩／三浦奈美子
一、アクロバットダンス　工藤姉妹一行
一、女子プロレスリング　レフリー　ショパン猪狩／ローズ勝美／リリー猪狩
一、全日本プロレスリング　木村七段／山口八段
一、同レスリング　清美川／力道山
一、バレー　益田隆舞踊団
主催　東京都新宿區原町三丁目八番地　財団法人東京都遺族厚生連盟　電話九段（33）八〇八〇番
後援　東京都／東京都社会福祉協議会／毎日新聞社

『日本最大のショウ』のプログラム。司会の松井翠声は翌年12月、力道山vs木村政彦戦でリングアナウンサーを務めた。

会、毎日新聞社とある。

東京都遺族厚生連盟がどのような組織かは、わからない。現在の一般財団法人・日本遺族会は47年に「日本遺族厚生連盟」として設立され、53年3月に財団法人として認可されて現在の名称になったという。名称から推察するに、東京都遺族厚生連盟は当時の日本遺族厚生連盟の下部組織だと思われる。

このプログラムは私の友人がインターネット上のオークションで落札したもので、片面刷りである。

記録上、63年に死去するまでの現役中に力道山と女子プロレスラーが一枚の切符で見られたことはなく、対戦、タッグ結成を含めて清美川とのリング上での接触もない。『日本最大のショウ』のプログラム通りであれば、この時に力道山、木村、山口、猪狩が一堂に会したことになる。

『日本最大のショウ』初日の4日前となる10月20日、後援する毎日新聞にこの興行に関する社告が出た。それによると、第二次世界大戦で父親を失った母子家庭のために家屋を作る資金を得ることを目的としたチャリティー興行だという。さらに無声映画の時代に活弁（活動写真の弁士）として活躍した漫談家の松井翠声が司会を務めることも付記されている。

力道山、木村、山口、猪狩がプログラムに名を連ねるこの興行を検証することは、当時の彼らの相互関係がどのようなものだったかの検証でもある。

一体、誰が彼らに出場をオファーしたのか。猪狩は言う。

「このショーは、アクロバット系の演し物が多いですよね。田山さんもアクロバット出身です。これは一緒に米軍キャンプを回っている人からのお誘いでした。キャンプに出ている芸能人を集めて何かやろう、というところから始まったと聞いた憶えがあります。パン兄さんから、〝我々を知ってもらうためだ。目をつぶって行け〟と言われてね。でも、リキさんや木村先生は来ませんでした。何か騒動があって、キャンセルされたように思います。会場にリングはありませんでした。マットだけで、ロープもありません。私と田山さんが戦うでしょ。そのうちレフェリーのショパン兄さんも我々に巻き込まれて、最後は3人でくんずほぐれつです」

この時、木村政彦vs山口利夫、力道山vs清美川の2試合は行われなかった。これを結論としていいであろう。また、プログラムに「全日本プロレスリング（全日本プロレス協会）」の名がありながら、「日本プロレス」の名がないのは、山口が力道山よりも主催者により近いところにいたからだと思われる。

話を猪狩に戻すと、本人のコメントにある「最後は3人でくんずほぐれつ」の部分は、パリの地下でやっていたプロレスのコピーだったのではないか。

タレントで芸能研究者の小沢昭一が74年から10号限定で発刊した『藝能東西』という雑誌があった。この第2号に猪狩のすぐ上の兄ショパンのインタビュー記事がある（収録は75年4月30日、聞き手は鎌田忠良）。

「ぼくがプロレスをショウ的にやろうと言ったとき、力道山がまだ日本では早過ぎるって反対した。たしかにその当時、やれば早過ぎたかもしれないが、もっとお客は入った。だから、ああいう一方的な協会をつくってしまった」

私は、猪狩兄妹と力道山は遠いところにいたと思っていた。だからこそ、一方は喧嘩プロレスであり、もう一方はガーターマッチなんだと。両者に接点なんて、あるわけはない。ショパン猪狩のコメントは、自分を大きく見せようとするハッタリなのではないかという疑問があった。

しかし、そうではなかった。ショパンが言う「ショウ的」とは長兄パン猪狩がフランスのパリで見てきたプロレスである。

東京吉本が運営していた『浅草花月』の屋上で、ボクシングシーンの練習をしている猪狩定子と田山勝美。「シミキン」こと清水金一のショーに出演中のヒトコマである。

それよりも重要なのは、前記のインタビュー記事は猪狩兄妹と力道山が話をする近い距離にいたという証左である。猪狩定子自身も、「パン兄さんはアイディアマンだったので、リキさんがアドバイスを求めてきたこともあった」と証言する。

女子プロレスが米軍キャンプやキャバレー回りから体育館へと移行し、猪狩が木村政彦や力道山と接触（詳細は後述）するまで、あと1年という時期に行われた知られざる興行が『日本最大のショウ』であった。

そして、猪狩はこの53年10月のフロアでのプロレスを経て、翌54年11月にミルドレッド・バーク一行が来日した際、同じ蔵前国技館のロープが張ってあるリングで試合をした。結果、これも後述するが、猪狩はバークが「アメリカに連れて帰りたい」と申し出るほどの評価を得ることになる。

日本の女子プロレスは『日本最大のショウ』の段階では「フランス風」だったが、翌年のバーク来日により「アメリカ風」に変わり、それが「日本風＝ジャパニーズスタイル」に変わっていく。それに伴い、会場もフロアから体育館へと進出（注3）していった。

この『日本最大のショウ』のプログラムは、その変遷の過程を示す日本の女子プロレスの一級の史料でもある。

【第7章　注釈】

1　ポン中＝ヒロポン中毒のこと。ヒロポンとは商品名で、覚醒剤の一種である。当時の日本では薬屋に行けば、普通に手に入った。第二次世界大戦中の日本で勤労時の能率向上のために使われ、終戦後には日本軍の備蓄品が市場に出て乱用が広まる。多くの人々が栄養ドリンク剤を飲むように手を出したが、そんな状態に眉をひそめる者も少なくなかった。

2　『日本最大のショウ』＝世界最大のサーカス一座を舞台とした１９５２年の米国映画『地上最大のショウ』をパクったネーミングである。元々、「地上最大のショウ（The Greatest Show on Earth）」は戦前のアメリカの興行師、P・T・バーナムが宣伝文句として使い始めたリングリング・ブラザーズ・アンド・バーナム・アンド・ベイリー・サーカスの謳い文句。19世紀、このサーカス団の前身バーナム・アンド・ベイリー・サーカスにスカウトされて渡米したのがソラキチ・マツダと浜田庄吉であった。

3　フロアから体育館へと進出＝ただし、体育館からフロアへの逆行や見世物小屋での女子プロレスも相変わらず存在していた。１９５６年から67年のスポーツ新聞が女子プロレスをまったく記事にしなかった時代は、場末に戻らざるを得なかったということである。

第8章　力道山の第二次アメリカ武者修行

日本プロレス協会の発足が済むと、力道山は再び渡米して2度目のアメリカ武者修行を行う。

■力道山（第二次武者修行）
《期間》
53年11月15日～54年2月1日
《テリトリー》
ハワイ、サンフランシスコ地区
《戦績》
シングルマッチ：25戦13勝2敗9分（1結果不明）
タッグマッチ：12戦6勝3敗2分（1結果不明）

便宜上、第二次武者修行としたが、その内容はすでに「修行」というレベルにはない。今回の柱はルー・テーズが持つNWA世界ヘビー級王座への挑戦であり、翌54年2月に来日を予定しているシャープ兄弟との契約締結であり、外貨＝ドルの獲得である。

戦績に関しては、シングルマッチではテーズの他にアル・コステロ（注1）に敗れた。

NWA世界ヘビー級王者ルー・テーズの実像

53年12月6日、力道山はホノルルでNWA世界王者ルー・テーズに初挑戦した。

この時、力道山は11月29日の挑戦者決定トーナメントを勝ち上がって、テーズへの挑戦権を得ている。「決勝でボビー・ブランズに勝利して、挑戦権を獲得」というのが日本における史実であったが、これは間違いだ。これを最初に記事にした者がパンフレットを見て、トーナメントのストーリーを適当に作っただけのことである。

実際は1回戦でバド・カーティスに、準決勝ではフランク・バロアに勝利。決勝でサミー・バーグと引き分けたものの、プロモーターのアル・カラシックはテーズへの挑戦者に力道山を指名した。この抜擢は、力道山に日系人を中心として多くの観客の足を会場に運ばせる商品価値があったからである。

ここでNWA世界王者ルー・テーズについて述べておこう。

「20世紀最大のレスラー」と評されるテーズは天性の運動神経、身体能力、眼の良さを持ち、スタンドにしろ、グラウンドにしろ、テクニックに穴はない。

37年、21歳の時に初めて世界王者になった。この時の王座認定団体はＭＷＡおよびＡＷＡ（後にバーン・ガニアが設立する団体とは無関係）である。

以来、テーズは第二次世界大戦による兵役期間を除いて、トップとしてアメリカの業界を引っ張ってきた。

初来日は日本にプロレスが本格的に入ってきてから4年近く経過した57年10月で、鋼鉄を思わせるその肉体から「鉄人」のニックネームを得る。また、その紳士的な試合ぶりもあって、ジャンルとしてのプロレスの信頼を高めることにもなった。

力道山とホノルルで初対決した53年12月は、48年6月から55年3月にサンフランシスコでレオ・ノメリーニに敗れるまで続いた、いわゆる「９３６連勝」中であった。

連勝とはいっても、実際のところは１０００を超える試合のうち、シングルマッチで負けはなし。だが、引き分けは多く、数少ないタッグマッチの中には負けた試合がある。これは「９３６」の数値が確定した後に、未カウントの試合記録が発見されたためである。

48年6月から連勝中だったテーズは、まず7月にワイルド・ビル・ロンソンを破って旧ＮＷＡ世界王座に就く。その旧ＮＷＡ世界王座は49年11月に新ＮＷＡ世界王座に統合され、チャンピオンの座もテーズがそのまま継承した。

第一次武者修行の最中に、力道山とテーズはハワイでは一緒にならなかった。サンフランシスコ地区でも同じ興行に出ていない。世界王者テーズ登場の日、力道山は同じ地区内の他の会場に出て

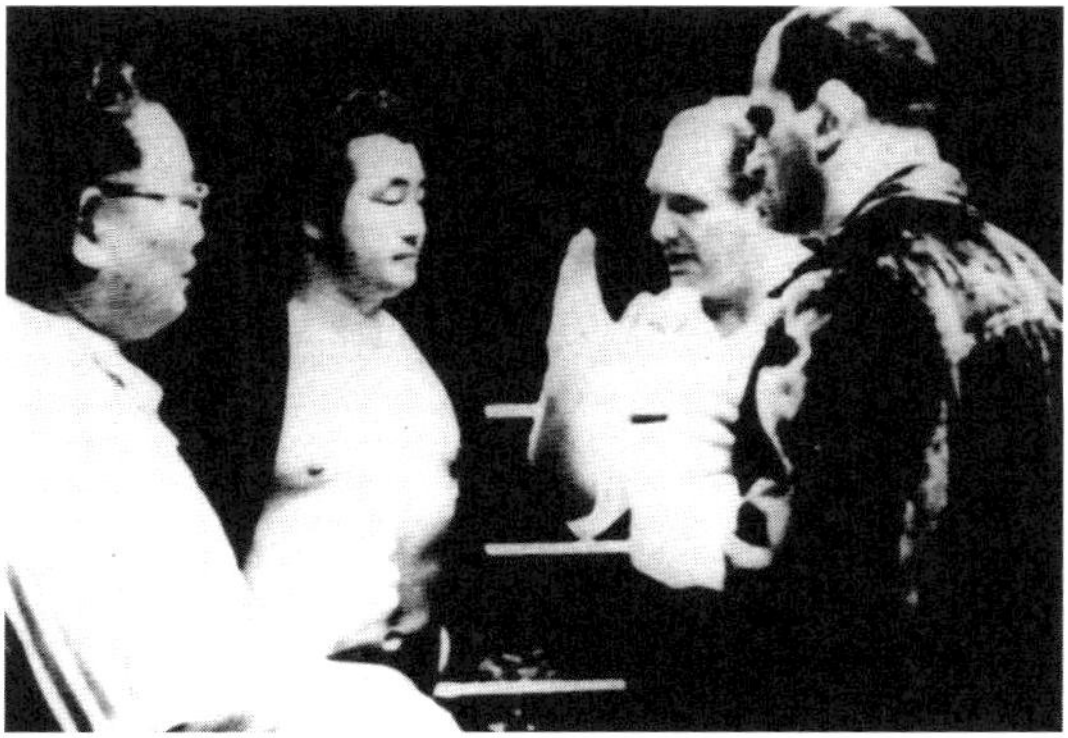

1953年12月6日、ホノルルで力道山はルー・テーズのNWA世界ヘビー級王座に挑戦した。レフェリーはボビー・ブランズ、左端は力道山のセコンドの沖識名。

いたり、試合からあぶれたり（理由は不明）していたからだ。テーズとはこの53年12月が正真正銘の初顔であり、力道山は連勝記録更新の犠牲者となった。

このテーズvs力道山戦は幸いなことに２分余りではあるが、１本目の試合映像が動画サイトで確認できる。

オーソドックスな技の攻防の中、試合はテーズの距離で行われている。そして、テーズは力道山を抱え上げ、頭からマットに落とした。パワーボムのようにも見えるが、落とし方が違う。決まり手は、リバーススラムからの体固めといったところか。

この試合に関するコメントがテーズの自著『ＨＯＯＫＥＲ』にある。要約すると、以下の通りだ。

力道山が〝勝ち〟に来たため、開始直後からしばらくはギクシャクした展開となった。しかし、ステップオーバー・トーホールド・ウィズ・フェースロック（ＳＴＦ）で身動きが取れないようにすると、シューターとしてのテーズを体感した力道山は力の差を悟り、以降はプロとして試合成立に努めた。前述の危険な落とし方は、力道山にプロの掟を知らしめるために、お灸を据えたということになる。

1本目の勝負タイムは23分10秒。2本目は20分ほどでバックドロップが決まり、結果は2－0でテーズのストレート勝ちに終わる。

当時、メインイベントは判で押したように3本勝負だった。テーズの防衛戦も基本的に3本勝負だが、1本を取らせたり、引き分けになるのはテーズが相手を評価している場合である。

テーズは「力道山は相撲出身だからか、上半身の力が強い。グレコローマン出身のレスラーと共通するものを感じた」と評価している。しかし、これは後に出た言葉であり、53年12月のストレート勝ちという結果は「話にならない」ということだ。実際、力道山は善戦のレベルに達していない。

動画で確認できるが、この試合のレフェリーはボビー・ブランズだった。ブランズは引退してレフェリーになったのではなく、11月29日のテーズへの挑戦者決定トーナメントにも出ている。まだまだ現役で、翌54年2月にはシャープ兄弟と共に再び日本の土を踏むことになる。

誰がレフェリーを決めるのか。通常はブッカーである。この段階でのハワイのブッカーは、ブランズ自身だ。

昭和時代の新日本プロレスを思い出してほしい。対抗戦など普段と異なる状況設定の試合になると、リングに登場して試合を裁くのはチーフレフェリーのミスター高橋ではなく、審判部長の山本小鉄だった。ブランズがレフェリーを買って出たということは、この試合に何か不穏なものを感じたということなのではないか。

さて、力道山はなぜテーズを相手に〝勝ち〟に行ったのか。テーズがその理由を知ったのは、57

年の初来日時だった。

この時、テーズと力道山は誰もいないところで話をした。そして、４年前のホノルルでの試合が話題に上る。２人の会話を再現してみる。

テーズ　あの試合の前に不思議なことがあった。カラシックが来て、「今日はリキの奴にレスリングのレッスンをしてやってくれ。観客に東洋人が多いなんてことは気にしないでいいから」と言うんだ。あの日、会場には日系のファンが多く来ていたじゃないか。我々にいい試合をさせて、再戦、再戦へと持って行くのがプロモートのセオリーなのに。

力道山　そういえば、カラシックは俺のところにも来やがった。「テーズの奴、ユーに花を持たせて引き分けにすればいいものを今夜は勝ちたいとほざいてる。奴にそう言われちゃ、もう手も足も出ない。ユーも勝ちに行け」と、けしかけてきたんだ。だから、俺は勝ちに行った。

テーズ　何だ、カラシックはマッチポンプじゃないか。私との試合の後、ユーはシャープ兄弟を呼んで旗揚げすることになっていた。私を使ってユウを潰して再起不能にし、日本のマーケットをいただいてしまおうって魂胆だったんだろうね。

前述のように、アル・カラシックの野望の大きさは業界でも有名だった。そして、カラシックに留まらず、ボビー・ブランズらが51年に日本をツアーした話は米国内でも広まっており、アメリカのプロモーターの間で日本マットの将来性は注目の的であった。

1957年10月、初来日時のルー・テーズとアル・カラシック（中央）。プライベートの場でテーズと力道山が会話をかわす中、4年前にハワイでカラシックが謀略を巡らせていたことが判明する。

54年に日本にプロレスが本格的に輸入されて以降、サンフランシスコ地区のジョー・マルセウィッツやハワイのアル・カラシックは力道山の元へ外国人レスラーを送り続けた。マルセウィッツもカラシックもＮＷＡの会員である。しかし、力道山は63年に死去するまでＮＷＡに加盟していない。

プロモーターがＮＷＡに加盟する最大の理由は、同組織が認定する世界ヘビー級王者を自分のテリトリーに呼ぶためだ。ならば、非会員だった力道山は、なぜ57年にテーズを呼べたのか。これはカラシックが自分のＮＷＡ会員資格でテーズのスケジュールを押さえ、日本で世界戦を行うという形を取ったからだ。

そんなことをせずに、力道山が直接ＮＷＡに加盟すれば良かったではないかという疑問は残る。おそらく、当時の力道山にそこまでの余裕がなかったのだろう。ＮＷＡに加盟してカラシックらと対等な立場となり、無駄な緊張関係を築くよりも、「お世話になります」と持ち上げておいた方が得策だったということか。

えてして、足を引っ張る人物は近くにいるのだ。そんなこともあってか、57年にテーズを招聘した際に力道山はカラシックも「立会人」として日本に呼び、労った。

鈴木庄一は、『デラックスプロレス』80年5月号で以下のように証言している。

「ブランズという男、表面は温厚な紳士であったが、ただ者ではなかった。日本上陸は日本をプロレスの一大市場とする計画を持っていたからだ。これはのちに私がハワイに行った時に、戦前プロレスラーとして名を上げたラバーメン・ヒガミこと樋上蔦雄老（当時ハワイ柔道協会会長）から直接聞いたことだが、実はこのブランズら一行の日本上陸前に、ハワイに渡った木村、山口らと共に日本に逆上陸を計画していたのをブランズらに先を越された、ということだ」

51年にハワイで木村政彦と山口利夫が初めてプロレスのリングに上がるにあたってカラシックの指示でコーチにつき、2人のアメリカ本土での第三次武者修行を仕切ったのが樋上だった。前述の「木村、山口と共に日本に逆上陸を計画」とは、カラシックが樋上、木村、山口を使ってブランズ一行の来日より前に日本進出を企んでいたということを意味している。

結局、後年の木村、山口がプロレスラーとして成功というレベルではなかったことは歴史的な事実である。それを見た沖識名は、次のように述べたことがある。

「木村、山口はラバーメンのところになんか行ったからダメだったのよ」

つまり、力道山のように自分のところに来れば良かったということなのだが、このなじりの背景に樋上と沖の仲の悪さがある。

要はハワイは一枚岩ではなかった。同じスタッフ部門でも、カラシック&樋上とブランズ&沖で別派閥が形成されていたということだ。前者が木村&山口に、後者が力道山に繋がっていたことは言うまでもない。プロモーターのカラシックにとって、ブランズは獅子身中の虫だったのだ。

「ドルの獲得」と「シャープ兄弟との契約締結」

続けて、冒頭に挙げた「ドルの獲得」と「シャープ兄弟との契約締結」について話を進めていきたい。

当時の世情で、「ドルの獲得」とはどういうことか。

力道山が木村政彦や山口利夫と異なった点は、アメリカから日本に外国人レスラーを呼んだことにある。木村や山口の場合は、同じ外国人レスラーといっても日本国内にいた米国軍人やユセフ・トルコのようなトルコ系日本人で都合をつけた。

当時は現在とは異なり、日本人が持つことができるドルの額に制限があった。そのため、来日する外国人レスラーとファイトマネーの支払いをドル建てで契約した場合（ドルの方が円より喜ばれる）に支障をきたす可能性がある。

力道山はアメリカで得たファイトマネーを日本に持ち帰らず、現地の銀行にプールし、そこから外国人レスラーにファイトマネーを支払うという方法を取った。

そのため、力道山は日本プロレス旗揚げの前にアメリカでファイトする必要があったのだ。もちろん、第一次武者修行でも、その後半には金を貯める余裕はあったかもしれない。しかし、52年8月辺りまではお世辞にもメインイベンターとは言えず、どれほど貯蓄できたかわからない。

この問題は旗揚げシリーズ以降も変わらず、50年代いっぱいは力道山がアメリカでファイトする場合、現地でドルを貯蓄する目的があった。

力道山がハワイからサンフランシスコ地区に転戦したのは、暮れも押し迫った53年12月29日からである。しかし、おそらくはルー・テーズに敗れた同月6日をもってハワイから離れたかったはずだ。

力道山は団体旗揚げにあたって、シャープ兄弟を日本に呼ぶことはかなり前から決めていた。確実に来てもらうには、実際に会う必要がある。

しかし、中西部&東部遠征中のシャープ兄弟となかなか連絡が取れなかったため力道山は冷や冷やしていた。来日が確実にならなければ、旗揚げ興行の準備もできない。

シャープ兄弟という具体的な名が日本の新聞に出たのは、同年12月10日付の毎日新聞である。力道山がシャープ兄弟と連絡が取れたのは、逆算して推測すれば、おそらく12月に入ってからだろう。

力道山が直接会うことにこだわったのは、シャープ兄弟の信頼を得るためである。というのは、プロレス未開拓の地に遠征する場合、レスラーにとって最も大きなリスクは現地のプロモーターが約束通りのファイトマネーを払ってくれるかどうかだからだ。

これは呼ぶ側にとって、キャンセルされるリスクが大きいということでもある。書面のみでやり取りするよりも、直接会う方が信頼感は何倍も増す。さらにシャープ兄弟に会った力道山が何％かの前金を払った可能性も考えられる。第二次武者修行時の力道山にとって、何よりも重要課題はシャープ兄弟を確実に来日させることであった。

この時期、シャープ兄弟は10月上旬からシカゴ地区、ニューヨーク地区へ遠征に出ていた。これは彼らのブランド価値が太平洋岸だけでなく、全米的なものになっていたということである。シャープ兄弟は形の上ではサンフランシスコ地区認定の世界タッグ王者だったが、実際はルー・テーズ同様、全米が認める「世界タッグ王者」であったと言っていい。

シャープ兄弟がサンフランシスコ地区に戻るのが12月18日のこと。これを受けて、力道山もハワイから同地区に飛ぶ。しかし、プロモーター側のマッチメーク上の受け入れ準備もあったため、緒戦は同月29日になってしまった。

力道山がハワイでルー・テーズに挑戦した意味

ホノルルで力道山がルー・テーズの持つNWA世界ヘビー級王座に挑戦したこと、それは力道山がアメリカのプロレス業界においてメインストリームの一員となったことを意味する。同じ「世界」でもジュニアヘビー級やライトヘビー級ではダメなのだ。

しかし、力道山がテーズに挑戦したことは当時の日本の新聞ではまったく報道されていない。この事実が知られたのは翌54年2月に力道山が帰国してからのことで、それも修行中のエピソードとして触れたに過ぎなかった。

日本国内の新聞がプロレスを話題に取り上げ始めたのは、54年が明けて1月中旬になってからである。その趣旨は翌月に開幕する新しいスポーツのプロレスとは何か、日本人レスラーの力道山や木村政彦の紹介、アメリカから来る外国人レスラーのシャープ兄弟とはいかなる人物か、といったところだ。

このいきなりの記事ラッシュの背景は、力道山からシャープ兄弟との契約締結に成功したという連絡があって初めて日本プロレス協会のスタッフである永田貞雄なり新田新作が会場を押さえたり、宣伝を始められたということである。彼らは毎日新聞社の後援も取り付けた。

アメリカ流のプロレス興行システムが世界に広がっていったのは20年代から30年代だったが、その時代の日本がプロレスの輸入を試みたものの、失敗に終わったことはすでに述べた。日本の場合、54年の力道山によるシャープ兄弟招聘でプロレスの輸入にやっと成功することになる。

20年代から30年代、オーストラリア、イギリス、メキシコなどプロレスが定着した国々には３つの共通するキーワードがあった。それは第１章で説明したように地元資本の、地元エースによる、定期興行開催だ。

最後の定期興行開催には、これを支える新聞報道によるバックアップやテレビのレギュラー中継も含まれる。以後、しばらく毎日新聞は日本プロレスを支え、これに誕生したばかりのテレビ局も加わった。

ここで54年１月に突如始まったプロレス報道の加熱ぶりについて、改めて検証したい。

53年12月のテーズvs力道山戦は、日本で報道されなかった。しかしながら、その翌月、つまり54年１月に来たるべき「プロレスの輸入」に関しては大々的に報道された。

当然、これは紙面を借りた日本プロレス側のキャンペーンである。プロレスを輸入するにあたり、シャープ兄弟を宣伝することは必要条件であり、テーズvs力道山戦の存在は十分条件だったのだ。実際、ハワイで力道山のテーズ挑戦が実現していなくても、シャープ兄弟来日により日本のプロレス輸入は成功していただろう。

ならば、力道山がテーズに挑戦したことは意味がなかったのか。

いや、今日までビジネスとして継続することができるレベルのプロレスを日本で作り上げていく上で、「ルー・テーズ」という物語は大きな財産となった。しかし、それは結果的にそうなったということで、今日までプロレスが日本に定着したからこそ、そんな総括ができる。

53年12月10日付の毎日新聞の記事は「ホノルルで選手権試合」の見出しと共に、同月8日に力道山が同紙宛に寄せた武者修行の「第一報」をシャープ兄弟の写真と共に紹介した。内容はシャープ兄弟を「来年早々日本に招待する」ことがメインで、ホノルルでのタイトルマッチについては相手（テーズ）の名がない。

この「第一報」が手紙だとすれば、当時の郵便事情からホノルルでの投函はテーズ挑戦（同月6日）よりも前だろう。記事に、なぜテーズの名がないのか。力道山が書かなかったのか。それとも毎日新聞がテーズを軽視して名を出さなかったのか。

第二次武者修行の目的のひとつにテーズへの挑戦があり、これが決定して力道山はハワイに飛び立った。これが歴史研究者の間での定説である。状況証拠的に見ても間違いないとは思うのだが、裏が取れない。もし力道山が渡米前にテーズに挑戦することが決まっていたのであれば、出発の段階で何かそれらしいことを言うと思うのだが、そのようなコメントも残っていない。

ここで登場してくるのがボビー・ブランズだ。力道山が第二次武者修行に出発する段階で詳細が決まっていなくても、ハワイのブッカーだったブランズはリング上のストーリーを決める権限がある。

ブランズには、アル・カラシックのような日本の市場を奪ってしまおうという野望はなかったのだろうか。色気はあったと思う。

しかし、53年暮れのブランズにとって、優先されたのはブッカーとしてテーズvs力道山戦を無事に終わらせることだった。おそらくブランズはカラシックの策謀に気づいてはいないまでも、おかしな空気は感じていたのだろう。だからこそ、自らレフェリーを務め、試合を無事に終わらせることに専心した。

なぜか。シャープ兄弟と自分が日本に行くプランは、もう2ヵ月先に迫っている。力道山の協力者たちのパワーを感じていたブランズには、成功の予感があったであろう。

もしこれが成功すれば、日本というテリトリーはハワイだけでなく、アメリカという国にとっても重要になる。例えば、高額なファイトマネーを得られる日本行きのチャンスをレスラーに与えたり、各地区のプロモーターがそのブッキング料を得たりすれば、それによりアメリカのプロレス業界も大きくなっていくのだ。これは実際に、そうなった。

今、自分がすべきことは力道山がテーズに挑戦するカードを組むこと、それにより力道山の名をＮＷＡの幹部たちに知らしめることである。つまり、テーズvs力道山戦はこの段階の日本よりもブランズにとって重要だったのだ。

結果的に、テーズvs力道山戦は無事終えた。そして、ブランズは翌54年2月にシャープ兄弟と共に来日する。しかし、これが最後の来日となった。

その理由は、ブランズにとって日本のプロレスと関わるよりも美味しい仕事が入ったからである。シャープ兄弟と共に来日した後、ブランズはハワイに戻る。しかし、その1年後の55年夏をもってセントルイス地区にブッカーとして迎えられ、仕事場を移す。

仮にブランズが日本プロレスで重要な地位を得ることができたとしても、所詮は外様だ。力道山周辺の人々と利益が対立する立場になってしまうリスクもある。

セントルイス地区のプロモーターは、NWA会長でもあるサム・マソニックだ。これは実質的にブランズがNWAの本部入りしたことに等しい。

さらに言えば、63年のNWA年次総会においてブランズはエグゼクティブセクレタリーに就任している。この役職はNWA世界ヘビー級王者のスケジュールを決めたり、場合によっては王座交代に対する発言権も持つ。つまり、NWAの総ブッカーのようなもので、自由民主党に譬えれば幹事長だ。

ブランズは49年までセントルイス地区の隣接テリトリー、カンザス地区で働いていた。当時、このトップは新NWAの世界王者オービル・ブラウンである。ブラウンは同年11月に、旧NWAの世界王者ルー・テーズと王座統一戦を行うことになっていた。

しかし、ブラウンは交通事故に遭い、試合を棄権する。そのまま統一王者はテーズになった。ここで問題が生ずる。ブラウンが事故に遭った際、ブランズが同乗していたのだ。

ブラウンとブランズはリング上では敵同士であり、会場外で一緒にいてはいけない仲だった。これが新聞で報道されて、カンザス地区のプロレス人気が下がる。

ブランズは翌50年に同地区を去って、サンフランシスコ地区に移動した。そして、ここのプロモーター、ジョー・マルセウィッツから声がかかって51年の来日ツアーに繋がり、翌年からハワイのブッカーとなる。

ブランズにとって、ハワイのブッカーを務めたことは結果的に禊ぎ期間となる。自主的ではあるが、文字通り島流しの場がハワイであった。

結果的に、ブランズは日本という新たなテリトリーに対して余計な欲を持たなかった。これにより日本のプロレスは、日本人による日本人のためのものとしてスタートすることができたのである。

【第８章　注釈】

１　アル・コステロ＝幼少時にイタリアからオーストラリアに移住し、１９４３年にシドニーでデビュー。52年９月からアメリカに転戦する。力道山に勝利したのは54年１月28日、サンフランシスコ東方の地方都市ストックトン。セミファイナルの３本勝負で、スコアは２－１だった。勝因は、この日が力道山にとってサンフランシスコ地区最終戦だったからである。
57年にロイ・ヘファーナンとザ・ファビュラス・カンガルーズを結成し、以降は全米ナンバーワンのタッグチームとして一世を風靡。力道山は生前、コステロを日本プロレスに呼ぶことはなく、初来日は68年の国際プロレス（ＴＢＳプロレス）だった。

第9章　日本プロレスの旗揚げシリーズが成功した理由とは？

さて、日本でプロレスが本格的に始まる1954年を迎えた。まずはテレビプロレスが始まった光景とシャープ兄弟来日の熱狂を記そう。

大阪から発信された日本初のプロレス中継

■全日本プロレス協会
《期間》
54年2月6日～7日
《コース》
大阪府立体育会館（全2戦）
《出場選手》
山口利夫、清美川、長沢日一、戸田武雄、市川登、ブルドッグ・ブッチャー、タイガー・ジャクソン、ストラングラー・ジョニー・ジェミングス、キラー・マイク・ユシフ、ヘンリー・ジャニー弟の来日ではない。

日本のテレビプロレスは、いつ始まったのか。54年２月19日の日本プロレス旗揚げ＝シャープ兄

その約２週間前となる同月６日、全日本プロレス協会の大阪大会が日本で初めてテレビ中継されたプロレス興行である。

この日の観衆は主催した全日本プロレス協会の発表で８０００人。メインの山口利夫vsブルドッグ・ブッチャーは60分３本勝負で行われ、２－１で山口が勝った。

全日本プロレス協会の本部は、大阪にあった。だが、団体がいつ始まったのかは、はっきりしない。しかし、前年10月に行われた『日本最大のショウ』のプログラムに「全日本プロレスリング」の名がすでにあった。

全日本プロレス協会は、この２ヵ月前の53年12月８日と９日に同じく大阪府立体育会館２連戦を打っている。ここからカードはプロレスのみで、柔拳の試合が行われなくなった。

そして２月６日、大阪府立体育会館から山口たちの試合がＮＨＫ大阪放送局により中継された。その日、会場でテレビカメラを操作したのは大阪生まれの23歳、亀井茂である。亀井は52年、ＮＨＫ大阪中央放送局に入った。

ＮＨＫ東京放送局のテレビ試験放送は50年、本放送開始は53年２月１日である。

日本テレビ放送網が同年８月28日に始まり、これが民間放送のスタートとなった。この段階で、

テレビ局はNHKと日本テレビしかない。

NHK大阪が本放送を開始するのは54年3月1日のことで、その直前の2月6日＝全日本プロレス協会中継はまだ試験放送期間中である。

「2月6日の中継の経緯は、プロレスなるものが話題になっていて、NHK東京が放送することになっているが、どんなものかわからないので、一度NHK大阪で試しに制作してみては、ということだったと聞いています。制作することが決定してから、アマレスとの違い、簡単なルール、選手の動き方などを調べたり、人に聞いたりしました。前日の5日から会場に機器を搬入して調整し、6日は夜7時半から1時間半の中継でした。

プロレスの印象ですか？　激しい格闘技だと感じました。試合中、絞め技に入った時など皮膚が見る見るうちに変色してくる異常さに、数名の人たちが耐えられず廊下に逃げ出したという記憶があります。

NHK大阪管内ではまだ実験放送中だったので、街頭テレビはなかったと思います。あの試合の大阪での反響ですか？　3月1日からの本放送に入るための準備で、機材整備・打ち合わせ・リ

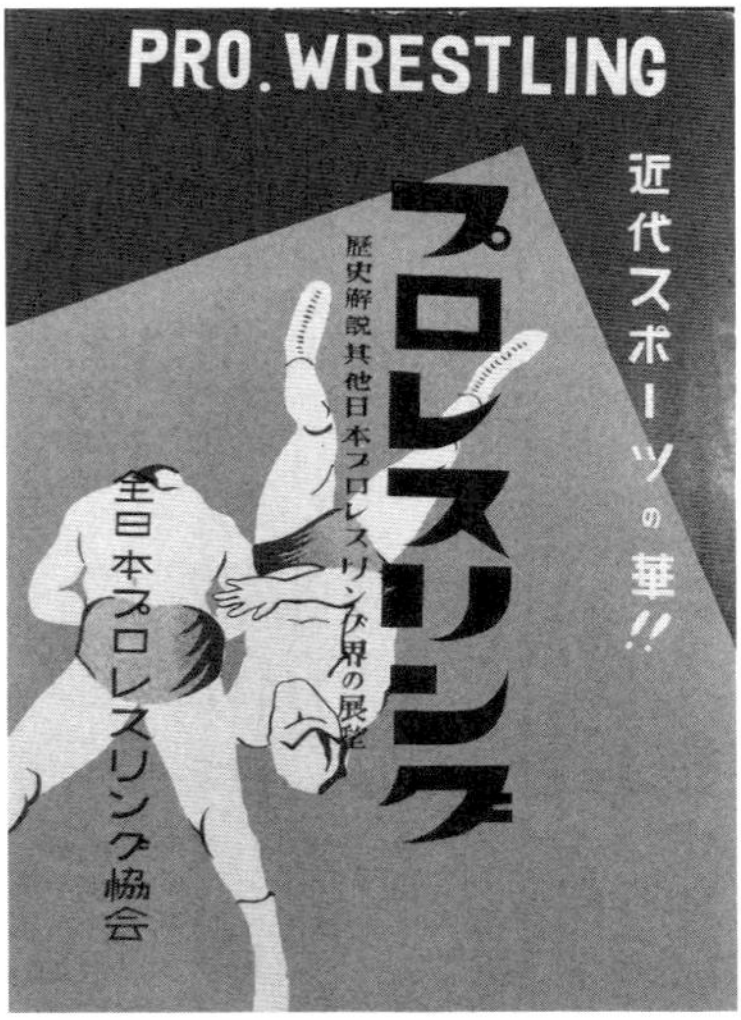

1954年2月に行われた全日本プロレス協会の大阪2連戦のパンフレット。当時としては、これが「近代スポーツの華」を思わせるレイアウトだったのだろう。

ハーサル・本番と続いており、すべてが生放送の時代ですから、私たちスタッフが世間の反響を知るゆとりはありませんでした」

日本初のテレビプロレスカメラマン亀井茂、86歳の時（２０１６年）の証言である。この日、全日本プロレス協会の試合は大阪から東、地球の丸さによって電波が届く限界の静岡までは見ることができた。

リングを彩った駐留米軍兵のセミプロレスラー

山口の相手をしたブルドッグ・ブッチャーとは何者か。

ブルドッグ・ブラワーとアブドーラ・ザ・ブッチャーを合わせたような名前だが、こういうコケ脅し的なリングネームのレスラーは、えてしてレベルが低い。ブルドッグ・ブッチャーも強そうなのは名前だけで、アメリカでファイトしていたレスラーではなく、日本に駐留していた米軍兵のセミプロレスラーである。

ここから約10年間、力道山存命時の日本のリングには駐留軍にいたセミプロレスラーがしばしばリングに上がった。理由はアメリカやヨーロッパから正真正銘のプロレスラーを連れてくるのに比べて、かかるコストが段違いに安いからである。

山口はこの後、永田貞雄に請われて日本プロレスのリングでシャープ兄弟などと対戦し、４月には自らの全日本プロレス協会で全国ツアーを敢行する。ここに参戦した数人の外国人セミプロレスラーの中に、ストラングラー・オルソンがいた。この選手は、同年8月からはドクター・オルソンの名で日本プロレスのシリーズに参加する。

これは引き抜き云々といった話ではない。団体間で外国人セミプロレスラーを共用していたということである。つまり、同じルートを通じてセミプロレスラーが送られてきていたのだ。

アメリカでは南部を除き、高校の体育でレスリングとフットボールを教える。レスリング部を持つ高校も多い。駐留軍人の多くは、多少の違いはあれどもレスリングを経験している。その中で体力があり、受け身のレッスンに耐えられる者が団体に派遣される。東京・立川キャンプの軍属だったエルマー・ホーキンスのように、猪狩兄妹の全日本女子レスリング倶楽部の道場に出向いて女子レスラーに自らのアマレスのスキルを伝授する者もいた。

セミプロレスラーの中には、除隊後に日本に留まった者もいる。モンゴメリー・マクファーランドもその一人である。

少し後になるが、彼は55年の暮れから木村政彦率いる国際プロレス団のリングにゴージャス・マックの名で上がった。在日米軍にいた時代の53年夏場所後、花相撲（巡業、トーナメント相撲、奉納相撲など勝敗が番付に反映されない大相撲興行）の土俵に上がって幕下相手にタジタジになったという経験も持つ出たがりの剽軽者であった。

マクファーランドは国際プロレス団のシリーズ中となる56年1月16日、東京・帝国ホテルで宝石強盗を働き、逮捕される。ホテルの用途は宿泊に留まらない。イベント会場でもあり、宝石の即売会なども行われる。そこには不良外国人もたむろする。彼らの中には除隊後の元米兵も多く、その一人がマクファーランドだったということだ。戦後・日本でよく見る光景のひとつである。芸能界に「キャンプ回り」という言葉があるように、戦後の日本のジャズは基地内でライブを行うミュージシャンたちが発展させた。基地から出てくるレスラーがいれば、基地内に入っていくレスラーもいる。

伊狩定子が田山勝美と共に朝霞のキャンプで試合をした写真が残っている。55年にデビューする女子レスラー、小畑千代は横田基地で試合をしたことがあると語った。その時、後に日本プロレスで活躍する吉村道明もいたという。

基地からやって来るセミプロレスラーが消えたのは、力道山が亡くなる時期と一致する。これは力道山の死去により、駐留軍とのルートがなくなったということである。

1954年2月19日、力道山&木村vsシャープ兄弟

■日本プロレス

《期間》

54年２月19日～３月９日

《コース》

２月19日　東京・蔵前国技館

2月20日　東京・蔵前国技館
2月21日　東京・蔵前国技館
2月23日　熊本・熊本市公会堂
2月24日　福岡・小倉市三萩野体育館
2月26日　大阪・大阪府立体育会館
2月27日　大阪・大阪府立体育会館
2月28日　兵庫・神戸市立王子体育館
3月1日　岐阜・岐阜市民センター
3月2日　愛知・名古屋金山体育館
3月3日　静岡・静岡公会堂
3月4日　栃木・宇都宮市スポーツセンター
3月6日　東京・蔵前国技館
3月7日　神奈川・横浜公園フライヤージム
3月9日　東京・蔵前国技館
※大都市を回ったことが見て取れるが、重要なのは東京、大阪、横浜以外はプロレス未踏の地であったということだ。

《出場選手》

力道山、遠藤幸吉、沖識名、駿河海、ハロルド登喜、木村政彦、山口利夫、清美川、長沢日一、ベン・シャープ、マイク・シャープ、ボビー・ブランズ、ボブ・マンフリー、ジミー・グラーグ

《タイトルマッチ》
ＮＷＡ世界タッグ選手権（サンフランシスコ版）
※王者のシャープ兄弟が力道山＆木村を相手に３度防衛。

日本でプロレスがブレイクしたシリーズである。その成功により力道山は一躍、「時の人」になった。

『週刊サンケイ』同年４月11日号で、力道山はタレントの石黒敬七（注１）と対談している。記事のリード文で、力道山は「今春スポーツ界の話題を一手にさらった〝日本一の良い男〟われらのリキ」と紹介された。この号の発売日は調査不可能だが、週刊誌の場合は発売日付の約10日前だとして、逆算す

1954年2月に開幕した日本プロレス旗揚げシリーズのパンフレット。表紙にフィーチャーされているのはシャープ兄弟の弟マイクで、兄ベンよりもイカつい顔がいかにもプロレスラーらしい。

れば対談の収録は3月中旬から下旬、つまりシャープ兄弟とのツアーを終えてからである。

プロレスは早くもブームとなった。それだけではない。日本にプロレスが定着し、今日に至るまでの、そして今後も続くであろう「大河ドラマ」がここから始まったのである。

繰り返しになるが、このシャープ兄弟の来日はアメリカのプロレス業界から見れば、同業者組合であるNWAの西のフロンティアがハワイから日本に延びたということだ。ビジネス用語で言えば、NWAの「市場拡大策」である。

力道山が第二次武者修行を終えたのは旗揚げ戦の12日前、54年2月7日。それに先立つこと約2週間前、1月22日に後援する毎日新聞社事業部が同紙に社告を出した。

毎日新聞は1月29日付の記事でもプロレスのルールなどについて詳しく解説する記事を掲載している。そして当日、蔵前国技館でのシリーズ初日を迎えた。

シャープ兄弟との対戦を前に、力道山と木村政彦は公開練習を行った。2人とも表情の作り方がわざとらしく、キャリアの浅さを感じさせる。

この日から蔵前３連戦で始まった日本プロレスの旗揚げシリーズは、初日の入りは６〜７割だったものの、２日目、３日目は館内が満員に膨れ上がった。初日の中継を街頭テレビで見た人々が押し寄せたこともあるが、２日目が土曜日、３日目が日曜日というのも大きい。

初日のメインイベント、力道山＆木村政彦vsシャープ兄弟は61分３本勝負で行われ、１―１から時間切れ引き分けに終わる。３本勝負だったのは、アメリカのメインイベントのルールを踏襲した形だ。前年に行われた山口利夫や木村政彦のプロレス興行は１本勝負である。この辺りは柔道出身者らしい。

シャープ兄弟といえば、反射的に出てくる言葉は「街頭テレビ」である。蔵前３連戦では、以下のようにテレビ中継が行われた。当時のプロレス中継はまだレギュラー放映ではなく、単発放映である。

19日：日本テレビ、ＮＨＫ東京
20日：日本テレビ
21日：日本テレビ、ＮＨＫ東京

力道山とシャープ兄弟のプロレスを見ようと、新橋駅前や上野公園に設置された街頭テレビを目掛けて万単位の群衆が押し寄せた。これはプロレス史ではなく、日本史レベルの出来事である。もちろん、新橋や上野だけではない。電波が届く範囲の日本列島津々浦々で、同じ光景がコピーされた。

日本テレビは53年8月の放送開始から、正力松太郎社長の発案により自らの費用でチャンネルを日本テレビに固定した街頭テレビを設置していた。

同年10月27日に白井義雄がテリー・アレンを降したプロボクシング世界フライ級戦の中継はどの街頭テレビの前も「超満員」で、『ボクシングガゼット』誌は１００万人が見たと見積もり、これが限界かと思われた。しかし、プロレス中継はこの限界を超えた。

プロレス評論の草分けである田鶴浜弘が主宰していた雑誌『月刊ファイト』55年2月号に、「プロレス人気の蔭に―ＮＴＶ街頭テレビと共に―」とのタイトルで掲載された日本テレビ事業部の大森茂の証言を引用する。

プロレスのフタを明けてみると物凄い人気が日、一日と昂まって「プロレスは面白いゾ」という声が巷を次から次へと伝わり、（こういうことは実に早いものである）わざわざ汽車や電車で見に来る人さえ増え、折柄の寒さにもかかわらず余程前から出掛けて街頭テレビの前へ場所をとらねば見えないという盛況になった。

特に三日目の太平洋タイトルマッチ（引用者註＝正しくは世界タッ

日本プロレス旗揚げシリーズの３戦目、2月21日のテレビ中継の広告。明治乳業・明治製菓の提供で、まだまだ牛乳が贅沢品だった時代である。

グタイトルマッチ）の日は日曜の昼であったので人気は最高潮に達した感があった。街頭テレビは昼は周囲が明るい為、夜間に比べて遠くから見えないという欠点があるのでいささか心配していたが、全く同日は予想外の大人気だった。

木村政彦は力道山の「引き立て役」だったのか？

大阪２連戦初日の２月26日、力道山＆山口利夫がシャープ兄弟をノンタイトル戦で破った。この結果と大阪に全日本プロレス協会の本部があることとの関連性は、説明するまでもないだろう。

２日目はＮＨＫ大阪が中継している。この日はＮＨＫ大阪が本放送に入る３月１日の２日前であり、まだ試験放送中だ。放映エリアは、全日本プロレス協会の中継時は大

力道山が空手チョップを繰り出すたびに、日本の社会に「プロレス」という楔が打ち込まれていった。写真の相手はベン・シャープ。

阪から静岡までだった。東京の新聞の縮刷版を見ると、この日はＮＨＫでプロレス中継があり、都内まで届いたことになる。

３月６日、日本プロレス一行は東京に戻ってきた。再び『月刊ファイト』55年２月号の記事を見てみよう。


三日間の中継が終ってホッとする間もなく、三月六日に再度同じ顔触れの試合が中継された。今度は前から覚悟はきめていたが、前回に倍する大観衆が殺到し、テレビを店頭に出したラジオ屋さんで、ラジオのキャビネットや電気洗濯機が踏み潰されたり、屋根にのぼって街頭テレビを見ていた人たちが力を入れすぎて庇を踏み抜いたりするという騒動がいたる所で起り、私たちの肝を冷すということになった。

おかげで、方々の警察へ出頭して散々脂をしぼられ思いがけない仕事が出来たものだと悲鳴をあげたものである。


ところで、この年の秋に木村政彦が力道山に挑戦状を叩きつけた際、「力道山ばかりいいところを見せ、自分は引き立て役だった」とまくし立てた。しかし、これは力道山との対戦を盛り上げるための演出だと私は判断している。だが、それをもって木村が力道山の引き立て役ではなかったことの証明にはならない。実際のところ、どうだったのか。

そもそも、なぜ木村は日本プロレス旗揚げシリーズに参戦したのか。理由は、日本プロレスの選手層が興行的に厳しいと思えるほど薄かったからである。

この段階で、プロレス経験がある選手は力道山以外に遠藤幸吉しかいない。したがって、力道山が第二次武者修行でアメリカにいるうちから永田貞雄は木村だけではなく、山口利夫とも出場交渉を行った。

確かに旗揚げシリーズ中の力道山＆木村vsシャープ兄弟の結果を見ると、３本勝負で力道山がフォールを取り、木村がフォールを奪われるケースがほとんどだ。

３月１日の岐阜市民センターは、この年の11月に木村が旗揚げする国際プロレス団の代表・立ノ海の出身地である。そんなこともあってか、この日は力道山がセミファイナルに回った。メインのカードは、木村＆遠藤vsシャープ兄弟である。

結果は、０－２で日本側のストレート負けだった。内容を見ると、２本とも遠藤が取られている。私は木村が試合で何もさせてもらえなかった光景が目に浮かぶ。確かにエグいマッチメークである。

「木村は力道山の引き立て役だった」

結論として、これは間違っていない。

しかしである。ここが重要なところだが、プロレス界の常識に照らし合わせて、これは非難するようなことでも何でもない。なぜなら、このシリーズのブッカーは力道山で、それを補佐するサブブッカーが力道山のコーチでレフェリー兼レスラーの沖識名だったからである。

ブッカーの仕事には当然、日々のマッチメークも含まれる。大会をどう運営していくかはブッカーの権限だ。そして、このシリーズで「ブッカー・力道山」は「レスラー・力道山」を最大限に売った。

そんなことはアメリカで武者修行をした木村もわかっていたはずで、前もってマッチメークに関する自分の希望・条件を日本プロレス側に約束させるなり、嫌なら嫌でシリーズに出ないか、タブーを承知でマッチメークを破るしかない。

しかし、木村は永田貞雄と約束していた1試合＝10万円のファイトマネーを放棄してまで、そのような行為に出ていない。裏で試合に出ないと駄々をこねたり、力道山に文句を言ったとされるが、それが木村のレスラーとしての限界であった。

旗揚げシリーズは本当に盛況だったのか？

シリーズの各大会のメインイベントは蔵前3連戦の2日目（力道山vsベン・シャープ）を除いて、すべてタッグマッチだった。このタッグマッチを旗揚げシリーズ成功の要因に挙げる分析は多い。シャープ兄弟来日前夜、世間にインプットされていたのは「レスリング」、「プロレス」という単語だけである。しかし、ほとんどの人間が動画ではレスリングを見ていない。何も予備知識がない人々にとって、タッグマッチのインパクトは強かったのではないか。

疲れたり、不利になったらパートナーと交代できる。反則ではあるが、2人がかりの攻撃もある（これが観客をエキサイトさせる）。

プロレス流に言えば、相撲も、柔道も、剣道も日本で格闘技はすべてシングルマッチだった。力道山は、そこに目をつけた。

タッグマッチは、スポーツ的なゲーム性が強い。このゲームの面白さは実力が低くても、ルールの活用によって時に勝利があり得る意外性も持ち合わせている。さらに疲れたら休めるので、試合が止まらない。

シングルマッチにしても、それはそれで面白いが、相撲でも、柔道でも、剣道でもいつでも見られる。この時代にプロレスが受けたのは、人々の心が敗戦により打ちひしがれていただけではないだろう。

この盛況を作り出した最大の功労者は、浪曲興行の世界では泣く子も黙る日本プロレス協会常務理事・永田貞雄である。

永田は、これに先立つ大相撲の１月場所で大量のビラを撒いている。これは日本相撲協会の承諾があったということだ。なるほど、日本相撲協会の出羽海理事長は日本プロレス協会の役員に就いている。

旗揚げシリーズの準備期間中、力道山はアメリカ武者修行で不在だった。テレビ放映を勝ち取ったのも力道山ではなく、新田新作をはじめとする役員だった。新聞に手を回し、記事にさせたのも彼らだ。

ところで、興行の世界には「手打ち」と「売り」という言葉がある。

「手打ち」とは団体が自ら会場を押さえ、切符を売って興行を打つことを言う。当然ながら、収益は団体の総取りとなる。

「売り」は団体が興行の中身（試合）を提供するのみで、会場を押さえたり、切符の販売は興行師が行う。興行師は団体に「荷物料」を支払い、売上げからそれらコストを差し引いた額が利益となる。

この旗揚げシリーズで日本プロレスの興行面を請け負ったのは、永田貞雄の日新プロダクションだった。この年、永田を通じて日本プロレスの興行を買った興行師に福岡市の古池慶輔がいる。なべおさみ著『昭和疾風録 興行と芸能』によると、古池は自ら赤字を背負って招待券をばら撒き、「満員」を演出したという。

この赤字は、「近い将来に回収できる」という確信があったゆえのことだ。おそらく、旗揚げシリーズに関しては他の地方の興行師も似たり寄ったりだったのかもしれない。

しかし、これは海千山千の興行師たちが永田を、そして力道山の将来を信頼していたということにもなる。それは実際に大きな配当となって後に戻ってきた。

なぜ力道山はシャープ兄弟を招聘したのか？

この時、シャープ兄弟を日本に送り込んだのはサンフランシスコ地区のプロモーター、ジョー・マルセウィッツである。

シャープ兄弟は、サンフランシスコ版NWA世界タッグ王者のまま、前年秋の中西部&東部遠征においてシカゴ版NWA世界タッグ選手権も奪取し、暮れのサンフランシスコ地区帰還にあたって無敗のまま返上している。したがって、この段階では「世界一のタッグ王者」だった。

また、同じく旗揚げシリーズに参加したボビー・ブランズはその前後にハワイにいたものの、当地のプロモーターのアル・カラシックが彼を日本に送り込んだという確証はない。というのは、ブランズ自身がカラシックよりも力道山の方と親しく、２人の個人的な関係で来日した可能性が強いからだ。

マルセウィッツ、カラシックはいずれもＮＷＡ会員のため、シャープ兄弟らを「ＮＷＡが送り込んだレスラー」とする見解が多々見受けられるが、これは違う。ＮＷＡはプロモーターの同業者組合であり、実際にレスラーを送り込むことができるのは各地区のプロモーターたちだ。

日本プロレスの旗揚げが山口、木村に比べて遅れたのは、力道山が招聘を絶対条件として考えていたシャープ兄弟のスケジュールがなかなか取れなかったからである。

山口と木村はサンフランシスコ地区でシャープ兄弟と対戦していながら、彼らを呼んで興行を開催するという展開にはならなかった。

これを山口、木村の手抜きと断定するのは早過ぎる。というのは、外国人の一流タレントの来日は当時、芸能界でも前年の暮れにやっとジャズのルイ・アームストロングを呼べたという状況だった。

この時期は、外国人タレントを呼ぶにも使えるドルに限度額がある。仮に大量のドルを持っていたとしても、使い方を誤ると法律違反になってしまう。それゆえ、呼ぶという発想にならないのが普通だった。つまり、山口や木村のやり方がスタンダードだったのだ。

力道山は海外で得たファイトマネーをアメリカにプールしておいて、招聘した外国人レスラーのファイトマネーは彼らの帰国後にそこから支払った。もちろん、外国人レスラーがそれを承諾したのはアメリカのプロモーターの保証があったからだ。ジョー・マルセウィッツの顔が思い浮かぶ。しかし、それで足りたわけではない。

後のことになるが、57年のルー・テーズ初来日に際しては後援した毎日新聞社に割り当てられていたドルを用いた。その際の違法行為（駐留軍向けのチケットが、ご法度のドル建てだった）は、「日本のため」ということで自民党副総裁の大野伴睦（後の日本プロレスリングコミッショナー）がもみ消した。プロレスの成功には、そういった灰色がかったことも含めて支援グループの存在があったのだ。

もうひとつ、ここに見えるのは力道山の「本物」へのこだわりだ。どこまで意識的だったかはわからないが、戦前にベーブ・ルースを、戦後にルー・ゲーリッグを呼んだ日本のプロ野球界を真似たのだろう。力道山は、以後もアメリカから一流レスラーを呼び続けた。

一方、アメリカ側も市場拡大策としてレスラーを派遣したい。それは日本のプロレスがアメリカのテリトリー制の中で、一流

1954年3月9日、日本プロレス旗揚げシリーズ最終戦のチケット。「送別」されるシャープ兄弟が空手チョップでメッタ打ちにされる場面を見ようと蔵前国技館に観客が殺到した。

のテリトリーとなっていく端緒でもあった。

力道山が呼んだシャープ兄弟は、確かに一流レスラーだった。しかし、シャープ兄弟が凄いのではない。力道山のシャープ兄弟を呼ぶという発想、そして実際に呼んだ実行力が凄いのである。

【第９章　注釈】

１　石黒敬七＝記事では「トルコ警察の柔道師範をしたことのある柔道八段トンチ教室石黒敬七旦那」と説明されている。石黒は戦前にヨーロッパを放浪した際に、現地でプロのリングにも上がっている。

第10章　日本のプロレス創成期を支えた顔役

１９５４年、シャープ兄弟来日の熱狂の余波は続いた。

山口利夫の全日本プロレス協会の様子を追えば、それは日本プロレスの合わせ鏡である。

そして、秋も深まる頃、このプロレス人気に便乗しようとアメリカから女子プロレスラー、ミルドレッド・バークが弟子たちを連れてやって来る。

■全日本プロレス協会
《期間》
54年４月14日〜５月４日
《コース》
４月14日　大阪・大阪府立体育会館
４月15日　大阪・大阪府立体育会館
４月16日　大阪・大阪府立体育会館
４月18日　徳島・徳島体育館

4月20日　愛知・名古屋金山体育館
4月21日　愛知・名古屋金山体育館
4月23日　東京・蔵前国技館
4月24日　東京・蔵前国技館
4月25日　東京・蔵前国技館
4月29日　兵庫・姫路グラウンド
5月2日　京都・京都アイスパレス
5月4日　兵庫・西宮球場

《出場選手》
山口利夫、清美川、長沢日一、戸田武雄、市川登、木村政彦、立ノ海、大坪清隆、ブルドッグ・ブッチャー、ジャック・ベーカー、ストラングラー・オルソン、フランク・グレン、H・オストン、トミー・ジェミングス、ロッキー・ジャケット、J・ユシフ、H・スミス、キラー・マイク・ユシフ、ヘンリー・ジャニー

これより前、全日本プロレス協会は3月14日～16日に蔵前国技館、3月23日～25日に大阪府立体育会館で興行を打つと新聞で発表した。しかし、試合結果などの報道はない。おそらく、これは延期となり、その結果が4月14日に始まるこのシリーズなのだろう。

1954年4月に開幕した全日本プロレス協会の全国ツアーのパンフレット。しかし、この表紙で観客は「血沸き肉躍る」のであろうか。

大阪府立体育会館3連戦を皮切りに、最終戦の5月4日の西宮球場まで山口利夫らは全12戦のシリーズを敢行した。ただし、2月～3月のシャープ兄弟を迎えた日本プロレスに比べて、マスコミの注目度は低かった。初日の観衆は5000人である。

初日のメインイベントは木村政彦vsブルドッグ・ブッチャーの60分3本勝負で、2－1で木村が勝利。ただし、3本目は反則決着だった。セミファイナルは山口利夫vsフランク・グレンの45分3本勝負で、山口がストレートで勝利した。

すでに述べてきた通り、外国人陣営は在日米兵や柔拳ボクサーの残党である。3日目となる4月16日の興行は、NHK大阪により1時間枠で中継された。

注目すべき点が3つある。まずは木村が参戦していることだ。木村の国際プロレ

全日本プロレス協会のパンフレットに掲載された会長・松山庄次郎（酒梅組組長）の挨拶文。「反社会的組織」が社会に浸透していた時代だった。

1954年4月23日～25日に開催された全日本プロレス協会の蔵前国技館3連戦のパンフレット。日本プロレス旗揚げシリーズが「世界選手権争奪」だったのに対し、こちらは「日本対駐日米軍」が売り物だった。

全日本プロレス協会役員一覧

会長	松山庄次郎	酒梅組組長
顧問	小西寅松	自由党代議士
理事	石田郁三	倭奈良組組長
理事	西川万太郎	西川組組長
理事	勝間芳次	平錦組組長
理事	田岡一雄	山口組組長
理事	永田熊吉	土井組組長
相談役	石川弥太郎	小緑組組長
相談役	本多仁介	本多会会長

ス団はまだ旗揚げされていないので、この段階では「フリー」であったと解釈すべきだろう。

次に力道山が参戦していないことである。興行の世界は持ちつ持たれつで、日本プロレスの旗揚げシリーズには山口が出場した。ならば、お返しで力道山がこちらに出てもおかしくはない。

実際、山口側からの参戦要請はあった。しかし、力道山は断った。そこでレフェリーでの参加を要請されたが、やはりこれも断っている。マッチメーク権は主催者の山口側にあって、自分にはない。たとえレフェリーであっても呼ばれた以上は、ある程度のことは我慢しなければならない。だから、ノコノコ出て行かないのだ。

もうひとつは、全日本プロレス協会の役員が発表されたことである（別掲の表）。

力道山の日本プロレス協会の役員と比較願いたい。こちらは「組長」がやたらと多い。唯一の例外と思われる自由党（翌55年の保守合同で自由民主党となる）の衆議院議員・小西寅松も大阪で土建業・寅林組を経営していた。前歴は前科十数犯の博徒である。

同じ「組」という字を用いていても、酒梅組、倭奈良組、土井組は博徒組織、小緑組、本多会、西川組、平錦組は建設会社だ。また、山口組はそもそもが人夫供給業であった。

職種は異なるのに、なぜ多くの組織は「〇〇組」を名乗るのだろうか。そこに共通点はあるのか。色々と資料をあたったが、納得がいく回答を見つけられなかった。視点を変えて、私は「組」という漢字、それ自体を調べてみた。

白川静著『字訓』には、「互いに交叉する。交叉してつづけることをいう」とある。ここに「組」が糸編の漢字であることの答えがある。つまり、細い糸を撚って太くしていくイメージなのだ。

建設会社の社名に「〇〇組」が多いのは、大工や鳶たちが一棟梁単位でまとめられて、「組」と名乗ったところに由来するようだ。

では、ヤクザの場合はどうなのであろうか。「棟梁」を「親分」に言い換えれば、説明できるように思う。要は火消しの「め組」などのようなものが多く発生した江戸時代に、「組」という漢字はバラバラだった人々をまとめるイメージとして共有されていたのだろう。

これをもって、日本プロレスの方が全日本プロレス協会に比べてクリーンだと言いたいのではない。日本プロレスにしても新田新作は建設会社・新田建設の社長だが、つい最近までは「新田組」を名乗っていた。かつては新田自身が博徒である。

しかしながら、「組」が多かった点で全日本プロレス協会役員の方が前近代性を残していたということは言える。

「プロレス」と「ヤクザ」が繋がった背景

ここで日本における興行とヤクザの関係史を私なりにラフスケッチしてみたい。

プロレスはイコール興行であり、かつて興行にはヤクザが付きものと言われた。しかし、これではわかったような、わからないような物言いである。「暴力団」や「反社会的勢力」という言葉だけで、どこかわかったような気になるが、やはり何もわからない。ヤクザとは「組織を形成して暴力を背景に職業的に犯罪活動に従事し、収入を得ている」、この辺りが定義としてスタンダードなところだろう。

ヤクザの発生は、江戸時代である。いわゆるヤクザは、博徒集団とテキ屋集団に分けられる。これらは襲名披露などにおいて前者が天照大神を、後者が神農黄帝を祀る点からしてルーツを異にする。明治以降に近代化された日本では、法律が人々を支配した。しかし、それ以前から日本には幕府や藩による様々な統制令以外に、寺社を中心に人々を縛る体系が自然とできてきた。「不法地帯」、「無法者」という言葉がある。ヤクザというシステムは憲法、民法、刑法などの法体系とは別の、もうひとつの法体系である。

相撲や芝居の興行は、「勧進」がその始まりだった。勧進とは寺社の建立、橋や道路の整備のために費用を集めることで、勧進興行とはこれを目的で催した興行のことを言う。

江戸時代、相撲や芝居の興行を打つには「勧進」という名目が必要だった。相撲、芝居（江戸時代においては歌舞伎）が興行として成立していく江戸時代の初期（1600年代後半）、勧進興行は弾左衛門《だんざえもん》（世襲の職名のようなもので、明治初期まで続いた）を頭領の座に置く穢多《えた》の支配下にあった。

時代が進むにつれて「勧進」は建前となり、勧進興行は「興行」と同義となった。当時、興行は幕藩体制が前提としている「産業＝士農工商」の範囲外である。

1700年代は、相撲や芝居の勧進権、興行権が弾左衛門の手から離れていく100年間であった。

では、穢多が興行の世界から追放された後に、どんな勢力が入り込んできたのか。高埜利彦著『相撲』には、次のようにある。

地方で相撲興行をおこなえる者は、江戸の相撲年寄たちの許可が必要であり、両者の関係は密接になっていった。年寄側からは、地方巡業の地元の担い手となるものを、門弟・相撲世話人・相撲目代に任命し、地域的な組織化をはかっていった。

たとえば下総国海上郡飯岡村（千葉県旭市）の飯岡助五郎は、天保十一年（一八四〇）に相撲世話人の免状を受けたが、飯岡助五郎は博徒であるとともに関東取締出役の道先案内を勤める十手持ちであった。このような地域で相撲興行を主催する人物の存在は、近代・現代においても姿を変えて存続していた。

ところで、縄張りを意味する符牒（隠語）は博徒とテキヤでは異なる。前者は「シマ」、後者は「ニワ場」と呼ぶ。符牒の存在は、彼らが縄張り意識が強いことの裏返しだ。

プロレス興行でも芸能興行でも縄張りを侵した、あるいは挨拶がないといったトラブルは昭和時代には絶えなかった。挨拶なしに縄張り内で賭場を開くこと（これにも「興行」という言い方がある）や「タカモノ＝見世物興行」を打つと、そこに必ず揉め事が発生する。

しかし、山口利夫率いる全日本プロレス協会の役員にテキ屋はいない。

考えてみれば、テキ屋は祭礼ごとに全国を漂泊する零細商業集団にしか過ぎない。江戸時代後期から「勧進」が建前となって大規模化していく興行に対応できずに片隅に追いやられたとも考えられるが、相撲年寄や芝居関係者に掛け合うには、そもそも組織が小規模過ぎたのかもしれない。

明治になって始まった日本の資本主義は港湾や工事現場、新興の大工場などに臨時工（彼らは流れ者、場合によってはお尋ね者であることが多い）を集め、監督する組織を必要とした。

ここに入り込んだのが人夫供給系ヤクザだ。彼らは臨時工に日雇や短期の仕事を斡旋する。一日の仕事が終わり、夜になればチンチロリンが始まる。サイコロ賭博だ。ここも人夫供給系ヤクザの活躍の場所となった。世間では荒くれ者だった臨時工を抑える手段として、暴力も行使した。

彼らは博徒出身者も多いため、寺銭（場所代）を取るのは容易なことだ。つまり、賭博のトラブルの解決方法を知っている。こうして臨時工の上にヤクザが君臨し、昼の稼ぎは夜に吸い取られる。

彼らをシノギの対象とした山口春吉が山口組を創設するのは、１９１５年（大正４年）のことであった。創設後は人夫供給だけでなく、浪曲興行にも進出する。ヤクザと興行の関係が見えてくるのは、この辺りからだ。折しも、芸能界では、この3年前に吉本興業が創業していた。

全日本プロレス協会役員の田岡一雄は、山口組3代目組長である。「山口組」という固有名詞のインパクトが強過ぎるため、ややもすると思考停止に陥ってしまうが、そこをグッととらえてプロレスの一地方プロモーターとして田岡一雄を捉え直してみたい。

敗戦間もない46年、田岡は山口組3代目組長を襲名した。

田岡は港湾の人夫供給に加えて、闇市からの外国人（朝鮮人、韓国人、台湾人）の排除、港湾ストライキから資本家を守るいわゆるスト破り、そして芸能系の興行の仕切りなどにより組織を大きくしていく。

雑誌『眞相』49年8集（特集版）の記事「ヤクザ興行師の生態」には、興行部を持つ組織として山口組、酒梅組の名が上がっている。田岡は先代から引き継いで、芸能界の仕事も手がけていた。芸人にとって興行を打つ上でのリスクは地回りのヤクザからの嫌がらせ、不良興行師による約束の不履行や売上げの持ち逃げである。

しかし、山口組を通せば、守ってくれる。安心して、演し物を披露できる。興行運営の秩序維持上、田岡は必要とされ、信頼度は上がっていった。

田岡が芸能界で泣く子も黙る存在となる事件は、2つあった。53年1月の「鶴田浩二襲撃事件」(注1)と55年4月の「民放連事件」(注2)である。田岡の名が全日本プロレス協会の役員として発表されたのは、その間の54年4月であった。

「田岡は力道山と美空ひばりを押さえていたため日本の興行界のドンとなった」

全日本プロレス協会理事にして山口組３代目組長の田岡一雄。「反社」云々を棚上げして様々な証言を総合すると、かなりの人格者だったようである（写真提供：共同通信社）。

これは正しいのだが、力道山に関しては「57年以降は」という但し書きが必要である。日本にプロレスが輸入された54年の段階では力道山は日本プロレス、田岡は全日本プロレス協会だ。田岡が日本プロレスの興行を手掛ける（関西よりも西の興行に関わる）ようになったのがいつかは不明だが、おそらく全日本プロレス協会が崩壊した56年以後だろう。

力道山が日本プロレスの社長の座に就いたのは、永田貞雄が団体を去ったからである。ちょうど57年秋にルー・テーズが来た頃だ。

田岡が力道山と美空ひばりを両輪に地方の興行ヤクザを糾合していくのは、山口組の勢力拡大と同時進行であった。

では、女子プロレスはどうだったのか。その時代を知る猪狩定子に訊いてみた。所属する全日本女子レスリング倶楽部の清水忠会長もそっち系統の人脈が強かったようで、会話の中には任侠界の有名人が登場する。

「田岡さん、いい男でね。紳士でした。神戸に行った時に車が用意されていて、会場に着いて降りたら、黒服の男の人たちが何人もいて、整列して一人一人が私たちに〝お姐様方、ご苦労さんです〟って。恐縮しちゃったわよ」

続いて、新宿の愚連隊の親分だった万年東一。前述のように、55年に万年は全日本女子プロレス協会を立ち上げた。

「万年さんは新宿で喫茶店もやっていらっしゃいまして、自分のところの女子レスラーをウェイトレスに使っていたんです。その一人を引き取ってくれという話がウチに来ました。ところが、その子はヒロポンをやっていたんですよ。目つきとか喋り方を見て、何か変だなと。だから、丁寧にお断りしました」

続いて万年と同様、55年に東京ユニバーサル女子プロレスリング団を同じ旗揚げした藤田卯一郎。53年に木村政彦が北海道ツアーを行った際、その興行を手がけた上萬一家の親分だったのが藤田である。

「藤田さんも女子プロレスを始めて、浅草公会堂での興行の助っ人をしたこともあります。新聞なんかに試合の結果は出ていませんよ。練習を見てくれと言われて道場に行ったんですが、教え方がなっていませんでした。本当に、あれでは選手が可哀想です」

最後は安藤昇。安藤組を組織し、解散後は俳優として活躍した。配下の花形敬が力道山暗殺を企てたのは知る人ぞ知るエピソードである。

「安藤昇さんは、礼儀正しい方でしたね。本当に良くしてくださいました。渋谷で仕事があると、その後は一席用意してくださいました」

「日本初の暴動事件」と「美空ひばり」

話を54年に戻そう。力道山の日本プロレス旗揚げ第2弾シリーズは、シャープ兄弟が来日した旗揚げシリーズに比べて語られることが少ない。しかし、このシリーズは営業的に旗揚げシリーズ以上の大成功に終わった。

しかも、木村政彦や山口利夫の力を借りなかった。これが力道山に大きな自信を与えたことは容易に想像できる。また、それにより強気になった力道山にとって、2人は目障りな商売仇に見えるようになっていく。

■日本プロレス
《期間》
54年8月6日～9月29日
《コース》
8月6日　東京・東京体育館
8月7日　東京・東京体育館
8月8日　東京・東京体育館
8月10日　北海道・札幌中島スポーツセンター

8月11日　北海道・札幌中島スポーツセンター
8月12日　北海道・札幌中島スポーツセンター
8月13日　北海道・旭川市民センター
8月15日　青森・弘前市相撲場
8月16日　秋田・秋田スポーツセンター
8月17日　山形・山形県営体育館
8月19日　福島・福島県体育館
8月20日　宮城・県営宮城球場
8月21日　茨城・茨城県営球場
8月22日　栃木・宇都宮常設球場
8月23日　群馬・高崎市城南野球場
8月25日　東京・東京体育館
8月27日　岡山・岡山県球場
8月29日　福岡・平和台球場
8月30日　長崎・佐世保市公会堂
8月31日　長崎・長崎市競輪場
9月1日　大分・大分県営体育館
9月3日　福岡・小倉市体育館

9月4日　広島・広島国泰寺高校グラウンド
9月5日　愛媛・愛媛県営ホール
9月6日　香川・高松市営中央球場
9月8日　大阪・大阪府立体育会館
9月9日　大阪・大阪府立体育会館
9月10日　大阪・大阪府立体育会館
9月11日　兵庫・神戸市王子体育館
9月12日　京都・京都アイスパレス
9月14日　愛知・名古屋市金山体育館
9月15日　愛知・豊橋球場
9月16日　静岡・浜松市営プール
9月19日　神奈川・ルー・ゲーリック・メモリアル・スタジアム
9月20日　千葉・木更津市営球場
9月21日　東京・東京体育館
9月22日　福井・福井市PR野外劇場
9月23日　石川・石川県営兼六園球場
9月24日　富山・富山県営球場
9月27日　新潟・白山野球場

9月28日　東京・立川競輪場
9月29日　山梨・山梨県営飯田町グラウンド

《出場選手》
力道山、遠藤幸吉、駿河海、ユセフ・トルコ、ハロルド登喜、田中米太郎、渡辺貞三、阿部修、卓詒約、金子武雄、宮島富男、芳の里、ハンス・シュナーベル、ルー・ニューマン、ドクター・オルソン、ジミー・グラーグ、ボブ・マンフリー

《タイトルマッチ》
太平洋岸タッグ選手権
※王者のシュナーベル&ニューマンから力道山&遠藤に移動。

シリーズに参加した外国人レスラーは、太平洋岸タッグ王者としてサンフランシスコ地区から送り込まれたハンス・シュナーベル&ルー・ニューマン、在日軍人のドクター・オルソンらである。

ハンス・シュナーベル&ルー・ニューマンを迎えた日本プロレス第2弾シリーズのパンフレット。表紙が招聘する外国人レスラーではなく、「力道山の空手チョップ」に変わったことに注目されたい。

プロレスラーの格をメインイベンター、セミファイナル、中堅、前座と区分した場合、2月に来たシャープ兄弟はアメリカでもメインイベンターだった。一方、シュナーベルはセミファイナル格、ニューマンは中堅といったところである。

これを当時の日本プロレスに当てはめれば、不動の王将が力道山だったことは当然として、遠藤幸吉と大相撲出身の駿河海が飛車角となった。あとは新人ばかりなので中堅は存在せず、すべて前座レスラーである。だが、日本プロレスは短期間で選手数を増やし、今回は他団体から助っ人レスラーを借りずに済んだ。

なお、シュナーベル＆ニューマンが持っていた太平洋岸タッグ王座はそもそもサンフランシスコ地区のタイトルであり、第一次武者修行中の力道山も王座に就いた。しかしながら、この段階での同王者はシャープ兄弟であり、シュナーベル＆ニューマンは偽のチャンピオン、言い方が悪ければ日本版のチャンピオンであった。こういったことは、昔のプロレス界で

ハンス・シュナーベル（左）とルー・ニューマン。三越から提供された彼らの入場コスチュームはガウンなのか、それとも法被なのか？

は日常茶飯事だ。

開幕戦となる8月6日からの東京体育館3連戦のマッチメークを見てみよう。初日はシュナーベル&ニューマンが力道山&駿河海を破る。2日目はメイン、セミともシングルマッチで、力道山がシュナーベルを破ったものの、遠藤幸吉はニューマンに敗れた。これを受けた形で、3日目に力道山&遠藤vsシュナーベル&ニューマンというカードが組まれる。

この3日目、プロレスが始まったばかりの国で起こりがちな事件が生じた。シュナーベル&ニューマンのあまりの「仕事ぶりの良さ」に観客がヒートし、暴動に発展したのである。観客が度を越してエキサイトしてしまうのは、プロレス新興国に共通の現象である。飛んできたサイダーの瓶で怪我をしたのはスポーツニッポンの記者、後藤秀夫（注3）であった。

歌手の美空ひばりは、この夏のシリーズを観戦している。後年、「歌謡界の女王」として君臨したひばりは、この時まだ17歳。しかし、レコードデビューから、すでに5年が経過していた。デビュー当初は天才的な歌の上手さで評価が高かったものの、一方でキワモノ視されている節もあった。それを払拭したのが15歳の時のヒット曲「リンゴ追分」である。

すでに映画にも進出していたひばりは、54年7月に東映と3本＝1000万円という破格の条件で専属契約を結ぶ。契約時には山口組3代目組長の田岡一雄が同席した。プロレス観戦に訪れたのは、その直後ということになる。

ひばりがプロレスファンだったわけではない。これは然るべきルートを通して、「観戦」という仕事をしたのだ。雑誌『平凡』55年2月号では、力道山とひばりの対談が実現している。これを前提

学校の教科書では、テレビの普及は1959年の皇太子ご成婚がきっかけだとされている。それを否定するつもりはないが、そこに力道山と美空ひばり（中央）の名を加えることができないことも、この国の「教科書問題」だろう（写真提供：共同通信社）。

とした会場訪問だったことは間違いない。

翌55年12月、力道山は日活映画『怒涛の男』で自ら主演する。映画のエンディングは力道山のプロレス界での成功を祝うパーティーの場面で、ひばりも登場し、そこに被さるのが彼女によるテーマソング「怒涛の男」であった。

力道山は「プロレス」というアプローチで、日本のショービジネスの頂点に立ったのである。

「もはや戦後ではない」

56年7月に発表された経済白書内のこの一節は、流行語にもなった。しかし、文化的状況を見ると、もはや戦後ではなかったと言える。シャープ兄弟が来た54年の段階で、もはや戦後ではなかったと言える。

野球拳がブームとなったのがこの年である。これは愛媛県由来の小唄を歌い踊りながら、じゃんけんをする遊びだ。

お座敷での芸者遊びを中心に、さらに負けた方が服を脱ぐというローカルルールが爆発的に普及した。キングレコードの若原一郎&照菊、日本コロムビアの久保幸江&高倉敏、日本ビクターの青木はるみがレコードを発売、競作という状況となる。

野球拳とプロレスブームの双方に便乗したのが神楽坂はん子&中島孝の「プロレス拳」である。プロレスにまつわる歌詞で、最後は「ワン、ツー、スリー」でワンフレーズが終わる。この掛け声で「フォール」ということで、芸者さんに覆い被さるようなお座敷遊びを仕掛けたかったのだろう。だが、こちらはヒットしなかった。

まだSPレコードの時代だったためか、いくらプロレスブームでもプロレスラーが歌を吹きこむような時代ではなかった。人気が出ると猫も杓子もレコードを出すようになるのは70年代に入ってからで、大ヒットしたのが女子プロレスの知名度を全国区にしたビューティーペアの「かけめぐる青春」だった。

プロレスが日本で始まった54年、少しでも名が出てきた人物に片っ端から声を掛けていたのが映画産業である。

力道山はシャープ兄弟来日の前年に脇役ではあるが、『薔薇と拳銃』(東映)に出ていたし、木村政彦はプロ柔道時代の50年に『春の潮』(松竹)に山口利夫と共に本人役で出演している。また、力道山は『力道山の鉄腕巨人』(新東宝)、『大学は出たけれど』(松竹)のロケのため、この54年の10月から12月のほとんどを潰すことになる。

彼らだけではない。遠藤幸吉も新東宝の映画『日本の虎』に出演した。封切りは54年9月7日で、同日付（夕刊のため6日発売）の内外タイムスに大々的な広告が掲載されている。

ポイントは、9月7日という封切り日だ。その3日後、遠藤は力道山と組んでハンス・シュナーベル&ルー・ニューマンから太平洋岸タッグ選手権を奪取する。遠藤にとって初の戴冠は、見方を変えればタイアップだ。

太平洋岸タッグ王座を獲得した力道山＆遠藤幸吉。この写真を見ると、遠藤はスターになる素養は十分にあったように思える。しかし、二番手に徹しすぎたのか…。

1954年9月21日、日本プロレスの東京体育館大会の広告。メインでは力道山＆遠藤幸吉の太平洋岸タッグ初防衛戦が行われた。

シリーズは、すでに8月6日に開幕している。ということは、この映画の少なくとも遠藤出演の場面のロケはシリーズ開幕以前に終わっていたことになる。

このシリーズはシャープ兄弟の時とは異なり、木村、山口に助っ人要請をしていない。遠藤の映画出演が決まった時期はシリーズ開幕よりずっと前であり、ボクシング記者の郡司信夫が著した『力道山・遠藤幸吉：プロ・レス王者』がこの年に出版されていることを見ても、日本プロレスは遠藤を団体のナンバー2にしようと育成を始めていたのだ。

なぜ日本のプロレスは「シリーズ」が組まれるのか？

プロレス用語としての「シリーズ」とは、外国人レスラーも含めて同じメンバーでほぼ連日、全国を回る一連のサーキットのことを言う。これは現在も新日本プロレスなど日本のメジャー団体に継承されている。

さて、54年の日本プロレスはいくらロケットスタートを切ることができたとはいえ、年間で見ると2シリーズしか開催していない。これは始まったばかりなので仕方がないだろう。

これが15年後の69年となると、この頃が日本プロレスの全盛時なのだが、シリーズ数は年間で「8」。いずれも期間は5週間前後で、シリーズとシリーズの間に1～2週間のオフがある。

これに対して、当時のアメリカは曜日を決めて週単位でテリトリー内の都市を回っていくため長いオフがない。レスラーにとって、休日は試合が組まれなかった平日と原則として興行が打たれない日曜日、そしてクリスマス期間だけである。これはテリトリー制が崩壊する80年代の半ばまで続く。

なぜ日本に「シリーズ」というシステムができたのだろうか。その答えは、誰が巡業のコースを切ったのかを考えれば明らかだ。日本プロレス協会役員で日新プロダクションの社長、永田貞雄である。

これは永田が浪曲の世界で確立した大御所による全国ツアーのシステムをそのまま適用したからだ。この方法のメリットは、永田が持つ地方興行師とのコネクションがそのまま使えるという点にある。

これより少し後、57年から58年春に2つのプロレス中継が存在した。金曜日に大阪で収録して生中継される大阪テレビ『OTVプロレスアワー』、土曜日に東京で収録して生中継される日本テレビ『ファイトメンアワー』である。前者は東京で、後者は大阪では見ることができなかった。

この2つのテレビ番組の企画は永田ではなく、力道山の主導である。力道山はレフェリーや解説を務めることが多く、番組内ではあまり試合をしなかった。その代わり、番組のスターだったのが吉村道明である。

吉村道明に、山口利夫率いる全日本プロレス協会の出身である。デビューから3年後、1957年に日本プロレスに移籍した。

アメリカでも力道山がサンフランシスコ地区で修行していた50年代前半、例えばシカゴからの中継の場合、毎回番組に出てくるのは大関格のバーン・ガニアであり、横綱にあたるNWA世界ヘビー級王者ルー・テーズは全米をサーキットするため滅多に出てこない。

力道山は自分をテーズに、吉村をガニアになぞらえていたのだろう。曜日を決めて同じ都市で興行を打つという点で、これは力道山の頭の中にアメリカ的なテリトリー制があったからこその企画だったと私は見る。

しかし、58年秋に金曜夜8時のレギュラー中継を獲得するにあたって、元の「シリーズ」システムでの巡業に戻した。浪曲以来のこのシステムが日本の風土に合っていたということか。

以後、テレビ中継でも毎回、力道山自らがメインを取った。東京で開幕し、翌週以降は地方会場からの中継で盛り上げ、最終戦の大会場でタイトルマッチを行い、これもまたテレビで中継する。

シリーズとテレビが連動するこのシステムは、確立されるまでに色々な試行錯誤があったのである。

全日本プロレス協会が「女子部」を創設

■全日本プロレス協会
《期間》
54年9月25日〜26日

《コース》
大阪・扇町プール
《出場選手》
山口利夫、清美川、長沢日一、戸田武雄、市川登、吉村道明、大坪清隆、山崎次郎、ロッキー・ジャケット、ジム・グラッシュ、クローレンス・コック、ヘンリー・トラビス（注4）、チャールズ・ニッセン、タイガー・オーストン、タニー・エワーズ、ヘンリー・ジャニー、タムエス・ゼノウラ、アスカー・バンガリー

この興行が「日米土対抗水中プロレス」と銘打たれたのは、日本・アメリカ・トルコ（土耳古）対抗の2デイズ大阪府知事杯争奪タッグトーナメントがプールの中央に設置されたリングで行われたからだ。

2日目は水を張った状態でリングが組まれ、全試合ではないだろうが、場外転落でプールにドボン、選手はびしょ濡れという光景もあったという。

これには木村政彦は参加しておらず、初日はNHK大阪が放映した。放映の甲斐があってか、初日は6000人だった観客は、2日目には1万2000人に増えた。

しかし、それよりも重要なのは、記録が残っているのはこの2日間だけで、これがすべてだとす

ると（おそらく、すべてなのだが）、「シリーズ」と呼べる代物ではない点である。同時期に日本プロレスが開催していたハンス・シュナーベル＆ルー・ニューマンを迎えたシリーズと大きく差をつけられている。この差をマーケティング力という視点から分析してみた。まず販売力である。ここには大きな差はなかったと見る。

確かに、日本プロレスには浪曲興行の全国ネットワークを持つ永田貞雄がいた。しかし、全日本プロレス協会にも芸能興行の世界で日の出の勢いだった田岡一雄率いる山口組興行部（後の神戸芸能社）が付いているのだ。

しかし、日本プロレスは全42戦の全国ツアー、一方の全日本プロレス協会は2デイズだ。大阪で行われていた以上、この連日興行は全日本プロレス協会の「手打ち」、山口組＆酒梅組連合軍が手がけたものだろう。逆に言えば、地方の興行師からの「買い」が入らなかった結果である。日本プロレスは2月～3月にシャープ兄弟を迎えた全国ツアーを行い、盛況に終わった。全日本プロレス協会も4月～5月に木村＆山口を看板とした全国ツアーを行っている。これら双方のツアーは地方興行師から見れば、「お試し期間」だったことになる。

ここで合格が出た日本プロレスには「買い」がたくさん入った結果、8月～9月に再度、規模を拡大して全国ツアーを行うことができた。

しかし、不合格だった全日本プロレス協会は「買い」が入らず、2デイズを余儀なくされた。山口組興行部などの販売力があったからこそ全日本プロレス協会は4月～5月に全国ツアーを行えたものの、9月には見向きもされなかったということである。

次に商品力である。この差が大きかったことは言うまでもない。新聞広告では「関西レスリングのナンバーワン」と謳いつつも、商品としての山口利夫はあまりにも弱かった。この一言で終わってしまう。プールでの興行も冬にはできないし、行うにしてもこのような企画が可能なプールは全国にそうはない。

ここで全日本プロレス協会は打開策の一環として日本プロレスにはないメニュー、「女子部」の設置を試みた。

力道山の日本プロレスとは異なる発想である。山口は51年から52年にかけてアメリカで武者修行をしたが、その際に女子プロレスを見てきたことがヒントとなったのか。

これは違う。山口が上がったハワイ、サンフランシスコ地区、ロサンゼルス地区のリングに当時、女子レスラーは登場していない。つまり、山口はアメリカでは普通に行われていた男女混合のプロレス興行を経験していないのだ。これはミルドレッド・バークをはじめとして、当時のアメリカにおいて女子プロレスの本場が中西部だったからである。

全日本プロレス協会女子部のレスラーは、次章で詳述するバーク一行の関西ツアー中にデビューする。この女子部の創設は、東京の猪狩兄妹＝全日本女子レスリング倶楽部に刺激を受けてのことだ。もちろん、理由は興行不振に対するテコ入れである。こうして、全日本プロレス協会はアメリカでスタンダードだった男女混合団体になった。

記録上、初めて全日本プロレス協会で男女混合の大会が行われたのは翌55年3月10日から31日までの沖縄遠征である。この時の女子のカードは、富士絹江と豊島（ファーストネームは不明、沖縄在住）によるプロレスvsボクシングの異種格闘技戦であった。

【第10章　注釈】

1　鶴田浩二襲撃事件＝鶴田の興行を巡り、彼が所属していたプロダクションの社長が田岡一雄に対して無礼があったとして、山口組組員が鶴田の頭部をウイスキーの瓶とレンガで殴った事件。教唆があったとして田岡が指名手配され、自首した際に付き添ったのは永田貞雄であった。

2　民放連事件＝日本民間放送連盟が『十大歌手による民放祭』の出場歌手を葉書で募集したところ、レコード会社やプロダクションによる組織票が多かったため田岡一雄が懇意にしていた三橋美智也が落選した。これに怒った田岡が両国の国際スタジアム（旧・両国国技館）と美空ひばりら人気歌手を押さえ、最終的に同イベントが『二十大歌手による民放祭』として民放連と田岡の共同開催になった事件。

3　後藤秀夫＝後年、元プロボクサーという経歴ゆえ、1976年のアントニオ猪木vsモハメド・アリ戦ではテレビ中継の解説者を務めた。

4　ヘンリー・トラビス＝この選手はロサンゼルスで山口利夫と対戦したという説があるが、裏が取れていない。おそらくハワイで対戦した「テッド・トラビス」と混同され、前記の説が生まれたと思われる。そうであるならば、彼は「テッド・クリスティ」の名で知られるレスラーで、この全日本プロレス協会の大阪2連戦が行われた時はアメリカにいた。
　つまり、別人であり、ヘンリー・トラビスがアメリカから招聘したレスラーという確証はない。

第11章　ミルドレッド・バーク一行の日本ツアー

猪狩兄妹の全日本女子レスリング倶楽部が誕生した日付は特定できない。しかし、54年11月17日付の内外タイムスには「女プロレス・クラブ生る」の見出しと共に、この団体の発進を告げる記事がある。内容は三鷹の道場での独自取材である。

道場は三鷹の自宅に併設した。それまでは青山のレスリング会館や高田馬場のボクシングジムで練習したという。

内外タイムスの記事にあるように、全日本女子レスリング倶楽部の発足はこの時期なのか。猪狩定子の証言とは食い違う。猪狩が言うには、田山勝美を迎えた頃にはすでに存在していた。そして、第7章で触れた前年10月の『日本最大のショウ』には田山も出ている。

話を54年11月に戻せば、この頃には田山に続いて、日劇のダンサーの妹で職がなくブラブラしていた法城寺宏衣、浅草でダンサーを目指していた香取由美、さらには女相撲を辞めた巴靖子とメンバーも増えて全日本女子レスリング倶楽部の陣容が整う。コーチを買って出たのは立川キャンプの軍人でアマレスの経験者、エルマー・ホーキンスだった。

私がここでこだわりたいのは、巴靖子が女相撲出身であるという点だ。猪狩によると、巴は山形から来た。

女相撲には、四国で雨乞いのために女性に相撲を取らせる民俗的行事としてのものと興行的なものがある。ここで言う女相撲とは後者だ。

大正末期の女相撲と無政府主義者を描いた『菊とギロチン』という映画がある。そのホームページによると、女相撲は18世紀の江戸時代から存在し、明治から昭和の戦前にかけてはそれなりに人気があった。

全日本女子レスリング倶楽部関係者の集合写真。前列左からパン猪狩（長男）、ショパン猪狩（五男）、猪狩源太郎（次男）、後列左から藤井重俊（日東紡）、田山勝美、エルマー・ホーキンス、猪狩定子。

しかし、戦後になって急速に衰える。メジャー団体としては、山形に本拠を持つ「石山女相撲」と「平井女相撲」があった。最後の興行は56年、浅草公園劇場で行われた「石山女相撲」だ。女相撲は女子プロレスの聖地・浅草で、女子プロ格闘技の襷を渡したことになる。

男子の場合、力道山をはじめとして大相撲からの転向者が多い。しかし、女子の場合には長年、女相撲との繋がりが確認できていなかった。巴靖子の試合記録は新聞などで発見できないものの、たとえ一人とはいえ、女相撲から女子プロレスへの転向があったことが判明したのである。
ミルドレッド・バーク一行が日本にやって来る前年の毎日新聞53年3月12日付に掲載されたアメリカの女子プロレスを紹介した記事は、日本の女相撲を引き合いに出している。当時、女相撲が世間でどう見られていたかを示す格好の資料だ。ジャンルとして寿命を迎えていたのであろう。以下、引用する。

アメリカの婦人力士は筋骨はたくましいが、日本の女相撲のような格好の悪いものではない。顔もきれいなのが多いので、まず舞台で見るレビュー・ガールと思えば大差はない。(中略) 短いパンツに白い肉体美を露出して試合をする有様は男のファンには大きな魅力(後略)。

猪狩ら全日本女子レスリング倶楽部は「スポーツショー」を続けながら、表舞台に出られる時を目指す。その日が訪れたのがミルドレッド・バーク一行の来日だった。

全日本女子レスリング倶楽部の猪狩定子がデビュー

■『世界女子プロ・レスリング大試合』
《期間》
54年11月19日～26日

《コース》
11月19日　東京・蔵前国技館
11月20日　東京・蔵前国技館
11月21日　東京・蔵前国技館
11月23日　大阪・大阪府立体育会館
11月24日　大阪・大阪府立体育会館
11月25日　兵庫・神戸市立王子体育館
11月26日　京都・京都アイスパレス
※興行を取り仕切ったのは蔵前国技館3連戦が全日本女子レスリング倶楽部、大阪、神戸、京都が全日本プロレス協会。
※11月25日に全日本プロレス協会女子部の堤麗子がデビュー。

《出場選手》
ミルドレッド・バーク、ルース・ボートキャリー、グロリア・バラティーニ、メイ・ヤング、ビバリー・アンダーソン、リタ・マルチネス、猪狩定子（11月25日〜26日は欠場）、田山勝美、法城寺宏衣、橋本雅子、堤麗子

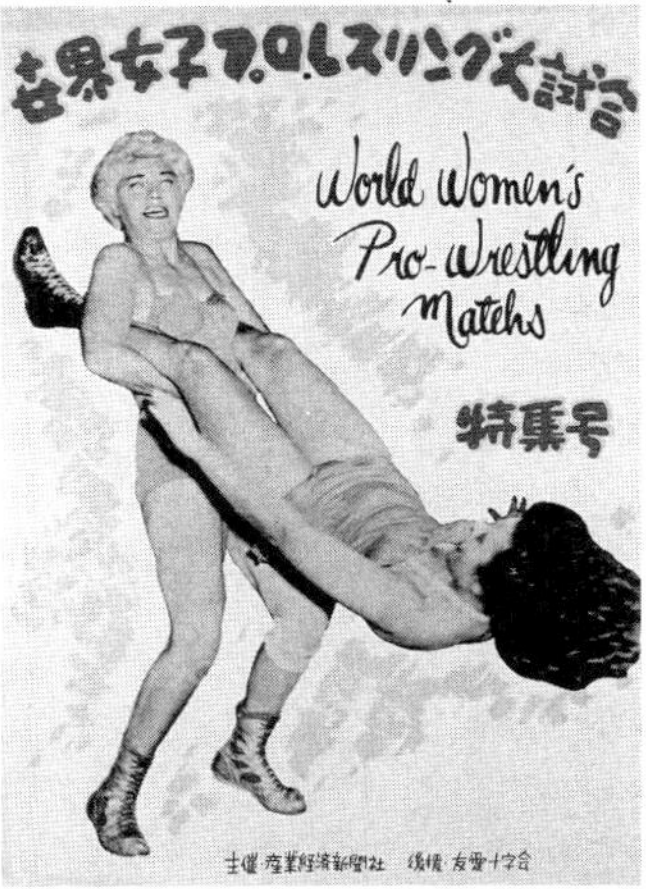

ミルドレッド・バーク一行来日ツアーのパンフレット。このジャイアントスイングに痺れたファンも多かったであろう。

雑誌『小説公園』55年10月号に掲載された石田直人の寄稿によると、このツアーは産経新聞社が「ラビット」なるアメリカ人プロモーターと組んで行ったものである。この「ラビット」とはレオ・リーヴィットなる人物で、彼はジェリー・ズコーと共にバーク一行を日本に送り込んだ。

リーヴィットとズコーは、いずれも「NWA」という文脈からは現れてこないアメリカのプロレス業界外の人物だ。ルー・テーズと親しかった流智美によると、テーズは「このツアーは始まったばかりの日本のマーケットを奪おうと考えていた勢力の市場調査的なものだった」と認識していたという。これがNWAのフレーム内の認識だったのだろう。

出迎える日本側スタッフの中心人物は、木村政彦の側近で柔道新聞主幹の工藤雷介、パン猪狩にキャバレーのフロアから体育館への進出を勧めた日東紡のサラリーマン、藤井重俊であった。

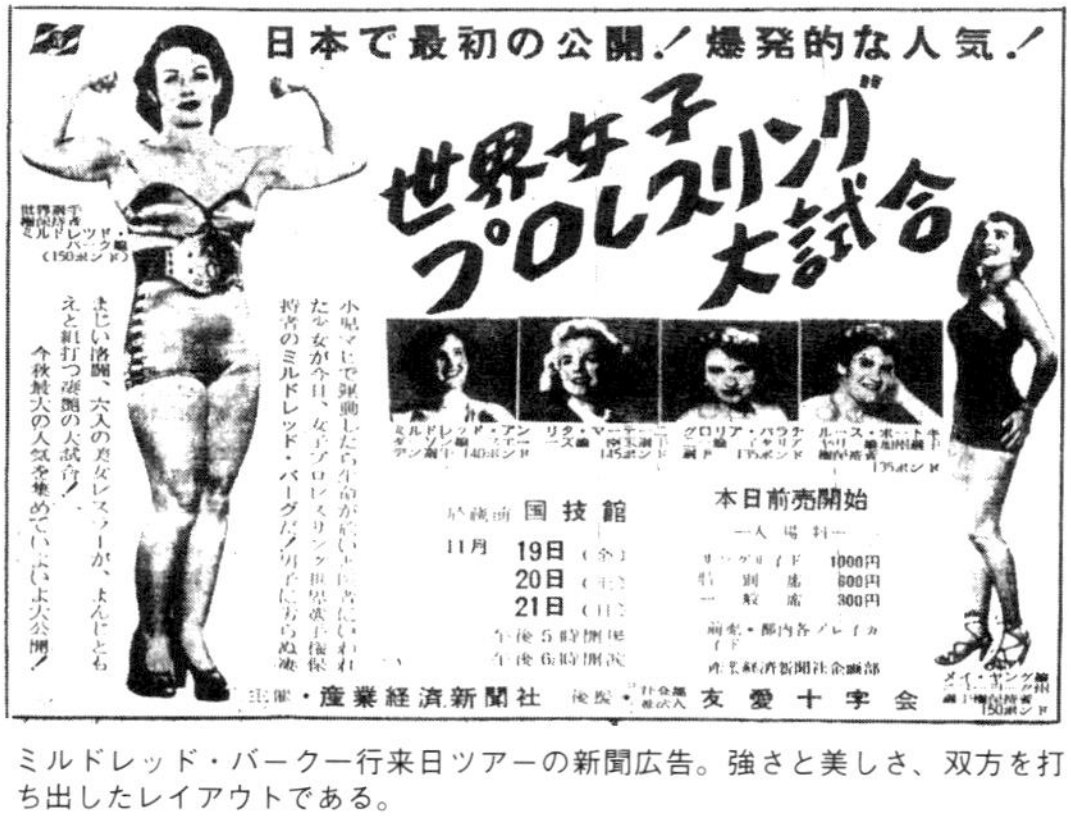

ミルドレッド・バーク一行来日ツアーの新聞広告。強さと美しさ、双方を打ち出したレイアウトである。

アメリカで女子プロレスは20世紀の初め頃から見受けられる。

ATショー（アメリカでのプロレスの古い形態で屋外にテントを張って行われることが多く、観

プロレス入り前にミルドレッド・バークは最初の結婚をしており、その際に息子（右）を得ている。

客からの挑戦を募ることを常とした賞金&喧嘩マッチ興行）やバーレスク（日本風に言えば色物中心の寄席）などの混沌とした時代から、体育館での試合が普通になる20年代へと過渡し、30年代の後半に出現したのがアスリートとして卓越した才能を持つミルドレッド・バークだった。

来日時、バークは39歳。彼女は19歳でATショーのプロモーターだったビリー・ウルフに出会い、プロレス業界に入る。ほどなくして、ウルフの妻となった。37年、クララ・モーテンソンを破って世界女子王座を獲得。以後、同王座を保持し続けた。

第二次世界大戦が終わった頃、夫のウルフは女子レスラーを多く抱えるプロダクションの長となっていた。バークはプロダクションのエースレスラー兼女将さんである。各テリトリーで興行会社を運営するプロモーターたちは、大会のラインナップに女子レスラーを加えたい場合にウルフと連絡を取る。そして、ウルフはそこに配下の女子レスラーを派遣する。

ウルフの本拠地は中西部カンザス州だ。そんなことから、バークの試合記録も中西部に多い。逆に言えば、試合フィルムが多く残るニューヨーク、シカゴ、ロサンゼルスでの試合が皆無に近い。これが動画サイトでバークの試合がなかなか見つからない理由である。

ウルフは女癖が悪く、配下の女子レスラーに手をつけることで有名だった。そんな夫に嫌気が差してバークは離婚したものの、世界女子王者であり続けた。

54年8月、アトランタでバークはウルフ配下のジュン・バイヤースにベルトをもぎ取られる。来日の3ヵ月前のことだ。この後、バークは2つの決心をした。

ひとつは引退である。日本ツアーとこれに続くフィリピンツアーのオファーが来ていて、これを最後にキャリアをフィニッシュする。

もうひとつはプロダクションの結成である。その最初のメンバーがすなわち「ミルドレッド・バーク一行」となった。

その中にいたメイ・ヤングは、20世紀も末となった99年に突如としてWWFで蘇った。憶えている方もおられるだろう（2008年にWWE殿堂入り）。

バークのプロダクションからは、その後も多くの女子レスラーが誕生した。70年には松永高司の全日本女子プロレスと提携し、ここでもたらされたのが「赤いベルト」として十数年前まで日本の女子プロレス界で女王の象徴だったWWWA世界シングル王座である。

「ストリップショーと同様に中年の男性がギッシリ」

ミルドレッド・バーク一行が来日すると、報道機関は彼女たちの元に押し寄せた。前人気では完全に男子プロレスを圧倒したと言っていい。

バーク一行の来日ツアーは、54年11月19日に蔵前国技館で開幕した。この日を含めて蔵前3連戦を行った後、一行は関西へと移動する。

結果は大入りの連続だった。このツアーは在留米軍の慰問も兼ねており、バーク一行はそのまま米軍が駐留しているフィリピンへと飛ぶ。

それぞれの大会のカード編成は日本人同士による2~3試合の前座に続いて、6人のバーク一行同士が対戦した。蔵前国技館のリングに上がった日本人は猪狩定子、田山勝美、法城寺宏衣、橋本雅子の4人。これが猪狩にとって、体育館やホールでリングを組んで行われた最初の試合である。結果的に「スポーツショー」の日々は、この晴れ舞台に上がるための助走期間となった。

ミルドレッド・バーク一行来日ツアー第2戦、1954年11月20日の蔵前国技館大会は日本テレビで生中継された。

11月20日(2日目)の興行は、午後8時から日本テレビによって『世界女子プロレスリング中継』という番組名で生中継された。

その日の朝、同日付の読売新聞は初日の様子を次のように報道している。

初お目見得「アメリカ渡来女相撲プロ・レスリング」は十九日夜六時から蔵前国技館の土俵ならぬ特設リングで初興業を行なった。（中略）かぶりつき、いやリングサイドにはやはりストリップショーと同様に中年の男性がギッシリ。万余の観衆もほとんどこの層で、座席で一杯やりながらニヤリニヤリ。ご婦人の数はチラリホラリ。

試合は日本の女選手の前座に始まって一対一の三試合、最後はタッグ・チーム（二人組）でチョンとなったが、はじめ観客席は声をひそめてひっそり。そのうちになぐったり、かみついたり、髪をひっぱったりすると、やっとファンもわいたが、声援にはお上品なものは少なかった。

この興味本位の代表のような記事は、女子プロレスに対する世間の目そのものだった。一方、このツアーを後援した産経新聞は至って真面目で、「スポーツ」という扱いである。

猪狩、田山、法城寺は全日本女子レスリング倶楽部のメンバーだ。猪狩によれば、橋本雅子は木村政彦の側近だった工藤雷介が大会直前になって押し込んできたという。レフェリーを務めたのは全日本女子レスリング倶楽部のコーチ、エルマー・ホーキンス。神戸と京都では猪狩の代わりに、全日本プロレス協会女子部の堤麗子が参戦した。

マッチメークで明らかなように、外国人同士、日本人同士のカードだったのは技術力の差がありすぎて観客に見せられるレベルの試合ができないからである。アメリカンスタイルの試合をするには、日本人全員がズブの素人であった。

きちんとしたコーチもおらず、柔道の嗜みがあるものの、パン猪狩は門前の小僧よろしくパリで地下プロレスを見たにしか過ぎない。コーチのエルマー・ホーキンスもアマレスは知っているが、プロレスは知らない。

しかしながら、この時にバークは猪狩に自分の養女にならないかと持ちかけている。猪狩の立場で言えば、それは「認められた」ということになる。

来日ツアー中、猪狩定子は法城寺宏衣（左）と共にルース・ボートキャリーを大阪の街に案内した。帰国後にボートキャリーから届いた礼状は、猪狩にとって青春の証である。

バークはビリー・ウルフと夫婦だった時代にジャネットという10代の少女を養女にし、プロレスラーとして育てた。しかし、彼女は51年に試合中の事故で死亡する。

このバークの勧誘は、ウルフのプロダクション運営のノウハウを彼女が引き継ごうとしたことを意味している。しかし、猪狩が引き続き見たちと行動を共にすることを決めたためアメリカ行きは実現しなかった。

ところで、猪狩は本場アメリカの女

子プロレスに初めて接して、どのような印象を持ったのだろうか。

「何人かで来ましたよね。特にロープワークなんか本当に上手かったです。一行にいたルース・ボートキャリーさんと大阪の街に出て案内したり、いい思い出ですね。バークさんに言われたことは、〝女性らしさ、しなやかさを忘れるな〟ということです。〝お化粧もきちんとして、いつも清潔にしていなさい〟と」

私自身、バークと同じ言葉を小畑千代や松永高司からも直接聞いたことがある。女子プロレスのイデオロギーとも言える「女性ならではのプロレス」はバークから猪狩、そして後進へと伝わっていたのだ。

「私がチーちゃん（小畑）や松永さんに言ったんですよ（笑）。そういえば、進駐軍のキャンプに出た時に『100ドルショー』というのがあって、松永さんに手伝ってもらいました。女子が4人しかいなかったので、柔拳の試合を加えたんです。その際、ボクシング側にいたのはジャニーとトムという人。松永さんはチャン・マメルトンというタイ人に変身して、試合に出ました。ウチの田山さんはアクロバット出身だから、体の柔らかさを活かしたプロレスにはうってつけでした。男だろうが、女だろうが、プロレスはプロレスなんですけど、中身は違うと思っています。女子には男子にはない体の柔らかさを活かしたプロレスがあるんです」

猪狩に全日本プロレス協会女子部の選手がバーク一行のツアーに参加した経緯についても訊いてみた。

「全日本プロレス協会？　ああ、山口さんのところね。山口さんはリキさんや木村先生に比べると、温厚な方でした。

東京で猪狩兄妹が女子プロレスをやっているので、酒梅（全日本プロレス協会会長だった酒梅組の松山庄次郎組長）さんが〝こっちでも女子をやらないか？〟と山口さんに言ったようなんです。山口さんのところに女子部ができて、〝おめでとうございます〟と電話した憶えがありますよ。バークさんたちが来た時は、まず東京で興行をやって、その後に大阪、神戸、京都。山口さんのところの女子選手たちは、関西から巡業に合流しました。

でもその後ね、山口さんは女子部の運営にはかなり苦労されていました。翌年に行われた両国での選手権大会（注1）に、彼女たちを呼ぶという話にはなりませんでした」

力道山は本当に女子プロレスを嫌っていたのか？

来日したミルドレッド・バーク一行は、力道山を表敬訪問した。その際、力道山は100万ドルの笑顔で迎えている。

しかし、その一方で力道山は女子プロレスを「一緒にするんじゃねえ」と嫌っており、理由は「プロレスは単なるショー」という一般マスコミによる蔑視を認めることになるからというのが定説だった。

確かに、力道山は『週刊サンケイ』54年4月11日号での石黒敬七との対談において以下のように述べている。

アメリカには、小人のレスリング、女のレスリングがあって、これなんかまるきりショウですよ。日本でやったらどうだと冗談に言われたけど、そんなものもって来て、どうして日本でやってゆけるかと僕は断ったですよ。

ここで再び猪狩定子に登場していただこう。猪狩は力道山を「リキさん」、木村政彦を「木村先生」と呼ぶ。つまり、双方と付き合いがあったということだ。

「リキさんと最初に会ったのは、飲み会でした。力道山vs木村戦の少し前だったと思います。よく力道山は酒さえ飲まなければいい人だったと言われますが、その人は力道山が酒を飲んで良くない場面を見たんでしょうか。そういう悪口を聞くと頭に来ます。酒癖が悪くなるような飲み方をさせたんでしょう。朝鮮人ということでいびられ、その恨みがあったんじゃないですか。

飲み会でほんの一瞬だけど、リキさんが下を向いて、その時は悲しそうな雰囲気でした。力道山vs木村戦について、裏で色々あったんだと思います。悩んでいたんでしょうね」

猪狩は力道山道場で練習をした経験もある。

「リキさんと木村先生の試合があって、ちょっと経ってからだったと思います。まだ新田新作さんが生きていた頃です（56年6月没）。日本橋の新田ビルにあったリキさんの道場に、ウチの団体の田山さんと2人で行きました。まず田山さんと私がスパーリングをさせられたんですよ。そうしたら、〝俺がやる〟という声が聞こえてね。道場にいたユセフ・トルコ（当時は日本プロレス所属）

さんが田山さんとスパーリングをやって、彼女をのしちゃったんですよ。

私もトルコさんに投げられました。その時、〝痛テテテテ〟と思わず声が出たの。そうしたら、リキさんに〝プロが痛テテテとは何事か！〟と怒られました。私は〝痛いものは痛いんだ〟と言い返したんだけど、リキさんの言うことも一理あるわよね。

力道山道場へ練習に行ったのは、ウチの会長の清水さんと新田のオヤジ（新作）が知り合いだったからです。リキさんには将来は日本プロレスに女子部も作るという構想があったようなんですが、〝それまで待て〟と言ってくださいました。道場で練習した際にも、私を見て〝案外、背が高いな。そして、色々な技を知っているな〟と褒めてくださいました。私のいないところでは、〝猪狩のあのひたむきさを俺たちも見習わなければいけない〟と言っていたそうです。

でも、結局は〝君たちの女子プロレスは買っている。アメリカみたいに女子を前座で使うことも考えた。しかし、今は色々なしがらみでできない。まあ、練習するためにこの道場にはいつ来てもいいよ〟ということで、話はなくなってしまったんです」

力道山は、マスコミの前では女子プロレスに嫌悪感を示した。しかし、猪狩定子は評価していた。この力道山が猪狩にかけた言葉は、社交辞令もあったかもしれない。しかし、一時的にせよ、力道山の中に「日本プロレス女子部」の構想が少なからずあったということだ。力道山は本当に女子プロレスを嫌っていたのか。

これはなぜ日本のプロレスは男子、女子、ミゼットの試合が一枚の切符で見られるものとして定着しなかったのか、という問いかけでもある。私なりの結論を申せば、嫌ったのではなく、嫌ってみせたのではないか。

すでに50年代、アメリカでは女子、ミゼットの試合がプロレス興行の中に組み込まれているのは普通のことだった。アメリカだけではなく、これはメキシコ、フランス、オーストラリアのリングにも見られる。つまり、「世界標準」はこちらなのだ。もちろん、そうでなければならないと言っているのではない。

力道山にとって商売敵である山口利夫の全日本プロレス協会は、54年11月に女子部を誕生させた。これで団体が息を吹き返すこともあり得る。ところが、全日本プロレス協会は56年1月をもって崩壊し、ここで日本における男女混合団体は一旦途絶える。以後、日本では男子だけの団体、女子&ミゼットの団体と道が分かれ、それが標準になるというガラパゴス的な状況が出現した。

56年の『第2回全日本選手権』(注2)の後、女子プロレスは業界を仕切っていた両国・国際スタジアムのオーナー、上野才一が手を引いたことで急速にマイナー化する。ファンは女子プロレスは淘汰されたと解釈し、プロレスは男のスポーツゆえ、男子プロレスのみを認めるという考え方がスタンダードとなった。

ミゼットプロレスの第一人者、スカイ・ローロー。現役時代はアメリカ、日本(1960年に初来日)、オーストラリア、イギリスと世界を股にかけて活躍した。

力道山も山口もアメリカで武者修行をした時期はほぼ同じだが、修行先のハワイ、サンフランシスコ地区に女子レスラーは登場していなかった。つまり、アメリカ本土で女子レスラーの試合が興行に組み込まれるのは普通のことだったが、その例外がハワイやサンフランシスコ地区だったのだ。ところが、ミゼットとなると別である。力道山の第一次武者修行でハワイにいた頃の末期、52年5月末から6月の初めにかけてミゼットの第一人者スカイ・ローローと一緒になっている。おそらく観客の声援を彼に持っていかれたのだろう。

力道山にとって女子レスラーと同じリングに上がることは未経験ゆえ、自分よりも彼女たちに注目が集まるかもしれないという恐怖感があり、それが女子プロレスを嫌ってみせた一因にあったように思う。

この力道山がマスコミの前では女子プロレスを嫌っていたという有名な話について、猪狩にも訊いてみた。

「そうね。邪道と言われても仕方がない面が女子プロレス全体ではありました。私たちの倶楽部だけで何とかするにも、まだまだ力不足でしたし。ウチの会長の清水さんはレスリングを理解してくれたんです。その後、女子の団体がすぐに増えるんだけど、他の団体の社長さんは金勘定だけでした」

日本における女子プロレス創成期の実態

猪狩の前記の言葉を聞いた時、私は反射的に「広島別荘女子プロレスリングクラブのことです

左から田山勝美、木村政彦、猪狩定子。壁に楽譜が貼ってあることから、おそらく木村が全日本女子レスリング倶楽部の道場を訪問した際のショットだろう。

か?」と質問した。その途端、猪狩の表情は険しくなった。嫌なことを思い出させてしまったようだ。

朝日新聞社刊『写真で見る戦後日本』に、広島別荘女子プロレスリングクラブによるキャバレーのフロアでの試合が掲載されている。

猫も杓子もプロレス。これが54年の世相であり、それは女子にも波及した。広島別荘女子プロレスリングクラブ社長の横山某は9月に大阪で力道山の試合を観戦して、団体旗揚げを思い立ったという。

「ネグリジエみたいなのを着て、入場してくるんですすよ。バークさんが来た次の年に両国の国際スタジアムでチャンピオンを決めた時、一人前にベルトを欲しがってね。〝どうしても…〟って。でも、ベルトが欲しいのなら、それだけのことをやらないと。

広島の社長から打ち上げに誘われたことがありますが、私は行きませんでした。私は宴席に呼ばれても、相手を選びます」

猪狩には、木村政彦との思い出も語ってもらった。なぜ猪狩は木村を「先生」と呼ぶのか。

「ウチの道場で稽古をつけてくれたからです。いつだったかなあ…忘れっちゃった。ちょうどウチに女相撲から一人入ってくることになって、〝どうやって教えようか？〟という話になった時でした」

全日本女子レスリング倶楽部の道場があった三鷹は東京23区の西に位置する。東京駅から三鷹駅までは電車で30分。木村がいつ道場を訪ねたのか、日付の特定を試みた。

可能性があるのは54年11月26日、木村が力道山との一騎打ちを行うよりも前である。この日の晩、木村は力道山や関係者と新橋の料亭『花蝶』で会っている。それに合わせて、前日の25日に上京した。猪狩は24日までミルドレッド・バーク一行の日本ツアーに随行し、25日以降は欠場している。したがって、26日に木村を出迎えることができる。もちろん、これは推測の域を出ない。

では、どういう経緯で猪狩は木村と繋がったのか。

「新田のオヤジが紹介してくれたんです。〝まさかあの木村先生が来てくれるなんて〟と思ったんですけど、本当に三鷹にあったウチの道場まで来てくれたんです。３人で来ました。新田さんを私に紹介してくださったのもウチの清水会長でした。パン兄さんも清水会長も、とにかく顔が広いので。他の２人は清水会長とパン兄さんの知り合いの方でした」

猪狩によると、力道山の後援者で日本プロレスの社長だった新田新作と木村はプライベートで行動を共にするほど近い関係だったという。これは知られざる歴史の重要な側面である。

「木村先生は〝これを覚えておくと、自分も相手も怪我しないから〟と言って、関節技を教えてくれました。本当に木村先生、偉そうにしていない。私が本当の意味で教わったなと思うのは木村先生、パン兄さん、後は早稲田大学の柔道部の金塚君です。金塚君も清水会長の紹介でした。だから、私は木村先生と呼ぶんです。そんなこともあって木村先生と近くなって、翌月のリキさんとの試合に招待されました」

そう、日本で最初の女子プロレスラーは力道山や木村と交流があっただけでなく、54年12月22日、蔵前国技館にいたのである。

【第11章　注釈】

1　翌年に行われた両国での選手権大会＝1955年9月10日〜11日に国際スタジアム（旧・両国国技館、後の日大講堂）で、支配人・上野才一が統括する日本女子プロレスリング連盟主催の『第1回全日本女子プロレスリング王座決定戦』と題された興行が開催された。

参加団体は、全日本女子レスリング倶楽部、全日本女子プロレスリング協会、東京ユニバーサル女子プロレスリング団、東京女子プロレスリング協会、広島別荘女子プロレスリングクラブ。フライ級、バンタム級、フェザー級、ライト級、ミドル級、ライトヘビー級のシングル王座決定戦、ライト級、ミドル級のタッグ王座決定戦が行われ、猪狩定子＆田山勝美はライト級タッグ王座を獲得した。

2

『第2回全日本選手権』＝1956年1月4日〜5日に、国際スタジアムで行われた。参加団体は第1回大会と比べると、広島別荘女子プロレスリングクラブが抜け、代わりにオール関東女子プロレス団、国際女子プロレス協会が加わった。

軽量級（フライ級とバンタム級が統合）、中量級（フェザー級とライト級が統合）、重量級（ミドル級）、超重量級（ライトヘビー級）のシングル王座、軽量級、中量級、重量級のタッグ王座の決定戦および防衛戦が行われた。猪狩&田山は中量級タッグ王座を防衛。

第12章　力道山vs木村政彦戦は八百長か、真剣勝負か？

１９５４年12月22日、蔵前国技館で行われた力道山vs木村政彦戦は凄惨な結末に終わった。なぜか。本書では、その「なぜ」にこだわりたい。

この一戦は当初はプロレスの枠から、はみ出るものではなかったはずだ。だが、結果として試合が崩れてガチンコになった。

まずは試合記録を明記しておく。

▼日本へビー級王座決定戦61分３本勝負
力道山（２－０）木村政彦
①力道山（15分49秒、レフェリーストップ）木村
②力道山（試合放棄）木村
※力道山が初代王者となる。

試合内容を伝える当時の記事は、どこも似たり寄ったりだ。ここでは翌日付の毎日新聞に掲載された「試合経過」を挙げておく。

プロ・レス初の日本選手権試合
力道、木村をけり倒す

まず力道がトモエ投げにいけば、木村も一本背負いを打つ。力道ヘッド・シザースに続いて、木村の足を広げて痛め、木村背負い投げのあと力道パイル・ドライバー（かかえ投げ）の猛襲、高々と木村をかかえあげたが、ロープ外に投げるのは禁じてあるので、ゆるやかにおろす。

このあと力道のパイル・ドライバーに対し、木村は腕がらみに出るが、力道怪力でそのまま投げ、8分力道が押えたが、木村よく回り込んで避け、もつれ合ううち15分ごろから力道空手打を連発、ひるむ木村をけりと張り手で倒し、止めのけりを打てば木村意識を失いカウント・アウトされた。

記事の内容と動画サイトで試合を見た私の感覚に大きなズレはない。

この力道山vs木村戦に関しては柔道や相撲、格闘技ではなく、まずそれを「プロレ

1954年12月22日、蔵前国技館で行われた力道山vs木村政彦戦のパンフレット。表紙のデザインから推察するに、制作担当は日本プロレス側だったと思われる。

ス」として考える必要がある。

話を進めるにあたって、私の立場をはっきりさせる。

プロレスラーの強弱は、どんな競技出身なのかによって決定されるものではない。したがって、「相撲が強い」、あるいは「柔道が強い」、さらに「プロレスは最強の格闘技」いう立場を取らない。強弱は個々人の技量や身体能力などによって決まるのである。

「最初からガチンコだったならば、木村が勝っていた」、「裏切ろうと、裏切るまいと力道山の方が強かった」という土俵にも私は立たない。ガチンコが前提ならば、力道山もそれなりの準備をするはずだ。

「そもそも体格が優位な力道山と木村では格闘家として比較にならない」という論理も同様である。日本には、「柔よく剛を制す」という言葉もあるではないか。さらに言えば、相撲や柔道、アマレスなどが高級で、プロレスが低級という立場にも立たない。要は前提の違いである。

これまで力道山を支持する者は力道山の理屈にしたがって、木村を支持する者は木村の理屈にしたがって何十年も不毛な論争を続けてきたが、すれ違いの歴史であった。それらを改めて本書に記す意義も感じない。

「どちらが強いのか?」、「どちらが悪いのか?」といった話ではないのだ。本書で、私はこの一戦を今までとは異なる視点で捉え直してみたい。

「力道山のショー的レスリング」vs「私の真剣勝負」

力道山vs木村戦に関しては説明する事象が多いため、二部構成で様々な角度から分析していく。本章では当時の新聞報道などを引用しながら、改めて事の顛末を振り返ってみたい。

始まりは、54年11月1日付の朝日新聞大阪版が報じた木村の挑戦宣言であった（以下、引用する新聞記事はすべて54年付）。

三日から岐阜市民センターで行われるプロレスリングの国際試合に出場のため三十一日朝、熊本から来岐したプロ・レスラー木村政彦選手（三六）は同日午後二時半、朝日新聞岐阜支局で力道山との間に全日本選手権を争いたいと声明した。

同選手は拓殖大出身で柔道七段、全日本柔道選手権を十二年間にわたって保持した日本柔道界の第一人者である。同選手は力道山の主宰する日本プロ・レス協会に対抗して国際プロレスリング団を結成、熊本に本部、京都、岐阜に支部を置いてプロ・レスリングの普及に努めることとなった。

今度の挑戦は柔道畑と相撲畑出身のプロ・レスリングの決戦で事実上、プロ・レスの王者が決るわけ。木村選手の挑戦に力道山が応ずれば来春一月早々、東京、大阪、名古屋で三試合を行う予定。

木村がエースだった国際プロレス団の旗揚げは、54年5月10日とされてきた。

しかし、正しくはこの記事の冒頭に記された同年11月3日、岐阜市民センターで旗揚げ戦（注1）

が行われている。これは所属選手だった大坪清隆も証言している（『プロレス＆ボクシング』65年10月号）。

当日のメインのカードは木村政彦＆立ノ海vsジム・U・エジンスキー＆ジェントルマン・ジム。つまり、この4日前に木村は朝日新聞岐阜支局を訪れ、力道山への挑戦を表明したことになる。そこには当然、旗揚げ戦の宣伝という意味合いも含まれていたはずだ。

さて、この記事で注目したいのは、最後の「東京、大阪、名古屋で三試合を行う予定」との一文である。つまり、この段階では大都市を回る力道山vs木村のシングルマッチ3連戦が計画されていたということだ。

プロレス興行のセオリーに則った場合、まずは初戦だけを発表し、その試合の結果を踏まえて再戦が決定、さらに再戦が終わってから3度目の対決へと向かっていく。振り返ってみると、この辺に早くも〝脇の甘さ〟が出ているのだが、それについては次章で詳述する。

前記の記事を見て、今のプロレスファンなら即座に「1勝1敗1引き分けだな」と思って白けるだろう。しかし、幸いにも当時の世間はそこを突っ込まなかった。この記事の続きにある木村の談

国際プロレス団の旗揚げ戦のパンフレット。表紙には「岐阜市児童科学館建設募金」と銘打たれ、主催＝岐阜タイムス社（岐阜新聞社の前身）、後援＝岐阜市教育委員会、名鉄電車とクレジットされている。

話のインパクトが強かったからだ。

木村選手談：力道山はゼスチュアの大きい選手で実力はなく、私と問題にならない。今度挑戦したのは、力道山のショー的レスリングに対し、私の真剣勝負でプロ・レスに対する社会の批判を受けるつもりで挑戦した。試合は六十一分、三本勝負であるが、二十分以内に力道山をフォールする自信がある。

「ゼスチュア（ジェスチャー）」とは、身ぶりや手ぶりといった意味だ。当時、落語家の柳家金語楼をメインとした問題を身ぶりだけで伝えて相手に答えさせる『ジェスチャー』というNHKの人気番組があり、この言葉は流行語になっていた。

「ゼスチュアの大きい選手」とは、格好だけのパフォーマーということである。つまり、力道山の試合は「ワーク」だとバラしているのだ。

本当に木村がこのような発言をしたのか、それとも話を聞いた岐阜支局の記者が〝意訳〟したのかはわからない。いずれにしても、ここにおいて木村は世間から見て「正義」となった。

八百長を排除し、プロレスを真剣な世界に導いていく――。これは力道山が日本プロレス旗揚げ前、アメリカ武者修行中に作り上げたイメージ戦略と同じである。

この対戦相手を否定し、自分の方が強いと主張する木村の罵り方はアメリカ発祥のビッグマッチを盛り上げるための定石だ。

しかし、世間はこの試合が果し合いになるかのように反応し、各マスコミも同じような趣旨でどんどん煽っていった。それによって、力道山vs木村戦はプロモーター側が意図した以上に「昭和巌流島の決闘だ！」と盛り上がってしまったとも言える。

なぜ木村は力道山のプロレスを否定したのか？

木村は「力道山のショー的レスリングに対し、私の真剣勝負」と力道山のプロレスが真剣ではない、つまり「ワーク」だと公言した。これは木村がこの頃、世間に流布されていたプロレス八百長説に自分なりに対応したということでもある。

ここで当時のプロレスに対する世間の冷めた視点を紹介しておきたい。シャープ兄弟を迎えた日本プロレス旗揚げシリーズの開幕3日前、54年2月16日付の朝日新聞を見てみよう。

プロ・レスリングはなんといってもスポーツ・ショウで、予め一つのすじ書がありスリルに富ませている。見物本位で面白く見せるために、わざとこの反則行為をやり相手を痛めつける。つまり試合が始まると自ずと善玉、悪玉に分かれ、観衆の人情はいずこも同じでアメリカではピーピー口笛を吹き床をふみ鳴らして善玉に声援をおくる。痛めつけられた善玉が敢然と反撃に出ると大歓呼を受けるといった具合である。

開幕戦翌日付の朝日新聞は、プロレスが純粋に勝敗を競っているわけではないことを匂わせた。

日米相互にあらゆるテクニックや逆を使い豪快に投げ業を織りこんでの重量級同士の試合だけに迫力に富み、しかも制限の六十一分をフルに使うあたりなかなか楽しませた。

その後、プロレスが世間に浸透するにつれ、八百長説を唱える記事が多くなる。

これらに先手を打つように、力道山は『週刊サンケイ』同年4月11日号における石黒敬七との対談で以下のように述べた。

外国に行ってみると、どこの国でもレスリングのショウがとても多い。つまり、本気の試合が少ないわけです。僕が日本へ輸入したいと思っているのは、本当にプロレスリングのルールの中で真剣勝負をやるプロレスリングなんです。

せっかく客がついて来つつあるときですからね。生半可な試合をしたのでは、こんなものかとプロレスリングが怪しまれてしまうんじゃないかと、こういうことを考えているのです。協会も幾つか出来たことだし、真面目なレスリングをやってゆきたい。

力道山の主張は、日本プロレス旗揚げ前と何ら変わりはない。アメリカでは「ショー的な試合」が多いが、自分がやるのは「真剣勝負」というロジックである。

同年8月8日付の内外タイムスは、作詞家・藤浦洸の談話として以下の記事を載せた。

実に面白かった。ショウとしては価値万点だ。試合の始めから終りまで興奮とスリルで正に世界最大のショウという感じだ。

観戦中、横にいた石黒敬七旦那に「相手があんな技に出ると、こちらの方もどんな技を使うかチャンと筋書が決まっているのだから、そんなに興奮するなヨ」と教えられても、しばらくは興奮で身体のふるえが止まらなかったよ。

大阪で同じプロ・レスを観たが、この時は「なる程、ショウだな」と思った。シャープ兄弟が反則して力道山がカンカンに怒り張り手で殴りつけたあとに、四人が例によって乱戦となるところなどは東京での試合の運びと大体同じだった。力道山の怒り方までが一回目とそっくりで、「前もって筋書を書いた」ショウの一点につきるものだと思った。

『週刊サンケイ』同年10月10日号の記事には、以下の一文がある。

プロ・レスというものは純粋のスポーツではない。そのゲーム自体が観客を面白くさせるために考えられている（中略）。実際の実力が、リングで争われていると思う人は馬鹿である。

こういった動きに対して力道山もその都度、色々なメディアで反論している。しかし、その論旨は前記の『週刊サンケイ』54年4月11日号での発言と大きくズレることはない。アメリカのプロレスを悪者にし、それを踏み台に自らを正当化するという手法である。

それに対し、木村は「そう言っている力道山のプロレスも実際はショーであり、心から真剣勝負のプロレスをやっていきたいと考えているのは自分だ」と主張した。試合を煽り、自分を誇示するにしても他にやりようはなかったのか。

改めて説明するまでもなく、51年にハワイのリングに上がって以来、木村も国内外で「ワーク」の世界に身を置いてきた。ブラジルでのエリオ・グレイシー戦は、スケジュールの途中で割り込んできた例外でしかない。

日本プロレスの旗揚げシリーズで力道山の引き立て役をさせられたことは本人の中で屈辱だったのかもしれないが、その対価として高額のファイトマネーを得ている。それをプロレスラーの「仕事」と割り切れる感性の持ち主ではなかったのか。

木村が力道山を「八百長野郎」呼ばわりすることは、天に唾するのと同じである。おそらく、周囲にそんなアドバイスをしてくれるブレーン的な存在がいなかったのだろう。だからこそ、力道山vs木村戦は「プロレス」として成立しなかったのではないか。

以降も、この一戦には常に「八百長」、「真剣勝負」という言葉がつきまとうことになる。

新設された初代日本ヘビー級王座

力道山の反応は早かった。同年11月5日付のスポーツニッポンには、「力道山はプロレス協会幹部の意見を聞いて、その挑戦に応ずることに決定」とある。木村の挑戦宣言の4日後とは、あまりにも早過ぎないか。もちろん、これは水面下で話ができていたからだろう。

この後、力道山vs木村戦関連の記事は新聞から消えた。女子プロレスのミルドレッド・バーク一行に紙面のスペースを取られたからである。

バークの話題が一段落すると、力道山vs木村戦の記事が紙面に戻ってきた。

11月28日付の毎日新聞には、この試合が12月22日に行われること、それに先立ち前日に日本プロレス協会常務理事・永田貞雄が立ち会って調印が行われたことを伝えている。調印式の場が神奈川県大船の松竹撮影所内会議室になったのは、力道山が映画の撮影中だったためだ。

ここにおいて木村の一方的な力道山への挑戦は、2人が対等な立場で新設される日本ヘビー級選手権を争うという設定に変更された。

力道山vs木村政彦戦の広告。「主催」として次章で詳述するプロレスリングコミッショナー設立準備委員会の名が明記されている。

なお、この調印式でファイトマネーの総額が150万円となり、勝者が7割にあたる105万円、敗者が残りの45万円を受け取るとの説明がなされたが、これを真に受けるわけにはいかない。

後述する木村が力道山に渡した「確約書」にもあるように、1戦目が引き分けと決まっている以上、ファイトマネーの勝敗による比例配分を発表することは決戦を盛り上げる宣伝以外の意味をなさない。

12月に入ると、力道山vs木村戦の記事が紙面を賑わす。同月5日付の内外タイムスの見出しを見ると、「凄惨・世紀の遺恨試合?」、「木村、不満を爆発」、「血みるかプロ・レス日本一争い」、「リングは柔道家に不利」、「木村〝八百長〟の絶滅を期す」といった具合だ。

同紙に掲載された木村、力道山のコメントを比較してみる。「スポーツは真剣」と見出しが打たれた木村の談話から紹介しよう。

「日本にプロ・レスがショウの形で入ってきたことに私は不満をもっていた。しかし、ショウとして発展してしまった。だが、これではいかに実力があっても、一般はその通りに受取って、ショウとしての強い方が日本一だと思ってしまう。

元来アメリカのプロ・レスも創始期には実力本位だった。それが次第にショウに変ってしまい、そのまま日本に入ってきた。だから、プロ・レスは八百長だなどと世評を落している。過去の試合でも、このショウに禍いされ、力道山との場合は彼に歩がよく、私に歩が悪いという仕組みなのだから、次第に私の人気が落ちた。これがこれまでやってきた力道と別れる動機となった。

結局、私としては実力日本一のレスラーになりたいという一念以外にない。そのためには好敵手力道と真剣に闘ってみたいというのがいつわらない心境で力道山個人に対しては何ら他意はないし、彼もそれを認めてくれていると思う。

実力本位のプロ・レスが日本にあってもいいだろう。試合申し入れも報道機関を通じて行ったもので、挑戦状を叩きつけるというようなことではない。この一日から練習に入り、次第にコンディションを上げてゆき、フェアプレーで力一ぱい闘いたい。将来のプロ・レスはやはり日本人なみに、日本的に、実力本位でなければダメだと思う」

当時の一連のプロレス八百長説を踏まえてこれを読むと、木村が正しいことを言っていると世間は取るだろう。そして、「正しい」が「強い」にすり替わり、木村有利の論調も一部で出た。

続いて、「ショウ精神忘れず」と見出しが打たれた力道山の談話をお読みいただきたい。

「『鉄腕巨人』に続いて『大学は出たけれど』という映画の撮影で忙しいよ。こんどの試合を遺恨試合だなどといっているが、そんなことはない。それより木村も一流レスラーだから、地方回りなどしないでほしいと心から思っているほどだ。木村に弱い役回りを当てていた（ママ）というウワサもあるようだが、そんなことはデマだ。

柔道は木村のほうが上だろうが、僕が本当に選手権を争うとすれば、むしろ遠藤幸吉だ。レスラーとしては遠藤のほうが上だからだ。木村からショウでなく、真剣勝負をしたいと挑戦されたが、僕はショウと真剣勝負は紙一重だと思う、金をとってファンに見せる以上はショウマン・シップは必要だろう。いかに実力日本一を争う試合でも僕はショウマン・シップを忘れたくない。しかし、これは実力のうえでゆとりがなければできないことなのだ。

いままでの試合だって、実力を根底として、そのうえにプロとしてのゼスチュアをまぜてきたのに過ぎない。こんどの一戦もきめられた国際ルールで僕も力一ぱい闘うつもりだが、あくまで見て面白い試合をする。それが日本のプロ・レスを世界的にするものでもある」

攻める木村に対して、受ける力道山という構造だ。どこか既視感がある。

そう、アントニオ猪木とジャイアント馬場だ。70年代前半、「ストロングスタイル」を標榜する猪木は馬場のプロレスを「ショーマンスタイル」とレッテル貼りし、再三にわたって挑発した。そして、多くのファンは猪木のこの行為に喝采を送った。なぜなら、猪木が「正義」に見えたからである。

話を54年に戻せば、この時は木村政彦=猪木、力道山=馬場という図式なのだ。

12月13日付の日刊スポーツは、力道山の公開練習の様子を伝えた。やはり見出しで「迫る宿命の果し合い」、「殺気漲る道場」と読者を煽っている。

記事が世間に火をつけ、八百長なのか、それとも真剣勝負になるのかと噂が飛び交い、それがまた記事になる。こうしてマスコミと世間が力道山vs木村戦をどんどん面白くしてしまった。

さて、試合が迫ってきた頃、力道山と木村はどんな様子だったのだろうか。

3ヵ月前に相撲からプロレスに転向した力道山の弟弟子、芳の里のコメントが残っている。

「心配になるほどふだんどおり。当時撮影していた映画のためにケイコをしない時もあった」(『戦後史開封［昭和20年代編］』)。

続いては当時、国際プロレス団に所属していた大坪清隆の回想である。これは力道山戦を翌日に控えた木村の様子だ。

「大事な大事な決戦前夜だというのに一升二、三合の酒とビール半ダースはムチャだよなあ！」（門茂男著『ザ・プロレス365 Part７』）

「昭和巌流島の決闘」と呼ばれた戦いのイメージからはほど遠い姿の２人がそこにいる。

大会の２日前には、真意は不明ながら木村の師匠・牛島辰熊が日本プロレスの道場を訪れ、力道山に柔道の寝技を指導するという一幕もあった。

そして、決戦当日。ここまで試合を後援する毎日新聞は展望記事を頻繁に掲載していたものの、原稿に関しては抑え気味で、「果し合い」などの文字はない。

一方、系列のスポーツニッポンの決戦当日付の見出しは木村のコメントを引用した「〝真剣勝負だ腕の一本ぐらいは〟」である。

試合が始まる数時間前、当日の昼過ぎに店頭に並ぶ内外タイムス同月23日付は「いったいホントに真剣勝負なんだろうか？」との声があると伝えた。

なぜ事前の「確約」は守られなかったのか？

12月22日、蔵前国技館で行われた力道山vs木村戦は途中からガチンコと化したが、その一部始終が日本テレビ、ＮＨＫで同時中継されたこともあって試合内容が世間的な議論を呼んだ。

関係者も含めて「賛」よりも「否」を唱える声の方が多く、後に力道山自身も「反省」という言葉を口にしている。

だが、当時は「八百長」、「ショー」、「真剣勝負」の定義が現在に比べると曖昧で、惨劇を目撃した誰もがこのような試合を「消化」できなかったようにも見える。それはリングに上がっていた当事者や周囲の関係者たちも同じだったのかもしれない。

なぜ力道山vs木村戦はプロレスとして成立しなかったのか。

翌日付の毎日新聞から当事者である力道山、木村政彦、レフェリーのハロルド登喜の談話を拾ってみる。

力道山　リングにのぼってから二度も木村は引分で行こうといった。自分から挑戦しておきながら、こんなことをいうのはとんでもないことだと思った。開始直後、首をしめたとき完全に利き、フォールできたのだが、この時も木村は「やめてくれ」といったので離れた。

その直後、彼がぼくの急所をけってきたので、しゃくにさわり、遠慮していた空手打を用いて、あのように叩きのめす結果になってしまった。

木村はぼくに反則があったといっているが、ツマ先でけったのではなく足の裏でけり、ゲンコツで打ったのでもない。決して反則はおかしてない。自分としては良心に恥じない試合をした。

木村　力道はクツのカカト、ツマ先、コブシ、ヒザなどを使って打って反則は四、五回あった。ぼくとしては一回の反則もおかしてない。顔面にうけた二針の傷もクツでふまれたものだ。力道山は

力道山の張り手（空手チョップではない）が木村に炸裂。この後、木村が昏倒するまで、およそ１分の出来事であった。

ぼくが引分けようといったという話だが、そのようなことを彼がいったとしたら彼の心理状態を疑いたい。
　この試合で力道山もたいしたわざもなかった。そもそもこの試合をやる前にプロ・レスとしてのルールの範囲内でフェアプレーでやるよう、お互いに証文を一札入れ日新プロの中川氏に託してあるわけだ。それだから、私としては引分にしてくれなどスポーツマンシップに反するなことは絶対いわない。

登喜　木村君が最初、引分に行こうといったのも、首じめされた時やめてくれといったのも私は聞かなかった。また、力道山が空手打で攻撃した時に反則があったという木村君のいい分はあたらない。木村君はロープの外へ出ていたわけでなく、もたれていただけだから私が力道の攻撃を中止させることはルールのうえからできない。

両君に反則があったのは、力道山がゲンコツでなぐった時と木村君がツマ先で力道の急所をけった時だけだ。きょうの試合はフェアーだったと思っていたが、試合後お互いに悪口をいい合ったということならスポーツマンらしくない。


これらを読むと、やはり力道山と木村の双方が口にした「引分」という言葉が引っかかる。

この試合に先立って11月26日の深夜、東京・新橋の料亭『花蝶』で力道山vs木村戦に関する会合が行われた。

出席者は新田新作、日新プロダクションの永田貞雄と中川明徳、木村の側近で柔道新聞主幹の工藤雷介ら関係者と試合を行う当事者の力道山と木村。松竹撮影所で調印が行われる前日である。

その場で木村は力道山に「確約書」を手渡した。

そして、その確約書には1戦目は「1－1から時間切れ引き分け」になると書かれていた。

それをお互いに守るつもりでリングに上がっていたのなら、力道山が約束破りをしたということになる。

察するに、力道山の中でガチンコに出る理由があったのだろう。その際、まったく対処できなかった木村を批判する声もあるが、この試合をそうした視点だけで分析すると見えてこないことが多々ある。

ここで指摘しておきたいのは、マスコミによって木村が悪者にされている面がないだろうかという点だ。これには木村の大会当日に酒気を帯びて会場入りするという不謹慎ぶり、さらに試合でのあまりの不甲斐なさに記者たちから反感を持たれていたという背景がある。

なお、木村のコメントに出てくる日新プロの中川に託した証文とは、前記の「確約書」のことだと思われる。いずれにしても、試合直後の段階で力道山と事前に一筆かわしていたことは木村自身の口から公表されていた。

翌日、「裁定」に納得がいかない木村側は早くも行動に出る。

力道山側に抗議するにしても料亭『花蝶』での会合のように内々で接触すればいいのだが、そうしなかったことで騒動は思わぬ方向に舵が切られる。

暴露された「試合前に木村が八百長申し入れ」

12月23日、木村側は酒井忠正・日本プロレスリングコミッショナー宛に提訴状を提出した。「要旨」と断った上で、その内容を記事にしたのは翌日付の日刊スポーツである。

なぐり合いして勝敗が決まった。これに対しコミッショナーはどういう見解を採るかおうかがいしたい。試合中相手方に反則があったように思われるが、どうか。コブシでなぐったこと、ツマ先とヒザで蹴ったということが考えられる。また、今後のプロ・レスリングの在り方についてどういうぐあいに持ってゆくべきか。日本選手権をどういう解釈のもとに行うか。再び挑戦するとしたら、どうするか。

国際プロレスリング団　代表　立ノ海松喜

日刊スポーツが「要旨」としているにもかかわらず、この乱文である。国際プロレス団が提出した原文は、文章になっていなかったのだろうか。これは木村側の混乱の表れなのかもしれない。

結果的に、この試合は61分時間切れ引き分けのはずが、2－0のストレートで力道山の勝利に終わった。木村側の提訴状に「反則」の文字があるが、本当のところはその「約束破り」を提訴したいのだろう。

木村の側近・工藤雷介が神田の千代田ホテルを出て、日本橋の日本プロレスリングコミッション事務局（日本プロレス協会、力道山の道場に併設）に提訴状を提出したのは23日の午後のことである。木村はその頃、東京・柳橋の料理店『喜川』で全日本女子レスリング倶楽部の会長・清水忠、猪狩兄妹らと会食し、東京を後にした。

木村は一人で動いていたようで、毎日新聞によると、その日の夕刻に地元の熊本に戻ったとあるが、実際は大阪駅で降りて全日本プロレス協会の山口利夫と会っている。

木村が猪狩定子らと会食していた頃、内外タイムス記者の門茂男は力道山宅にいた。門は同日の午前中に千代田ホテルで木村や周辺の関係者を取材しており、木村に再戦の意向があることを力道山に伝える。

すると、力道山は激昂し、木村から新橋の料亭で受け取った確約書を門に渡した。

結果、同日26日付の内外タイムスにその内容が掲載されてしまう。見出しは以下の通りである。


「試合前に木村が八百長申し入れ」

「これがその証拠だ！」

「真相語る力道山」

「二度目に勝たせる　奇怪な契約書」

「疑惑解くため秘密書公表」

「リング上　ああ出なければ僕が倒される！」


続いて、記事中の力道山のコメントから重要な部分を引用する。


試合の翌日の新聞に木村君が「八百長を申し入れたことなどゼッタイない」と公言している。しかも僕を非難して力道はフェア・プレーでないといっている。新聞を読んでファンはさぞまよったと思う。しかし、木村君が八百長試合を申し入れたのは本当だった。

正式調印の前夜の十一月二十六日、新橋の『華頂』（引用者注＝正しくは花蝶）でルールを協議したとき、同席した木村側の国際レスの工藤氏と、プロモーター日新プロの中川氏がたまたま席を外した。

その時、木村君が二枚の書類を示して「これと同じものをとりかわそう、この線でやってくれ」といい出した。読んでみると、一枚は「二十二日の試合ははじめ二十分位で木村の勝、次は十九分位で力道の勝、三本目は時間切れで引分け、五分五分の勝負なしとして選手権は預りとすること」と驚くべきことが書かれてあり、もう一枚は「昭和三十年にもう一度選手権試合をして、このときは力道に勝をゆずること」と記されてあって、署名と拇印が捺してあった。

つまり八百長試合の申し入れなのだ。僕はその時、驚くより怒った。針をふくんだような挑戦状をつきつけ、あくまで真剣勝負で実力を争うと公言してきた男が、八百長をやろうというのだ。こんな奇怪なことはないし、かりにも日本選手権試合にそんな取引きはできない。プロ・レスは見せるショウであっても、結局は実力で勝負はきまるものだ。だから、これまででも八百長はしなかった。

僕は言下に木村君に「そんなことはできない」と断り、その一枚を目の前で破った。木村君はそれでもその「確約書」なるものを僕に押しつけ、「とにかく預かっておいてくれ」と僕の再考を求めて帰った。

そして試合当日まで、そのことについての交渉は何もなかったが、打合せの時、僕が書類を一応預かったので、木村君が一人合点したのかもしれないが、そうだとしたらおかしな話だ。

紙面に掲載された写真からも、「確約書」、「昭和三十年にもう一度選手権試合をして、このときは力道に勝をゆずること」という文字は判読できる。

引き続き、力道山のコメントを引用する。

当日リングに上って一本目のはじめ顔が近寄った時「引分けにしてくれ」という意味のことを僕にささやいたが、僕の信念はかわらないので相手にしなかった。

首を強く抱えた時も「ゆるめてくれ」といった。木村君もあきらめて捨身になったのだろう。反則のツマ先の蹴りをやってきた。そうなると僕が危険になった。

なまぬるいことでは、こっちが倒されるまで緊迫してきた。例の八百長の件や、僕の左足の悪いことを承知で折れる寸前まで強くねじってきたり、僕は気持にユトリがなくなった。こうなると倒すか倒されるかだ。

カッとなった。噴きあげるファイトとともに木村君を攻めた。そして、あんな結果になったのだ。やりすぎだという向もあろう。しかし、あの場合はルールの範囲内のプレーでもあるし、あのくらいやらなければ、こっちが倒されるという切迫した試合だったのだ。

でも、僕はこれが立派なプロ・レス試合だとは思ってない。プロ・レスは楽しいものにしなければならない。ショウとして荒技をみせてファンを喜ばせながら実力で勝負をきめる。ショウと真剣は紙一重というのがプロ・レスだとの信念をもっている。そのためには一般的にレスラーの技両を上げなければならないが…。

木村君には悪いが、ファンの疑惑を解くためにも思い切ってこの書類を公表する気になった。僕の立場もわかってもらいたい、先日の試合はそんな問題を生んだが、プロ・レス関係者はいろんな点で反省している。あの悪夢のような試合を捨石として再出発をしなければならない。そのために、

ありのままをファンにブチまけたいという気持ちにもなったのだ、

あの試合でわかるように木村君はレスラーとしての技両はまだまだだが、いまの日本のレス界には貴重な男だ。これからも手を携えて仲よくやってゆきたいと思っている。木村君はプロ・レスについて根本的に誤解していたのだと思いたい。

力道山の主張を要約すると、「これまで八百長試合をしたことはない。一方、木村は私との試合で真剣に勝負すると公言していたにもかかわらず、八百長を申し入れてきた。当然ながら、タイトルマッチでそんな申し出を受け入れることはできない」となる。

力道山の姿勢にブレはない。八百長をしている不埒な存在がアメリカのプロレスラーから木村にすり変わっただけだ。

ただし、それまでとは違って冷静さを著しく欠いていた。本来、この「確約書」のような類の文書は存在自体がトップシークレットで、部外者に見せるものではない。ましてや相手はマスコミ、しかもゴシップ好きの夕刊紙である。さらに写真撮影まで許してしまった。

その日の晩、冷静さを取り戻した力道山は新田新作を通して門に記事の差し止めを願い出ている。新田に頼んだのは、門と同じ福井県人だったからだ。しかし、同郷のよしみは通じなかった。

そして、門は大阪の山口利夫の元にいた木村と連絡を取り、確約書の掲載許可を得た。

前述のように、力道山が激昂したのは木村側が用意した提訴状の内容を門から聞いたからだ。

さらに門はホテルで木村の側にいた大山倍達が「木村先輩の仇を満座の中で晴らしてやる！」

（『門茂男著『ザ・プロレス３６５Ｐａｒｔ７』）と喚いていることも伝えた。

大山は前の晩、蔵前国技館のリング上で力道山の手が上げられていた時に背広を脱いでリングに駆け上がろうとした。しかし、周りの者が抱きかかえて引き留めた。大山と力道山は前年、雑誌で対談もしていて知らない仲ではない。

今度は大山が俺にぶら下がるのか。これ以上、奴らと試合をしてもメリットはない。力道山は、そんな思いだったろう。

力道山が大山を恐れていたという話もあるが、それも推測でしかない。いずれにしても、力道山はそんなことをするためにアメリカに渡り、プロレス修行をしたわけではないのだ。

力道山が激昂した真因は、木村や大山の言動にあったのか。もちろん、それも理由のひとつかもしれない。しかし、自分が置かれている状況に苛立っていたようにも思える。

この時、「日本のプロレス」は力道山が思い描いていたものとは異なる方向に進もうとしていた。そのことに苛立っていたのではないか。

「八百長」に始まり、「八百長」で終わったガチンコマッチ

こうして木村の挑戦表明から試合後の暴露記事までを通して見ると、力道山vs木村戦は世間やマスコミが発する「八百長」、「真剣勝負」という言葉に翻弄された感がある。

それがこの国でプロレスが本格的にスタートした年の実情であり、ほとんどの者がプロレスとい

うものの本質を捉え切れていなかったとも言える。

見方を変えれば、プロレス側がマスコミをコントロールできていない。後に力道山は周囲のマスコミを統制するようになるが、まだそこまでの力はなかったのだ。

木村は朝日新聞大阪版で力道山を「八百長野郎」と否定し、その力道山は内外タイムスに証拠物を見せて木村を「八百長野郎」と断罪した。この一連の流れは、2人がマスコミに踊らされていたようにしか見えない。

そもそもプロレスの世界において、「確約書」のような文書を作っていること自体があり得ない行為である。2011年に大相撲で八百長の決定的証拠となるメールの文面が流出して大問題になったが、それと同じことが起きたのだ。

その結果、プロレスには「八百長の申し入れ」が存在することが公になってしまった。しかも、プロレスラー側から明かしている。テレビ中継されるビッグカードが試合の途中で崩れたことも含めて、これは少なくとも「大人のプロレス」ではない。

力道山は自分の立場を守るためとはいえ、八百長の証拠をマスコミに公開した。あまりにもプロ意識が欠如していないか。それは「プロレスラー意識」と言い換えることもできる。

本来、力道山と木村は「秘密を共有しているレスラー仲間」という関係なのだ。しかし、そんな意識は希薄だったのだろう。

では、なぜ希薄だったのか。お互いにプロレスラーとしてキャリアが浅かったからと結論づけるしかない。

いや、「日本のプロレス」そのものが未熟だったのだ。この視点が抜けていると力道山vs木村戦がなぜ成立しなかったのか見えてこないのだが、詳細は次章に譲りたい。

最終的に酒井忠正コミッショナーの仲介によって翌55年2月10日、上京した木村と力道山はコミッショナー代理・永田貞雄が立ち合いの元、握手をかわして和解が成立する。だが、確約書に書かれていた2度目の対決が実現することはなかった。

猪狩定子が見た〝昭和巌流島の決闘〟

試合の直後、日刊スポーツは会場を訪れていた猪狩定子にコメントを求めている（掲載は翌日付）。

「反則ではない」女子プロレスラー猪狩定子嬢談

靴の先で蹴ったのではないから反則ではない、木村先生も体重負けでしょう。あれだけ平手打を取られてはたまらないですよ。私は八百長とは思っていません。

最後の部分は、この一戦に世間が疑いの目を向けていたことを受けてのコメントである。

当日、猪狩はこの試合をどう捉えたのだろうか。改めて、本人に訊いてみた。

「リングサイドで見ましたよ。最後の場面の真正面でした。私、最初は日韓の戦いだと思っていたの。ところが、リキさんは入場する時に目つきが違う。堂々としているんだけど、何かおかしいなと思いました。そういえば、入ってくる時に木村先生は穏やかなんだけど、リングをじっと睨むでもなく伏目がちでした。リキさんは、〝この試合に懸ける〟という感じでした。プロレスは普通、相手に対して一歩引く場面があるんだけど、木村先生との試合では、それはなかった。

（試合映像を見ながら）ゴングが鳴って、最初にガツンと組み合う。私、こういうの好きなの。この試合、ロープワークも場外乱闘もないでしょう。あの頃は、いい時代だったわよね。

でも、リキさんと木村先生では体の厚みが全然違うわ。身長もリキさんの方が明らかに高いわね。体格差があり過ぎよ。木村先生、掴むところがなくて柔道家には辛い試合ね。キレイな試合と思っていたんだけど、途中でね…。

リキさんの猛攻が始まった時、何が起こったかわからなかったわ。気がついたら、木村先生の顔が歪んでた。リキさん、やっちゃいけないこと、全部やってる。トルコさんも言っていたけど、あと2、3発入っていたら息の根が止まっていたって。リキさんの拳は鉄の塊だって」

試合後、猪狩は控室に木村を訪ねた。

「控室に入る時、息ができなかった。息をするのが苦しかったんです。これから見る光景は、どんなに悲惨なのか想像もつきませんでした。木村先生に、〝お疲れ様でした〟なんて言えるわけないじゃないの。

木村先生は洗面器を抱え込み、俯いているだけで全然喋れない。周りは、みんなオロオロしていた。〝約束が違うじゃねえかよ。バカにしやがって。木村を何だと思ってんだ〟と半分泣きながら叫んでいる人がいましたよ。

試合の率直な感想？　残念だな…。この試合、何やかんや言ったって本当のことはわかりません。本当に喧嘩だもん。八百長云々じゃなくて、本当に個人的な戦いになってしまった。２人とも心を持って戦った。２人とも辛かったと思う。間に入った人のことを考えて、しがらみも大きくて。そういうことを抜きに戦ったら、結果はわからない。

あの試合後、しばらくテレビでプロレスの試合を見る気になれなかった。悲しくなってしまう。あの日のことを思い出すから。後になって、落ち着いてビデオを見直した感想は〝やっぱり凄い〟です」

前述のように決戦の翌日、木村が帰郷する前に猪狩は食事の席に呼ばれた。当然、その場では前日の力道山戦の話題になったという。当事者の木村は、猪狩たちに何を語ったのか。

「柳橋の鰻屋さんでした。こぢんまりした古くからの店で、ウチの清水会長の家の並びです。会長に、〝パン兄さんと一緒においで〟と呼ばれたんですよ。木村先生は、一人で来られました。まだダメージから回復していなくて、ご飯が食べられませんでした。

木村先生は力道山との試合について、〝そりゃ、本気だよ。急所に入った。強い。相手が相手だからな。あっという一瞬だった。どんな気持ちも何もない。強いよ。さすがだよ。大したもんだ〟と仰いました。

私は〝さすがだよ〟と仰った先生の方がさすがだと思いました。さらに先生は、〝新田さんが間に入って、一筆書いているんだけどな。リキと会っても握手はしないよ。目と目でわかるんだよ。

(あの試合は)どうだった?〟と聞いてきました。私は、〝あんなの試合じゃなくて、喧嘩ですよ〟と答えたんです。そうしたら、〝そうだよ。俺の気持ちがよくわかるな〟と仰って…。

そして、木村先生は涙を流したんです。あの涙は、悔し涙ではないと思います。先生は仰いました。〝誰にも言うな。木村が涙を流したら、(世間は)えらいことになる〟と。冗談めかした言い方だったので、その場では笑い声が起こりました。木村先生とは、それが最後でした。でも、お手紙はいただきましたよ。〝元気でやっているから〟と。

リキさんだって、後味が悪かったと思うよ。今頃、あの世で、〝猪狩の野郎、余計なことを言うな〟って言いそうだけど。リキさんだって勝ったと思っていないと思う。本人もやっちゃったって思っているんじゃないの?　あの試合は最後はああなったけど、平均すれば技術的な攻防も含め、いい試合でした。

しかし、プロレスというよりも、リキさん個人と木村先生個人の戦

猪狩定子の近影。長時間にわたるインタビューの後は、カラオケ大会だった。現在92歳の猪狩は、東京で元気一杯の余生を送っている。写真は浅草の喫茶店にて。

いです。みなさんには、ひとつの伝説として心の中に留めておいていただきたいと思います。リキさんと木村先生、私は両方とも好きです」

【第12章　注釈】

1　旗揚げ戦＝268ページに表紙を掲載した国際プロレス団の旗揚げ戦のパンフレットにはメインイベントが木村政彦&立ノ海vsジム・U・エジンスキー&ジェントルマン・ジム、セミファイナルが戸田武雄vsタイガー・ジョンソン、セミ前が大坪清隆vsジム・グラッシュ、さらに加藤vsロッキー・ジャケット、安藤vsリットルヘッド・ウォーカーというカードが記載されている。
加藤、安藤のファーストネームは不明。ちなみに、ラインナップは12月18日の熊本大会に出ているレスラーとほぼ重なっている。

第13章 〝昭和巌流島の決闘〟を「プロレス」として読み解く

力道山vs木村政彦戦の賞味期限は長い。いまだに、その是非について議論が続いている。しかし、この試合の「構造」を論点にしたものを少なくとも私は見たことがない。

また、この試合は大前提として「プロレス」であるが、この点を外した議論が多かった。これまで力道山vs木村戦はプロレス史上に残る「事件」として扱われてきた。だが、選手たちやその周辺にいた関係者たちが起こした「事故」だったと見た方が真実に近いのではないか。

1954年の春に、プロレスはアメリカから本格的に輸入されたばかりだった。その必然として、力道山vs木村戦はプロレスとして成立しなかった――。

これは試合から70年という歳月が流れ、プロレスにまつわる幾多の事象を見聞きしてきたからこそ言えることで、力道山、木村の双方、周辺の関係者たちを批判するつもりは毛頭ない。

この試合を「プロレス」として見ると、どういう結論になるのか。本章ではいくつかのキーワードを挙げながら、改めて分析していきたい。

日本プロレスリングコミッショナー設立準備委員会

力道山vs木村政彦戦を裁いたのは、ハワイから来た日系人のハロルド登喜（中央）。素人同然の登喜がレフェリーを務めたことがこの試合の混乱を助長した。

最初のキーワードは、「プロモーター」である。

この大会の主催者、つまりプロモーターは日本プロレスではない。主催は「日本プロレスリングコミッショナー設立準備委員会」で、パンフレットにもそうクレジットされ、彼らの挨拶文も掲載されている。

この時、コミッショナーの傘下に入るのは日本プロレス、全日本プロレス協会、国際プロレス団の3団体で、初代コミッショナーには日本プロレス協会会長の酒井忠正が就いた。

これは11月末に新橋の料亭『花蝶』で行われた会合で、すでに合意を得ている。力道山vs木村戦が組まれた12月22日の蔵前国技館大会は、コミッショナー制定の記念興行的な意味合いもあった。

この設立準備委員会は、日本プロレスの永田貞雄、木村（国際プロレス団）の側近・工藤雷介、全日本プロレス協会の松山庄次郎会長、毎日新聞社事業部長の森口忠造というメンバーで構成されている。注意すべきは力道山も木村政彦も山口利夫もここに入っていないことだ。

プロレスの興行においてヒエラルキーの頂点に立つのは身銭を切って会場を押さえ、宣伝をしながら切符を売り、選手を確保してファイトマネーを払うプロモーターである。ここを外してしまうと、力道山vs木村戦の構造が見えてこない。

テレビ中継の収録がある場合、放映権料を受け取るのもプロモーターで、この時はそれが日本プロレスリングコミッショナー設立準備委員会だったということである。

とはいえ、この興行は東京での開催ということもあり、おそらく日本プロレス側の永田を中心に進められたはずだ。パンフレットのクレジットが後援＝毎日新聞社、日本プロレス、協賛＝国際プロレス団、全日本プロレス協会になっていることから、前記のメンバー3人に新田新作を加えた辺りが大会の運営スタッフだったと考えていいだろう。

当時の状況を考えると、日本プロレスは単独で興行（シリーズ）を打っていれば、再び地方の興行師から「買い」が殺到したことは間違いなく、このような組織に参加する必要はなかったようにも思える。

では、なぜ日本プロレスリングコミッショナー設立準備委員会は立ち上げられ、そのメンバーとして日本プロレスから永田貞雄が参加し、力道山vs木村戦というカードが組まれたのか。

なぜ木村政彦は力道山への挑戦を表明したのか？

続いてのキーワードは、「木村政彦」である。

大会当日までの経緯などを見ると、力道山vs木村というカードは対戦する両者ではなく、日本プロレスリングコミッショナー設立準備委員会が主導する形で決まったと考えて間違いない。

木村側（本人と周辺の支援者）からすると、全国を回って満員の興行を連発している日本プロレスが羨ましい。さらに周辺にいた支援者（裏社会の顔役や興行関係者）にとって、日本プロレスの永田貞雄や新田新作は知らない仲ではない。猪狩定子の証言により、新田と木村が近い関係にあったことも判明した。

興行の世界は、「持ちつ持たれつ」である。木村側は力道山の人気に便乗したい。新田や永田も頼まれれば、無下に断れない。木村の場合は妻・斗美が病気で、薬代が必要だったという理由もある。その結果、「対抗戦＝交流戦」の開催案が持ち上がったのだろう。

この年、木村はシャープ兄弟が来た日本プロレス旗揚げシリーズに参戦し、全日本プロレス協会の全国ツアーにも出場した。だが、後者は力道山が参加しなかったこともあって不入りに終わった。やはり、木村や山口ではダメなのだ。

国際プロレス団は力道山vs木村戦の４日前、12月18日に熊本市白川公園特設リングで興行を打っている。この54年に関しては、11月３日の旗揚げ戦とこの大会しか試合記録は判明していない。記録が残っていない大会がある可能性は否定できないが、シリーズらしきものを開催したようには見えにくく、日本プロレスと比べるとビジネスの規模は格段の差があった。

木村が熊本でキャバレーを経営していたという話があるが、そちらが儲かっていれば、前述の薬代の話も出ない。要するに金がなかったということで、それを解決するには何らかの形で力道山と絡むしかないのだ。

ところで、木村側はなぜ11月に新団体を旗揚げしたのか。ここで存在感を見せるのが日本プロレスリングコミッショナー設立準備委員会である。

設立準備委員会主催の興行に出る以上、木村はコミッショナーの傘下に入らなければならない。だが、木村個人の加盟では格好がつかないし、大坪清隆のような若手レスラーも抱えている。ならば、「団体」にしてしまおう。これが国際プロレス団設立の動機のひとつだったように思う。

木村がこの前年に北海道ツアーを行った際、木村側が新田新作に力道山の参戦を要請し、新田の安請け合いで一度は決まったものの、キャンセルになった。力道山vs木村戦は、その埋め合わせでもある。

木村が力道山と対戦することになった理由は個人の思いもあっただろうが、周囲の支援者の意向も大きかったはずだ。プロレス人気、それは力道山人気と言い換えることもできるが、この金の成る木を自分たちも共有したいという考えに至ったのは、ある意味で当然の発想である。

当初の予定は朝日新聞大阪版の記事にあった通り、東京、大阪、名古屋での3連戦だったのだろう。これらの試合で会場に観客が何人集まろうが、力道山にしろ、木村にしろ、事前に提示されたファイトマネーしか入ってこない。

しかし、主催・運営側（プロモーター）は観客が入れば入るほど儲かる。だから、地方の興行師たちは固定の「荷物代」を払って、この年の夏に日本プロレスの興行を買ったのだ。

我々は会場を押さえ、切符を売り、売上げをたんまりいただく。リング上の試合に関しては、それなりのファイトマネーを支払ってレスラーたちに任せておけばいい。

だが、ここでプロレス興行において必要になる存在が「ブッカー」である。

プロモーターの命を受けて大会を編成する選手やレフエリーを集め、次に繋がるストーリーラインを考えてマッチメークをする。レスラーたちに与えた「仕事」を遂行させるだけでなく、彼らをアクシデントなどから守ることもブッカーの役割のひとつだ。

つまり、興行全体を支配しているのはプロモーターだが、リング上の試合を含めて「現場」を管理するのは彼らに雇われたブッカーというのがプロレスを運営する上での基本的な構造である。試合をするレスラーたちはファイトマネーをもらい、その対価分の仕事をする下請けに過ぎない。

では、問題の力道山vs木村戦はどうだったのか。

前述のように試合をする2人はプロモーターでもブッカーでもなく、設立準備委員会に与えられたカードをこなす単なるレスラーという側面が強かった。

おそらく、木村はそこに何の不満もなかったはずである。なぜなら、永田貞雄、新田新作ら日本プロレスのスタッフと利害が一致していたからだ。

力道山vs木村戦を組んだ設立準備委員会の真意

続いては、日本プロレス側の「新田新作」、「永田貞雄」をキーワードに力道山vs木村戦を見てみよう。

「日本プロレスは力道山が立ち上げた」

一般的な認識ではそうだが、これは正確ではない。

そもそも、なぜ力道山は日本にプロレスを輸入するにあたって新田や永田を頼ったのか。理由は単純で、自らプロレス団体を立ち上げ、運営していくほどの資金も人脈もなかったからだ。

力道山が最初からプロモーターとして将来的に日本のプロレスを掌握したいと考えていたことは間違いない。それは協力したボビー・ブランスや沖識名、ハワイのアル・カラシック、サンフランシスコ地区のジョー・マルセウィッツも承知していたはずで、2度のアメリカ武者修行はプロレスビジネスを学ぶ旅でもあった。

だが、自分で団体を旗揚げする財力はない。地方巡業を組むコネクションもない。そこで道場の建設や協会の立ち上げに始まり、旗揚げシリーズの資金面や興行面は新田や永田に任せ、自らはエースレスラー（メインイベントに出場）兼ブッカー（招聘する外国人のブッキングや各大会のマッチメーク）の立場で日本プロレスをスタートさせた。

この構造で開催された2度のシリーズは大成功に終わり、力道山は国民的スターとなる。

だが、新田と永田は長年支援してきた力道山の「出世」を素直に祝福したわけではない。シャープ兄弟、ハンス・シュナーベル&ルー・ニューマン招聘の成功によって、力道山の態度が横柄になってきたからだ。

新田も永田もプロレスに対して、力道山に対して多額の投資を行ってきた。2度のシリーズの成功により、投資に見合う回収にやっと乗り出せるという時期だった。

そして、力道山vs木村戦で大観衆からの入場料（同年夏のシリーズのリングサイド席は1500円だったが、この試合は2000円）、テレビ局（日本テレビ、NHK）とラジオ局（NHK、ニッポン放送）からの放送料を今まさに得ようとしている。

2人による投資回収の試みは、これが初めてではない。日本プロレス協会は、文部省（現在の文部科学省）に対して財団法人化の申請を行っている。その点数稼ぎとして開催したのがこの年の10月1日、5000人もの小学生を東京体育館に招待したチャリティー興行（メインは力道山と遠藤幸吉、駿河海、芳の里のシングル3連戦）である。

財団法人化のメリットは税制上の優遇を得られるだけでなく、公的な存在になることで、これまで以上に政財界や官界、旧

力道山vs木村政彦戦のラジオ中継の広告。テレビ受像機が普及していない時代、会場に行けず、街頭テレビも見に行けない人々は力道山vs木村政彦戦を「体験」するためにラジオにかじりついた。

貴族・華族、場合によっては皇室と繋がるチャンスも生ずる。しかし、この計画は世間のプロレス八百長説が足枷となって流れた。

ここで目先を変えて、コミッショナー制度確立という発想になった。プロ野球界、プロボクシング界を真似たわけである。

そして、これに木村政彦と山口利夫、その周辺の支援者たちも乗っかってきた。力道山とすれば、「金を稼いでいるのは俺だ。どいつもこいつも俺にぶら下がりやがって」という思いだったのではないか。

一方、永田や新田からすれば力道山をこれ以上、増長させたくないという思いがあった。玉ノ海親方は力道山が敗戦を境に変わったと評したが、新田や永田は日本プロレス旗揚げを境に力道山は変わったと感じていたのかもしれない。

54年12月15日、横綱の座で引退し、年寄・錦戸となっていた東富士が廃業を発表する記者会見を開いた。ただし、東富士にはプロレス転向の噂が絶えなかったものの、この日はまだそれを明言しなかった。力道山vs木村戦の1週間前のことである。

この会見には、東富士のタニマチだった新田新作も同席した。新田の願いは、東富士を日本プロレスに引き込むことで増長する力道山を抑えることにあった。

「力道山のプロレス興行」と「永田の浪曲興行」

続いてのキーワードは、「力道山」である。

帰国以来、力道山の立場は日本プロレスのレスラー兼ブッカーでしかなかった。もちろん、力道山には日本プロレス興行の社長・新田新作からファイトマネーが支払われるのだが、自分の裁量で興行収益を自由にできるわけではない。

前述のように力道山のアメリカ武者修行は本格的なプロレスラーになるためであると同時に、日本のプロレスを仕切るプロモーターになるためでもあった。

サーキット中、力道山はアル・カラシックやジョー・マルセウィッツが大入りの興行で大金を手にした光景を目撃している。当然、不入りの際にリスクを負うのもプロモーターなのだが、日本プロレスに関しては旗揚げ以来、大入りの連続なのだ。

「日本選手権」といっても、それは外から見た勲章でしかない。力道山にとって木村戦を受諾する動機づけとなる要素はなく、この試合に対する温度が最も低かったのが力道山だったのは間違いないだろう。要するに、「永田さんや新田さんには世話になっているから、しょうがねえ。木村と試合をしてやるか」程度のスタンスなのだ。

この年の秋、シュナーベル&ニューマンを招聘したシリーズが終了すると力道山は映画の撮影に入った。予定では暮れに渡米し、ハワイなりサンフランシスコなりのリングに上がりつつ、次のシリーズの自分の相手を探す手はずだった。そこに割り込んできたのが木村戦だったということになる。

極端な話、力道山にとって木村戦はどうでもよかったのではないか。早く映画のロケを終えて、アメリカに行って外国人レスラーを呼び、また日本全国を回るシリーズをやりたい。力道山の思いは、その辺にあったはずだ。

ここで私は永田貞雄の顔が浮かぶ。永田は戦前から浪曲の興行を手掛けていた。その時代は浪曲師の一座が単独で興行を打つのが常だったが、敗戦を経て、浪曲はGHQから戦争を鼓舞した文化として目をつけられる。

人気低迷の危機に先手を打って、永田が取った手法がスター浪曲師を集めたパッケージツアーだった。そして、これが大ヒットする。おそらく力道山vs木村戦は、その応用なのだろう。

後述するが、この流れに山口利夫も加わった。日本プロレス、国際プロレス団、全日本プロレス協会がコミッショナー傘下となり、その主要選手たちがパッケージで全国を回る。興行の仕切りは各団体の持ち回りにして、利益を分け合えばいい。

永田の頭には、そんな考えがあったように思えてならない。だが、それは日本の興行師の発想であり、力道山がアメリカで学んだプロレスとは違ったのである。

「確約書」は誰が作り、承諾させるべきだったのか？

ここで前章でも触れた「確約書」についても再検証しておこう。

この確約書は、何を確約せよということなのか。どう考えても、「口約束でかわしていた内容を書面で改めて確約せよ」ということだ。

ひとつは、力道山vs木村戦を確実に2度行うことである。連戦を組むメリットはプロモーター側、そして木村側にあった。前者は興行収益、後者は金欠の解消のためである。

前述のように、このような文書を作ること自体がプロ意識の欠如なのだが、ここではそこを問題視せず話を進めよう。

まず指摘したいのは、木村が力道山に確約を求めている状況がおかしいということだ。なぜなら、力道山は主催者（プロモーター）ではなく、いくら本人が確約しようと力道山自身が会場を押さえて興行を組むわけではない。

試合の舞台を用意するのは日本プロレスリングコミッショナー設立準備委員会であり、本来は彼らが文書を作って力道山、木村双方の確約を取り、保管しておくものなのだ。

もうひとつは初戦＝引き分け、再戦＝力道山に勝ちを譲るという部分である。これも同様で、木村が個人的に力道山から確約を得るような案件ではなく、設立準備委員会が双方に確約させることだ。ただし、仮に結果が確約書通りになっていたとしても、木村には「力道山に勝てなかったレスラー」という烙印が押されることになり、国際プロレス団にとってはマイナスにしかならない。

裏を返せば、木村側がそれだけ力道山と絡みたかったということになるが、交渉として対等になっておらず、やはり木村の近くに有能なブレーンがいなかったように見える。

力道山vs木村戦以外は誰が「マッチメーク」をしたのか？

続いては、「マッチメーク」という視点で考えてみよう。

この大会の軸になったのは日本プロレスと国際プロレス団の対抗戦で、全日本プロレス協会からは市川登が参加した。

全カードは以下の通りで、名前の下の括弧内は所属団体である。

○力道山（日）vs木村政彦（国）●
○遠藤幸吉（日）vs立ノ海（国）●
△ユセフ・トルコ（日）vs戸田武雄（国）△
△駿河海（日）vs大坪清隆（国）△
○芳の里（日）vs市川登（全）●
○渡辺貞三（日）vs田中米太郎（日）●
○阿部修（日）vs宮島富男（日）●
○卓詒約（日）vs金子武雄（日）●

プロレス運営の定石に照らし合わせれば、カードおよび勝敗の決定権はプロモーター、ブッカー側にある。

この大会に関して、メインイベントのカードを決めたのは日本プロレスリングコミッショナー設立準備委員会だ。

しかし、それ以外のカードに関しては誰がどういう経緯で決めたのか判明していない。プロレスの対戦カードは、ただ組み合わせを作ればいいわけではなく、ストーリーラインや勝敗を含めて「マッチメーク」する必要がある。本当はこれが判明すると新たに見えてくることもあるのだが、選手・関係者が鬼籍に入っているため解き明かすのは事実上、不可能だ。

話を力道山vs木村戦だけに絞ると、繰り返しになるが、確約書にあるように初戦＝1－1から時間切れ引き分け、2戦目＝力道山の勝利という形で2度行われる予定だった。

この2度の対決と試合結果に関して、私は日本プロレスリングコミッショナー設立準備委員会、力道山、木村が話し合う中で決定したと判断している。

そうなると、大会のプロモーターは設立準備委員会であり、力道山vs木村戦のブッカーも兼ねている。これは力道山から見ると、木村戦は日本プロレス旗揚げ以後、自分のカードのマッチメーク権が手元にない初めての試合ということになるのだ。

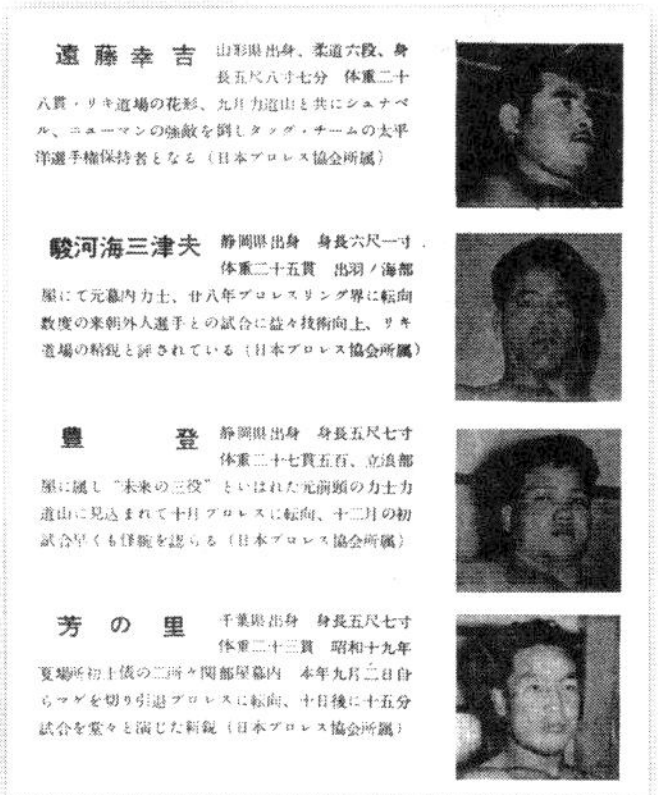

遠藤幸吉　山形県出身、柔道六段、身長五尺八寸七分　体重二十八貫・リキ道場の花形、九月力道山と共にシュナベル、ニューマンの強敵を倒しタッグ・チームの太平洋選手権保持者となる（日本プロレス協会所属）

駿河海三津夫　静岡県出身　身長六尺一寸　体重二十五貫　出羽ノ海部屋にて元幕内力士、廿八年プロレスリング界に転向数度の来朝外人選手との試合に益々技術向上、リキ道場の精鋭と評されている（日本プロレス協会所属）

豊　登　静岡県出身　身長五尺七寸　体重二十七貫五百、立浪部屋に属し"未来の三役"といはれた元前頭の力士力道山に見込まれて十月プロレスに転向、十二月の初試合早くも怪腕を認らる（日本プロレス協会所属）

芳の里　千葉県出身　身長五尺七寸　体重二十三貫　昭和十九年夏場所初土俵の二所ヶ関部屋幕内　本年九月二日自らマゲを切り引退プロレスに転向、十日後に十五分試合を堂々と演じた新鋭（日本プロレス協会所属）

1954年12月22日のパンフレットより。日本プロレス側では豊登が急遽欠場し、代わりにユセフ・トルコが戸田武雄と対戦した。芳の里は、この年の9月にデビューしたばかりの「プロレス1年生」であった。

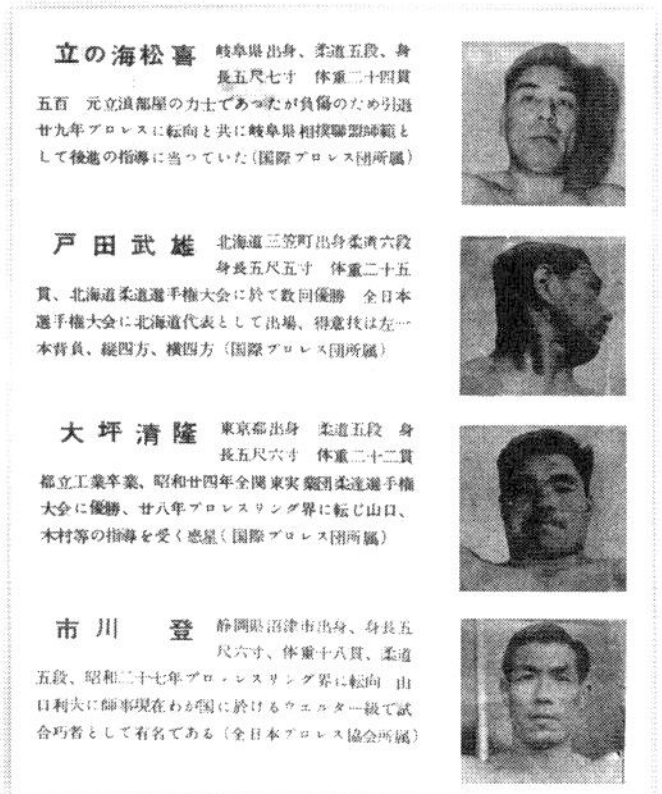

立の海松喜　岐阜県出身、柔道五段、身長五尺七寸　体重二十四貫五百　元立浪部屋の力士であったが負傷のため引退廿九年プロレスに転向と共に岐阜県相撲聯盟師範として後進の指導に当っていた（国際プロレス団所属）

戸田武雄　北海道三笠町出身柔道六段　身長五尺五寸　体重二十五貫、北海道柔道選手権大会に於て数回優勝　全日本選手権大会に北海道代表として出場、得意技は左一本背負、縦四方、横四方（国際プロレス団所属）

大坪清隆　東京都出身　柔道五段　身長五尺六寸　体重二十二貫　都立工業卒業、昭和廿四年全関東実業団柔道選手権大会に優勝、廿八年プロレスリング界に転じ山口、木村等の指導を受く慧星（国際プロレス団所属）

市川　登　静岡県沼津市出身、身長五尺六寸、体重十八貫、柔道五段、昭和二十七年プロレスリング界に転向　山口利夫に師事現在わが国に於けるウエルター級で試合巧者として有名である（全日本プロレス協会所属）

上の3選手が国際プロレス団、市川登だけが全日本プロレス協会の所属となる。最下段同士のカードがシュートと化した。

力道山にとって木村戦は、設立準備委員会に押し付けられたカードである。しかし、これは重要なことなのだが、「試合結果」に関しては意見を言える立場にあった。

本来は試合の中身はレスラー同士に任せても、試合結果はブッカーが判断して決めることだ。ここに力道山vs木村戦の歪な構造が見て取れる。

では、この大会で「現場」全体を管理するブッカーは誰だったのか。

カードや試合時間の調整はもちろんのこと、興行自体を成功に終わらせ、次の興行の集客に繋げる。実際、2度目の力道山vs木村戦を開催することは決まっているのだ。

54年12月22日、蔵前国技館で、そんなことを考えながら興行全体に目を光らせていたブッカーはいたのか。ここまで書き進めてきても、その存在は浮かび上がってこない。

「1－1から61分時間切れ引き分け」の意味

続いては、確約書にある「61分時間切れ引き分け」について考えてみたい。これは誰が提案したのか。実のところ、誰の提案でも構わない。合意していることが問題なのだ。

これは単に61分間、2人でリング上にいればいいわけではない。61分にわたって、観賞に耐えうる試合を見せなければいけないということである。

あくまでも新聞で報道された範囲内であるが、海外武者修行中は言うに及ばず、帰国後も木村にはシングルマッチで「60分フルタイム」を戦った経験がない。

力道山にしても、武者修行中の52年10月21日にサンフランシスコでレイ・エッカートの持つ太平洋岸ヘビー級選手権に挑戦した試合の一度だけである。

この年、シャープ兄弟が来日した際に力道山&木村は彼らの持つ世界タッグ選手権に3度挑戦し、2試合は61分時間切れ引き分けに終わった。

これを力道山と木村の「実力」と見るか。いや、世界一のヒールタッグ王者がキャリアの浅い挑戦者チームを時間いっぱい引っ張ったから試合が成立したと見るのが妥当である。

昭和の時代によく見られた「60分フルタイムドロー」を簡単に説明すると、原則的にこの力道山vs木村戦のように大会場でのビッグマッチ、あるいはテレビ中継の収録がある興行のメインイベントで組まれる。つまり、チャンピオンやエース格、準エース格のレスラーに与えられる試合であり、経験せずにリングを去る選手の方が圧倒的に多い。

別の言い方をすると、昔のNWA世界ヘビー級王者が各テリトリーを回って、こなす「仕事」である。裏を返せば、それができないと判断されたレスラーはNWAの会員たちにチャンピオンとして「認定」されない。

心技体の揃ったNWA世界王者だからこそ、各地区のプロモーターやブッカーは安心して大きな興行で60分のロングマッチを任せる。

そして、業界のトップたるNWA世界王者はどんなレスラーが相手でも、彼らの良さを引き出しながら試合を成立させ、各テリトリーのビジネスを潤す。

だが、力道山も木村も団体のエースとはいえ、お互いにまだプロレスラーとしてはキャリア4年目の新人でしかない。しかも、リングに上がっていないブランクもあり、試合数を考えると「プロレス2年生」ほどのキャリアなのだ。

そんなレスラー同士がビッグマッチで披露するに相応しい61分時間切れ引き分けの試合をこなせるのか。

本来なら、誰かが提案しても現場を仕切るブッカーが即座に却下するマッチメークである。だが、この時は試合をする本人たちも含めて、誰も「ノー」とは言わなかった。

設立準備委員会はあくまでも「興行担当」で、リングの中のことはレスラーたちに任せるというスタンスだったに違いない。

しかも、61分も試合をすることが決まっていたにもかかわらず、会場入りに際して木村は酒気を帯びていた。これを木村の豪傑ぶりを示すエピソードと読むか。私にはプロモーターに、対戦相手に、そして何よりも観客に対して礼節を欠いた行動にしか見えない。

今だから言えることだが、そもそも力道山vs木村というカード自体に無理はなかったのか。

これは団体対抗戦であると同時に、エース対決である。しかも、そこに「初代日本ヘビー級王座決定戦」という冠も乗っかった。言うなれば、日本一のプロレスラーを決める天下分け目の決戦で、試合当日付の日刊スポーツも「日本一をかけた真剣勝負」と見出しを打った。

今ではファンでも対抗戦のメリット、デメリットを知っている。前者は大きな注目が集まり、普段よりも興行収益が見込めること。後者は通常運転に戻った際に刺激が薄れ、観客動員が落ちる可能性があることだ。

エース対決に関しては、負けた方のイメージダウンが大きいことは説明するまでもないだろう。しかも、同じカードを何度も組むと「出来レース」にしか見えない。マッチメーク権を預かるブッカーとしては、試合結果も含めて扱うのが難しい案件である。

日本プロレスリングコミッショナー設立準備委員会に、そうした意識はあったのか。いや、なかったに違いない。

力道山vs木村戦、それに続く力道山vs山口戦はあくまでもオールスター浪曲興行のプロレス版であり、彼らの支援者たちと興行収益を分配する「持ちつ持たれつ」の企画という認識しかなかったと思われる。

日本は「テリトリー」として成立していたのか？

続いては少し角度を変えて、この時期の日本のプロレスを「テリトリー制」という観点で見てみたい。

この段階で、日本プロレスはマーケットを日本全国に広げていた。アメリカ流に言えば、日本プロレスによる「本拠地・東京を中心として全国各地をサーキットするテリトリー＝日本地区」は、すでに形成されていたと言っていい。

国際プロレス団は旗揚げしたばかりなので除外するとしても、全日本プロレス協会は本拠地・大阪を中心としたサーキットコースを確立できていない。さらに言えば、この2つの団体はそれを確立できないまま最終的に崩壊に至る。

日本プロレスから見た場合、国際プロレス団や全日本プロレス協会は自分たちのテリトリーで興行を打っているオポジション（対抗勢力）でしかない。ＮＷＡだったら他地区の会員に協力を仰いで興行戦争を仕掛け、潰しに行く存在である。

だが、日本プロレスの永田貞雄は、その敵対団体と手を組んでＮＷＡ的な同業者互助組織を作ってしまった。

永田は一流の興行師である。未知だったプロレスのシリーズも成功させた。理由は色々と考えられるが、プロレスというものを日本の興行システムにうまく当てはめたのが一因である。

だが、力道山の頭の中には「アメリカのプロレス」があった。それは自身が学び、身をもって体験したプロレスである。力道山自身は、まだプロモーターではない。しかし、プロモーター的な頭脳は持っていた。これも日本プロレスが成功した大きな要因のひとつである。

力道山vs木村戦については、前者が日本のプロレスを独占していく過程で、後者が犠牲者になったと見る向きもある。だが、これは間違いで、前述のようにこの段階ですでに「力道山人気」は全国を制覇しているのだ。

付け加えれば、アメリカのプロレスはＮＷＡという傘の下、「1テリトリー（地区）＝1プロモーション（団体）」という形で繁栄してきた。日本の約5倍の国土を持つメキシコのプロレスもＥＭＬＬ（現・ＣＭＬＬ）が支配する1団体時代が長かった。

日本のプロレスは70年におよぶ歴史の中で、複数のメジャー団体が同時に存在する時代の方が圧倒的に長いが、世界的に見ると、こちらが異例だったとも言える。

では、力道山と木村、山口が国内で共存共栄していく道はあったのか。

ハワイのアル・カラシックとサンフランシスコ地区のジョー・マルセウィッツはこの2年前に、武者修行時代の力道山と木村を時期が被らないように交互に使っている。これも「持ちつ持たれつ」だ。

しかし、ここで注意しなければならないのは、カラシックとマルセウィッツは商売するエリア＝テリトリーが違う。つまり、提携が成り立つのは彼らがお互いに商売敵ではないからだ。

NWAでは、他の「テリトリー」への侵入はタブーである。自由競争が建前のアメリカであってもだ。

力道山vs木村戦の前月に来日したミルドレッド・バークは、帰国後にロサンゼルスで女子プロレスラーのプロダクションを立ち上げた。しかし、これだけのことでプロモーターの同業者組合たるNWAはバークをブラックリストに加えた。

そのリストは即時に全北米へと郵送される。要は「もうバークは使うな」ということだ。最もこういうことをやり過ぎて、NWAはアメリカ連邦政府から独占禁止法違反で摘発を食らうのだが。

力道山はそのNWA管内のハワイ、サンフランシスコ地区でプロレスラーとしてだけでなく、プロモーター的な感性も磨いてきた。NWAの方法論を知る力道山は、永田や新田の「持ちつ持たれつ」的スタンスに冷めた目しか持たなかったはずである。

海外マットの話になったので、ここで外国人レスラーの「ファイトマネー」についても少し触れておこう。

この年の春に来日したシャープ兄弟のファイトマネーに関して、具体的な数字はわかっていない。だが、高額だったことは容易に想像できる。

力道山が彼らと交渉した際、当然ながらアメリカ本国で稼いでいる額以上の数字を提示しなければ、首を縦に振らなかっただろう。

ファイトマネーは力道山がアメリカの銀行にプールしていたドルで払ったにしても、これはシャープ兄弟のファイトマネーを力道山が個人で払ったわけではなく、その分を日本プロレス側が何らかの形で補填したはずである。

何事にも功罪はあるもので、日本のプロレスは海外から一流レスラーが次々と来日したことで隆盛を保てたが、その一方で外国人選手の高額なファイトマネーは平成時代に至るまで各団体にとって悩みの種となった。これが原因で経営が傾いた例もある。

永田貞雄の中で、その解決策として思いついたのが外国人抜きの日本人オールスター興行だったのではないか。ドル払いの件も含めた外国人のファイトマネー問題をクリアできるだけでなく、馴染みの興行関係者にも顔が立ち、一石二鳥である。だが、それは力道山が思い描いていたプロレスとは違ったということだ。

力道山は死去するまで、アメリカの一流レスラーを呼ぶことにこだわった。それは特に初期においては自分のプロレスラーとしての拙さを外国人レスラーに補ってもらうためでもあったが、武者修行中のイメージ戦略「世界を往く正義の力道山」の延長でもある。

それなのに、なぜ木村の相手をしなければいけないのか。しかも、山口まで乗っかってきた。すでに自分は「日本一」なのだ。

試合前から、力道山は腹に一物あったのは間違いない。そんな力道山に対して、言い含める「ブッカー」は存在したのか。やはり、その姿は見えてこない。

ガチンコと化した芳の里vs市川登戦の顛末

この大会で試合が崩れたのは、メインの力道山vs木村戦だけではない。続いては、同じくガチンコマッチになった「芳の里vs市川登」を俎上に乗せよう。

この日は日本プロレスvs国際プロレス団の対抗戦が4試合、日本プロレスvs全日本プロレス協会の対抗戦が1試合組まれた。後者が芳の里vs市川登戦である。

試合翌日のスポーツニッポンは、この試合を「所属違いで真剣勝負」という見出しで記事にした。

八百長といわれながらも、所属が違うと敵愾心が募るものか、前座、芳ノ里と市川登は前者が力道の日本プロ・レス協会、後者山口の全日本プロ・レス協会であったが、はじめから喧嘩のようなわたり合い。芳ノ里が離れて得意の張り手を連発すれば、なんとか組もうとする市川の顔面は真赤となり、こんなやつを相手にしては損とばかり市川はへきへきしたか、ここであっさりまけてしまった。

激昂した芳の里に対し、市川は自分から試合を投げた（負けた）ようにも読める。

この試合でガチンコに出た芳の里は、市川の頭部を張りまくった。それにより市川は脳障害の後遺症を残し、廃人のまま人生を終えたという話がある。前者に関しては事実なのだろうが、後者に対して私は懐疑的だ。

というのは、市川は翌年以降も57年1月5日（日本プロレスの興行だが、大阪で行われたため前座の選手を現地調達）まで現役を続けているからだ。もちろん、不調を抱えながら現役を続け、障害が後になって出てきたということもあり得る。しかし、この場合は芳の里戦と脳障害の因果関係の説得力は落ちる。

その真偽はさておき、ここで芳の里がガチンコに出た経緯を考えてみよう。「対抗戦だから、命を張った」などという美しい話ではない。力道山が裏でネジを巻いたのだ。

芳の里は9月に大相撲の世界から日本プロレスに来たばかりだった。しかも、二所ノ関部屋の力道山の弟弟子である。言わば押し掛けグリーンボーイで、そんな状況では力道山の命令は絶対になる。

一方、市川登はプロ柔道からプロレスに流れてきた。前年7月の木村の北海道ツアーには、柔拳の柔道側として参加している。全日本プロレス協会の大将・山口利夫とは、プロ柔道以前からの仲だ。

木村が力道山への挑戦を表明した後、54年11月30日に全日本プロレス協会の松山庄次郎会長は事務所で会見を開き、日本一の座を力道山と木村だけで争うことに異議を唱えた。ここから、山口が力道山vs木村戦の勝者に挑戦する流れになる。

同月26日、料亭『花蝶』での会合は日本プロレスリングコミッション設立に向けた最終打ち合わせでもあったが、おそらくこの辺りで全日本プロレス協会もコミッション傘下に入ることが正式に決まったと思われる。

同年12月10日頃に発売された田鶴浜弘主宰の『月刊ファイト』に載っている蔵前大会の告知には参加レスラーとして日本プロレス、国際プロレス団の選手の名しかない。つまり、当初は2団体の対抗戦だったのだ。そうすると、芳の里vs市川は急遽、決まったカードだったことになる。

この日、日本プロレスリングコミッショナー設立準備委員会のメンバーである全日本プロレス協会の松山会長が会場にいたかどうかはわからない（同月21日に東京・浜町で行われた委員会の会合には出席）。彼はプロモーター兼ブッカーとして団体所属の市川をプロテクトする立場にあるのだが、そんな意識はなかったと思われる。つまり、市川を守る者が誰もいなかったのだ。

これは日本プロレスに置き換えても同じことで、芳の里が市川に返り討ちにされる可能性だってある。ガチンコの話になると「どちらが強いのか?」という視点で語られがちだが、プロレス興行として見た場合、プロモーター側に「商品」たるレスラーを守るという意識がないことが問題なのだ。

なぜ力道山は芳の里に対して、「試合では殺せ」（『戦後史開封［昭和20年代編］』）と囁いたのか。「これぞ力道山の喧嘩プロレス」と言えば聞こえはいいが、単に自身の苛立ちを他の試合にぶつけただけだろう。この辺りにもプロ意識の欠如、プロレスラーとしての拙さを感じる。

翌55年1月28日、大阪府立体育会館で行われた力道山vs山口利夫戦（日本ヘビー級王座の初防衛戦）の前座に市川は出た。

相手は駿河海。つまり、これは日本プロレスvs全日本プロレス協会の対抗戦で、結果は引き分けている。

この時、駿河海は力道山、遠藤幸吉に次ぐ日本プロレスのナンバー3で、芳の里より格上だった。市川がその駿河海と引き分けたことは、彼の名誉回復策、芳の里戦の手打ちだったと私は見る。

誰も力道山vs木村戦を「管理」していなかったのか？

なぜ力道山vs木村戦はプロレスの試合として成立せず、ガチンコになったのか。

ひとつの結論を申せば、日本プロレスリングコミッショナー設立準備委員会のメンバーがまだ「プロレス1年生」だったからである。そこに新田新作、さらにプロレス人気を共有しようとしていた裏社会の顔役や興行関係者たちを加えてもいい。

力道山vs木村戦は試合をしたプロレスラー、試合を裁いたレフエリー、さらにはスタッフまでもがプロレス運営の定石に照らし合わせて未熟だった。その結果、後味の悪さだけが残った。

もし同じ時期、ある国でプロレスが始まり、複数の団体が誕生したとする。そこでエース同士を

1955年1月28日、山口利夫が地元・大阪で力道山の日本ヘビー級王座に挑戦した試合の広告。この興行は、日本プロレスと全日本プロレス協会の共催だった。

戦わせた場合、用意周到に準備しないと同じことが起きただろう。プロレスとは、そういうものである。

プロレスには業界の維持のために、興行を定期的に行っていくために試合をブッカーが管理するという定石がある。今まで行われてきた力道山vs木村戦の議論は、この定石を踏まえていないものがほとんどだった。

設立準備委員会が犯したミスのひとつはブッカーとして力道山vs木村というカードを組んでおきながら、試合を管理しなかったことにある。要はカードを組んだだけで、あとは2人にほとんど丸投げにしたのだ。

しかも、両者は大会場のメインイベントで61分フルタイムのシングルマッチを戦い、観客や視聴者を満足させられる技量を持ち合わせていない。

この年に行われた日本プロレスの2度のシリーズが盛況に終わったのは、シャープ兄弟をはじめとする来日した外国人レスラーたちの技量も大きかった。逆に言うと、木村や山口の興行が日本プロレスのような熱狂を生み出せなかったのは、彼らとリング上で対峙した外国人レスラーがセミプロだったことに一因がある。

やはり、力道山vs木村というカード自体に無理があったのだ。

しかも、木村は酒気を帯びて会場入りしている。そんな状態で満足なロングマッチができるわけがなく、普通のブッカーなら急遽、「フィニッシュ」を変えていたはずだ。そこはブッカーの権限であり、現在のWWEなら即刻解雇だろう。

そんなコンディションで木村はリングに上がり、力道山と対峙した。現在、動画サイトなどで見られる試合映像は明らかに編集されている。だが、それは重要な問題ではない。問題なのは映像を見る限り、木村はプロレスラーとして大会場でメインを張るレベルにないことだ。

では、力道山はどうか。あのまま木村をリードしながら61分時間切れのゴングまで試合を引っ張ることはプロレスラーとして相当な技量が必要である。いや、無理だと言っていい。

そうなると、これはもう「アクシデント」だ。通常のプロレス興行ならブッカーが指示を出し、何らかの形で試合を終わらせる局面である。大会当日、あるいは試合中に「フィニッシュ」を変えることはプロレスの世界でないことではない。

中継の尺が余ったとしても、それはテレビ局の問題だ。プロレスというビジネスを守るため、その商品たるトップレスラーをプロテクトするため、ボロが出る前に試合をフィニッシュさせなければいけない。

だが、現場にそうした判断を下し、実行する者はいなかった。

その結果、この試合に最初から乗り気ではなく、苛立ちが募っていた力道山はキレた。そして、木村を一方的に叩きのめした。

確約書には、1本目は20分ほどで木村が取ると書かれている。そうなると、これは確かに力道山の約束破りだ。だが、これは明らかに途中で止めるべき試合でもあった。

この試合のブッカーたる設立準備委員会のメンバー、さらに周辺の関係者たちは試合があのような凄惨な結末になる可能性を想定していなかったはずである。

だが、自分の上位に位置する「ブッカー」というタガがなくなると、レスラーのエゴや欲望、負の感情がリング上で放出される。それにより試合は滅茶苦茶になり、予定されていた2戦目も消滅してしまった。

プロレス運営の定石は「ワーク」という基本構造が出来上がっていく20年代から蓄積されてきたものであり、その延長上にできたのがNWAというシステムだった。日本のプロレス界は、その定石の何たるかを知らない1年生であり、それゆえ起きた事故が力道山vs木村戦だったということである。

さらに付け加えれば、芳の里vs市川登のようなことも運営側が拙いから起こった。というよりも、プロレス興行の運営自体ができていない。

それゆえ、業界の掟を破るような試合をした芳の里も力道山も不問となっている。これでは「やった者勝ち」で、プロレス運営の定石に照らせば、あり得ないことだ。つまり、プロレス

力道山の猛攻を受け、木村政彦が昏倒する直前の場面。この時、猪狩定子は斃れる木村の背中を呆然と見つめていた。

の興行として歪んだ構造がそこにあったのだ。

設立準備委員会は木村に端を発し、力道山の逆襲で終わった「八百長」発言の応酬もコントロールできていない。いや、そういったことを管理するという認識すらなかったのだろう。

マスコミ対応に関しても彼らを取り込んでいるようで、実際は取り込めておらず、結果、無法状態となって「八百長の申し入れ」が明記された文書まで公になってしまった。

だが、本書で彼らを責めるつもりはまったくない。ここで指摘したいのは世間の熱狂とは裏腹に、そんな未熟な状態で日本のプロレスは始動したということである。

ここで再び猪狩定子に登場していただく。猪狩は力道山vs木村戦の後、山口利夫と会っていた。

「山口さんと知り合ったのは、リキさんと知り合うよりも1年くらい早かったんです。リキさんとの試合の前に、山口さんは〝俺は、やりたくない、死にたくない〟と言っていたんですよ」

力道山vs山口戦が行われた55年1月28日の大阪府立体育会館は、本来は力道山vs木村の再戦のために押さえられていたのではないか。常々、そう思っていた。猪狩のこの証言を聞いて、私は確信を持ちつつある。

会場は、すでに押さえてある。しかし、力道山vs木村の再戦を行える状況にない。そこで山口にお鉢が回ってきた。幸いなことに、山口は前年11月末に勝者への挑戦をぶち上げていた。したがって、1月28日に力道山vs山口戦が押し込まれても不自然には見えない。

であるならば、なぜ山口は怯えていたのか。おそらく、大した事前説明が行われないまま出場命令のみが下されたからだろう。この試合は結果的に崩れなかったが、こんなところからも日本のプロレスがまだ幼さゆえの荒っぽさを持っていたことが見えてくる。

なぜレフェリーは沖識名ではなく、ハロルド登喜だったのか？

最後に、「レフェリー」というキーワードで力道山vs木村戦を見てみよう。

当然のことながら、混乱の責任は試合をした力道山と木村だけでなく、試合を裁いたレフェリーのハロルド登喜にもある。

試合映像を見る限り、木村のコンディションの悪さは目を覆いたくなるほどで後半はバテバテだ。結果として、試合がしょっぱくなる。

そんな木村がビッグマッチのメインを張れたのも日本のプロレスが1年生だったゆえである。代わりを探そうとも、レスラーの層が薄い。そうなると、やはり力道山vs木村というカードが浮上してしまうのだ。

試合中に呼吸を整えるのもプロレスラーに必須の「技術」である。これができないと、ロングマッチは戦えない。木村は誰にプロレスを教わったのか。ラバーメン樋上である。

その理由は樋上が戦前にアメリカのプロレス界で重宝された「優秀な柔術家」だったからで、「優秀なプロレスラー」だったからではない。

確かに世界ジュニアミドル級王座を獲ったことがある。しかし、ヘビー級に比べれば、それは裏街道だ。沖識名が語った「木村、山口はラバーメンのところになんか行ったからダメだったのよ」

は実は意味深な言葉なのだ。

プロレスラーとして、力道山は木村と同じ51年デビューの同期生になる。しかし、この試合に至るまでの試合数が木村とは圧倒的に違う。

プロレスラーとしての試合の見せ方という点では、力道山がリードしていたことは明らかだ。しかし、力道山もまだキャリアが足りず、グリーンボーイの域を出ていない。そうなると、試合展開のバリエーションも少なくなる。

プロレスの試合は、相手と共に作りあげていく。それゆえ、対戦相手が下手だと自分の負担が大きくなる。ここをどうするかが腕の見せどころで、「箒《ほうき》とでも試合ができる」という譬えもあるではないか。

ところが、力道山は木村の拙さをカバーできずにキレてしまった。キレるのは、「仕事」を終えて観客が見ていないドレッシングルームに戻ってからにすればいい。しかし、キャリアの浅さゆえ、そんなこともできなかった。

この「キレてしまった」というのは私なりの結論であり、試合終盤の力道山の猛攻はキレたのではなく、意図的だったという見方もある。

だが、力道山は永田や新田との関係上、仕方なく木村戦を受けたとはいえ、試合の中盤まではプロレスの範囲内でどう結末をつけようかと考えながら試合をしていたように見える。

私は思う。力道山がキレたという表現は正確ではない。キレることができたのだ。

キレて木村を叩きのめしても、力道山を咎める者が誰もいない。なぜなら、すでにプロレスは力道山抜きには大きなビジネスが成立しない状況になっていたからだ。

プロレス興行において、プロモーターは絶対的な権力者である。アメリカでNWAが設立された目的は世界王者を共有することにあるが、別の見方をすると「レスラーを完全に支配下に置く」ための組織でもあった。

前述のミルドレッド・バークのようにブラックリストに名前が載れば、NWAのテリトリーで仕事は一切できない。プロモーターと反目して自分で団体を立ち上げても、NWAが総がかりで潰しに来る。それゆえ、レスラーはプロモーターと主従関係を結ぶ以外に生きていく道はない。

だが、ここ日本では力道山にペナルティーを科し、試合から干したら、儲かるプロレス興行は打てない。つまり、プロモーターとレスラーの力関係が逆転してしまっているのだ。本来は支配者たる新田や永田がこれ以上、力道山を増長させたくないと考えたのは当然だろう。

木村戦で見せた力道山の行為は、一人のレスラーが単に対戦相手を叩きのめしたというだけでなく、プロモーター側（設立準備委員会や周辺の関係者）が計画していたビジネスプランまで潰してしまったと言える。そこまでやっても力道山は不問となった。

力道山と木村では、どうだろう。試合を2人に丸投げすれば、そこに現れてくるのは、やはり関係の絶対性である。

経済的にどうしても2度の試合をしたい木村と、そんなことはどうでもいい力道山では立場が違いすぎた。だからこそ、木村は力道山に「確約」させたかったのだろうが、結果として試合は力道山の手の中から出なくなってしまう。

その時、レフェリーのハロルド登喜は何をしていたのか。木村は後に「レフェリーもグル」だったと述べている。しかし、それは客観的な事実ではない。

試合の直後、レフェリーの処置にも批判が集まった。

力道山の猛攻のきっかけとなった木村の下腹部へのキック。実のところ、これは急所に入ってはいない。

その後、力道山の猛攻を受けた木村がロープにもたれかかっているにもかかわらず、ブレイクしない力道山に対し、レフェリーの登喜は割って入らなかった。そして、凄惨な結末が訪れた。

実際、登喜が不穏な雰囲気を察知して力道山と木村の間に割って入らなかったことはレフェリーとして大きなミスである。

だが、登喜が犯した最大のミスは違うところにある。それは約束された結末通りにレフェリングをしなかったことだ。いや、できなかったのである。

プロレスにアクシデントは付きものだ。これに対応できなかったのは、登喜がその場の雰囲気に流されてしまったからだとも言える。なぜか。登喜もプロレスのレフェリーとして「1年生」だったからだ。

ハロルド登喜という名前からもわかるように、彼は日系人である。ハワイでボクシングのトレーナーをしているところに声がかかり、シャープ兄弟来

ハロルド 登喜　ハワイ生れの二世　拳闘選手として一九四〇年全オワフ島フエザー級チヤンピオンを獲得翌四一年プロに転向三年間続けその後レスリング界に活躍渡日以来レフエリーや後進の指導に当つている。

HAROLD TOKI

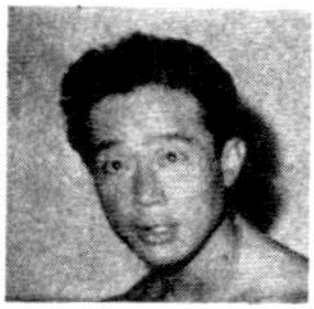

ハロルド登喜は後にも拙いレフェリングが暴動（1962年2月3日、東京・日大講堂での力道山＆豊登vsルター・レンジ＆リッキー・ワルドー）を引き起こしたことがあり、レフェリーとしての評価は低い。

日の際に沖識名が日本に連れてきた。

現時点で判明している限り、登喜がハワイはおろか、その他の地区でもプロレスラーとしてリングに上がった試合記録はない。しかし、日本プロレスの旗揚げシリーズではレスラーとして前座に組み込まれた。

ハンス・シュナーベル&ルー・ニューマンが来た同年夏には、すでにレフェリーとしてリングに上がっている。プロレスラーとしての最後の試合は、この年の10月1日、東京体育館でのチャリティー興行だった。

以降、力道山vs木村戦まで日本プロレスの興行はなく、12月22日が専任レフェリーとして最初の日だったのだ。

力道山vs木村戦は果たし合いだ、昭和巌流島の決闘だと世間が勝手に盛り上がった。この試合は日本選手権だったが、世界選手権以上に注目度が向上してしまう。

その段階で、新人レフェリーの登喜には明らかに荷が重い仕事だった。しかし、それを登喜自身も周囲の者も認識していなかったように見える。設立準備委員会は、プロレスの試合におけるレフェリーの重要性、それ自体を理解していなかったのだろう。

それならば、沖識名をレフェリーにすれば良かったではないか。そんな声が聞こえてきそうだ。沖といえば、ヨタヨタしたレフェリングと外国人側の反則を見逃すオトボケぶりで知られるが、それはレフェリーとしての「芸」である。戦前からレスラーとして全米の各テリトリーで活躍し、プロレス興行の運営について知り尽くした熟練者。それが沖の本質だ。

言い換えれば、この国でプロレスが本格的に始まった54年、外国人レスラーを除くと物語の登場人物でプロレスを深いレベルで理解していたのは沖識名しかいなかった。

32年にデビューした沖は、この段階で「プロレス22年生」である。つまり、日本側で沖だけが「大人のプロレス」を理解していたのだ。

沖が力道山vs木村戦のレフェリーを務め、試合を前に観客から見えないところで2人にアドバイスし、握手をさせれば、試合として成立したのではないか。

それでも力道山はキレたかもしれない。だが、そこで割って入るレフェリーが沖だったならば、また違った展開が生まれていたのではないか。

では、なぜ沖は力道山vs木村戦を裁かなかったのか。沖が力道山サイドの人間であるため、木村が拒んだという話もある。わかりやすいが、これは違うだろう。本当の決闘ならばレフェリーは見届け人として中立の者ということになるが、この試合は「ワーク」として組まれた。

結論は至って単純で、この試合のブッカーが力道山自身ではなく、設立準備委員会だったからだ。日本プロレスの2度のシリーズで力道山は自分のブッカー業のヘルパーとして、そして自分の試合のレフェリーとして沖を必要とした。しかし、力道山vs木村戦を組んだ設立準備委員会は沖を必要だと見なさず、ハワイから呼ばなかった。私は、そこにプロレスに対する理解度の違いを感じる。

力道山vs木村戦は、プロレス興行自体がひとつの秩序を持つ生命体であることを思わされる「事故」だった。繰り返しになるが、本書で力道山や木村を批判したいわけではない。それはこのカードを企画した設立準備委員会に対しても同じである。

日本でプロレスが本格的に始まり、国民が熱狂した年、力道山と木村はプロレス2年生、その周辺にいた関係者たちはプロレス1年生だった。

プロレス稼業に関わる以前、各々がその世界で成功者と言っていい実績がある。しかし、失礼ながら、プロレス業界では「低学年」だった。

低学年の児童が何人か集まって、「事故」が起きたとしよう。普通ならば、親の監督責任が問われるところだ。しかし、54年の日本のプロレスには、その親がいなかった。力道山vs木村戦は、そんな状況で起きた必然の悲劇だったのだ。

未熟から成熟へ——。力道山は木村戦以降、同じような事故は起こさなかった。それもあってプロレスは日本に定着し、昭和、平成を経て、その現在進行形が令和のリングで行われている試合ということになる。その是非についても本書では問わない。

力道山vs木村戦を巡る毎日新聞と朝日新聞の攻防

力道山vs木村戦の翌日、12月23日付の毎日新聞に伊集院浩による署名入りの講評が掲載された。木村の不甲斐なさをなじる論調になっている。

20分で力道をフォールすると豪語した木村も、実力の差は争われず、わずか15分余で敗れ、この一戦を期待したファンを失望させた。

（中略）15分、力道の攻撃はいよいよ急、空手打と足けりのコンビネーションで次々と攻めれば、もはや木村には戦う意志なく、口中から鮮血ほとばしって15分49秒マットにうつぶしたまま起きず、期待の一戦も最後の幕切れはあっけないものとなってしまった。結局は両者実力の差であって、練習量を誇る力道の勝ちは当然の結果といえよう。

なお、木村がこの選手権を前に長途熊本から試合前々日に上京するというあまりにも選手権を軽々しくみていたことは、コンディションの上からも憂慮されたところであるが、少なくとも選手権を争う大選手たるもの一週間以上の余裕を持ってのぞまなければ勝利などおぼつかない。

他紙とは異なり、この記事で伊集院は試合の凄惨さは批判していない。

では、同日付の他紙はどうだったか。以下、見出しを挙げる。

「空手　張り手　ける　踏む」、「感情丸出しの試合」、「後味の悪さ」、「スポーツとして疑問」（スポーツニッポン）

「プロレス選手権　猛然木村を張倒す」、「〝引分けにしよう〟にうつぷん一度に爆発」、「八百長か、真剣勝負か」（日刊スポーツ）

伊集院がこの2日後、同月25日付の毎日新聞に書いた記事は前記のものとはトーンが違う。25日付は基本的に23日付の他紙の主張をなぞると共に、さらなるツッコミを見せている。25日付の見出しは、「プロ・レスのあり方 日本選手権試合の教訓」、「ショーの線はずすな」、「レフェリーの演出も大切」だった。

（前略）とにかくまずい幕切れだと私は思った。アメリカならともかく、日本でこんな刺激の強い試合を見せられてはたまらないからだ。
そのうえ私が失望したのは勝負はともかくとして、この二人が試合後に語った相手をヒボウする言辞である。勝負が終わったばかりで興奮していたのでもあろうが、かりにも日本一をもって任ずる二人である。ここで相手の悪口などいうべきでない。チャンピオンともなれば、ちょっとした言動までが世論を巻起すものである。この点、力道山もチャンピオン・マナーがいかに大切であるかを知るべきである。このようにこんどのタイトルマッチはプロ・レスラーに幾多の反省すべき機会を与えるとともに、今後関係者に将来のプロ・レスのあり方について示唆を与えた。

この後、「この日の試合を見た人の意見を総合する」として、4通りの意見を挙げた。

（1）こんな果し合いになるんでは二度とプロ・レスは見たくない。
（2）真剣勝負もよいが、プロ・レスのショー的間を取入れた、いままでのレスの方がよい。あれでは肩がこる。

（３）もっとスポーツ的でレスリング本来のわざを六分、暴力的攻めわざ四分ぐらいであってほしい。ショー的でなく、本当のプロ・レスのわざからのフォールが見たい。
（４）プロ・レスがスポーツとして行われている以上、ルールの範囲で戦って傷つき、のびても仕方がない。

伊集院は（３）を望ましいとした上で、２人ともプロレスラーとしてまだ未熟なためテクニック不足であること、ショーマンシップも必要で相手を踏んだり蹴ったりするのは邪道であること、この試合がプロレスの一番悪い部分を暴露して後味の悪さを残したこと、関係者も反省する機会であることを指摘した。

毎日新聞は23日付の他紙を見た上で、24日付に以上のような主張を載せても良さそうなものだが、そこに「空白の１日」がある。24日付は、木村がコミッショナーに抗議したことをベタ記事で伝えたのみだ。

伊集院がここまで論調を変えた理由は、24日付の朝日新聞に掲載された大西鉄之祐の論考にあるように思う。

シャープ兄弟来日以後、ここまでプロレスに関して新聞や雑誌の記者、スポーツ評論家、タレント文化人らがコメントを出した。

朝日新聞の記事で、大西鉄之祐の肩書きは「早大講師」とある。講師といえば、非常勤の臨時雇いを思わせるが、早稲田大学の場合は教員としての地位を指し、助教授（最近の呼び方では准教授）に準ずる存在である。

この年の2月にプロレスが日本に入ってきて以来、いわば「識者」による初めてのプロレスに関するコメントがこの時の大西によるものであった。

当時、力道山vs木村戦に対する世論は伊集院の総括に加えて、「プロレスは、やはり八百長だ。本当に戦えば、こうなってしまう」という論調が多い。

しかし、大西の視点は違う。重要と思われる論調が3ヵ所ある。大西には第二次世界大戦での従軍経験があることを踏まえて、以下の引用部分を読んでいただきたい。

（前略）木村が急所をけった後の乱闘は、あたかも神につかれた狂人の如く、飢餓にひんした野獣の闘争の如き感をいだいたのは私一人であったろうか。

それは既にショウでもなく、スポーツでもなく、血にうえた野獣の本能そのものであった。力道の目は後退を許されない戦場の兵士の目であり、名誉と金銭というかこいで隔絶された闘犬のまなこであった。試合は一瞬にして決った。リングの上には戦闘直後の殺したものと殺されたものだけが味わうせいさんな空気がただよった。

（中略）古代ローマにおける剣闘士の死闘の歴史が絶対権力から解放された近代社会下に再びくりかえされようとは考えていなかった。

この様に感ずるのは私のプロ・スポーツに対する認識がないためなのか、あるいは資本主義社会におけるプロ・スポーツの必然的発展過程なのかも知れない。しかし、プロ・スポーツがショウであるならショウマンシップが、スポーツであるならスポーツマンシップが、産業であるならビジネスマンシップがその根底をなすべきではないだろうか。

門茂男著『ザ・プロレス365　part7』には、この「野獣の闘争」のくだりを読んだ力道山が取り乱した様子が描かれている。自分の野獣性を見事に突かれた思いからだろう。力道山が反省を余儀なくされた一番の要因は、この記事だったと私は判断する。

この文が珠玉なのは、「プロ・スポーツがショウであるならショウマンシップが、スポーツであるならスポーツマンシップが、産業であるならビジネスマンシップがその根底をなすべきではないだろうか」の部分だと思う。

「○○シップ」とは、「○○のあるべき姿」という意味だ。プロレスをプロスポーツとして、スポーツとして、産業として3面から捉えた発想は斬新かつ根源的である。そういった観点から力道山vs木村戦を「野獣の闘争」と言い切る視点は、大西の思考の枠組みの完璧さを感じさせる。

また、その前にある「資本主義社会におけるプロ・スポーツの必然的発展」は、今日のプロ格闘技団体の出現を予言しているように私には読めた。

力道山vs木村戦翌日の23日付と、1日置いた25日付で毎日新聞の伊集院がスタンスを変えた大きな要因は、まさしく24日付の朝日新聞に載った大西の論考なのではないか。伊集院と大西の共通点と差異を考えてみる。

共通点は、2人ともラグビーを母体としているところだ。伊集院は明治大学、大西は早稲田大学のラグビー部にいた。

伊集院は大学卒業後、全日本チームのメンバーにもなっている。大西の場合、54年当時は早稲田大学のラグビー部監督でもある。後には日本代表の監督を務め、71年のイングランド戦では3点差まで迫った。この試合で「頭の中が真っ白になった」原進は、後にプロレスラーになった阿修羅・原である。

差異を挙げれば、伊集院がジャーナリズム、大西がアカデミズムの人である点だ。えてしてジャーナリズムはアカデミズムの青臭さを世間で通用しないものと批判し、アカデミズムはジャーナリズムを商売ゆえセンセーショナリズムに走ると蔑視する。

この段階で伊集院は47歳、大西は38歳である。大西がラグビーを始めた頃、伊集院は大学の花形だった。伊集院から見れば、大西は9歳も下の後輩にしかすぎない。

「お前にだけは言われたくなかった」

伊集院の無意識は、そんなところにあったのではないか。

このように、私はラグビーを背景に2人の論考を読んでいた。しかし、話はもっと単純で、これは朝日新聞と毎日新聞の戦いではないか。つまり、力道山vs木村戦は日本の三大紙の2つに紙上で論考バトルをさせたのだ。

54年2月にシャープ兄弟で始まった日本のプロレスは、暮れにはここまで大きな存在になっていた。新聞紙上だけではなく、全国の赤提灯、蕎麦屋、そして銭湯の脱衣所でも力道山vs木村戦について喧々囂々の論争が繰り広げられた。こうして、昭和20年代最後の年は暮れていった。

『Gスピリッツ』24号（2012年8月5日発行）は力道山vs木村戦の特集で、24人の現・元レスラーにこの試合の動画を見てもらった上でコメントを求めている。ウルティモ・ドラゴン（浅井嘉浩）は、以下のように述べた。

「もしこの試合が引き分けに終わっていたとしたら、日本のプロレスって発展しなかったような気もしますよ。僕らが今こういう仕事ができているのも、ああいう結末があったからなんです」

引き分けに終わっていたとしたら、どうだったのか。

内容的に語れるレベルの試合であったならば、問題はない。しかし、それが不可能であることは、すでに述べてきた通りだ。

いたずらに試合時間を浪費し、観客は退屈の極みに達し、違った意味で批判の嵐になったことも考えられる。

この試合のプロレス史的意義は色々とあるが、ひとつは「語られた」ということである。プロレスでは昔の試合が語られる。これはボクシングでは滅多にないことだと、その世界に精通している方が語っていた。

力道山vs木村戦をリアルタイムで見て、今も存命の方は少なくなった。では、なぜ語られるのか。今日に至るまでファンに対して、「プロレスとは何か?」を考える格好の素材を提供したからなのか。いや、この試合がプロレスを語る文化を作ったからだと思う。

確かに試合直後には騒ぎになった。そして、力道山は反省し、プロレスを再構築した。世間の批判に対する理論武装も強化された。結果として、日本のプロレスに「筋金」が入った。

（3）もっとスポーツ的でレスリング本来のわざを六分、暴力的攻めわざ四分ぐらいであってほしい。ショー的でなく、本当のプロ・レスのわざからのフォールが見たい。

（4）プロ・レスがスポーツとして行われている以上、ルールの範囲で戦って傷つき、のびても仕方がない。

伊集院は（3）を望ましいとした上で、2人ともプロレスラーとしてまだ未熟なためテクニック不足であること、ショーマンシップも必要で相手を踏んだり蹴ったりするのは邪道であること、この試合がプロレスの一番悪い部分を暴露して後味の悪さを残したこと、関係者も反省する機会であることを指摘した。

毎日新聞は23日付の他紙を見た上で、24日付に以上のような主張を載せても良さそうなものだが、そこに「空白の1日」がある。24日付は、木村がコミッショナーに抗議したことをベタ記事で伝えたのみだ。

伊集院がここまで論調を変えた理由は、24日付の朝日新聞に掲載された大西鉄之祐の論考にあるように思う。

シャープ兄弟来日以後、ここまでプロレスに関して新聞や雑誌の記者、スポーツ評論家、タレント文化人らがコメントを出した。

朝日新聞の記事で、大西鉄之祐の肩書きは「早大講師」とある。講師といえば、非常勤の臨時雇いを思わせるが、早稲田大学の場合は教員としての地位を指し、助教授（最近の呼び方では准教

では、木村にとっての力道山戦を考えてみる。

力道山戦があったからこそ、後年に木村の柔道時代の実績までが語られた。そして、語られたからこそ、木村はいまだ歴史の中で存在感を持つ。

例えば、総合格闘技周辺を考えてみる。確かにヒクソン・グレイシーは素晴らしいアスリートであった。木村は、かつて彼の父エリオを破っている。結果として、そのエピソードはヒクソンのプロフィールを語る背景にもなった。

これも木村が忘れられた存在ではなかったからだ。なぜか。日本にプロレスを語る文化があったからこそ、木村は残ったのだ。

では、なぜ残ったのか。力道山vs木村戦が語り継がれたからである。

ゼロ年代の総合格闘技人気は、多分にプロレスファンがあちらに移っていったからだと私は踏んでいる。ファンは、プロレスの語る文化もあちらに持っていった。そして、プロレスを踏み台にして総合格闘技は人気を得た。

そう考えれば、この試合には勝者も敗者もない。いや、力道山も木村も勝者である。

エピローグ

この本のメインテーマは、1954年である。60年までの6年間に、プロレスは長足の進歩を遂げている。すでにNWA世界ヘビー級王者ルー・テーズは来日を果たしていた。「春の本場所」と言われたワールドリーグ戦も第2回を迎え、5月13日、東京体育館で行われた決勝戦で力道山はレオ・ノメリーニを破って2連覇を果たす。その翌日、私は生まれた。

8歳になっていた68年、すべてがやって来た。

少年漫画雑誌『ぼくら』に連載されていた『タイガーマスク』がきっかけである。当時、プロレス中継は週に4回あった。国際プロレス（水曜日）、日本女子プロレス（木曜日）、日本プロレス（金曜日）、アメリカの古い試合を流す『プロレスアワー』（土曜日）である。そして、近所で購入したスポーツニッポンはスクラップブックに収まっていく。54年のロケットスタートから14年後、プロレスはそんな少年ファンを生み出していた。

68年に私のところにやって来たのは、プロレスだけではない。

まずは音楽である。年の初めの頃からグループサウンズ（ビートルズなどに影響されたバンド群）に狂い始めていた。ザ・スパイダースがお気に入りだった。

政治に関心を持ったのも、この年のことだ。ベトナム戦争が激しかった頃で、家から1キロほどのところにあった王子キャンプ（東京都北区）に、野戦病院（戦争で怪我を負ったアメリカ兵たちのための病院）が移ってきた。反対運動が盛り上がる。近所のバス通りでは、大学生たちがジグザグデモを行っていた。テレビのニュースは、東大や日大での学生集会を映す。同じ学校に携わる者として、担任（明治生まれの女性）がどのように思っているのか興味を持った。

「学校は勉強をするところなのに…」

吐き捨てるように言った瞬間をまだ憶えている。

以来56年間、プロレス、音楽、政治は常に私の関心の中にあった。

プロレスがブレイクした54年をテーマとした書籍を執筆しないかというお誘いを受けたのが２年前である。そして、上梓に至った。

読み返してみると、プロレス、音楽、政治と、この56年間に関心を持ち続けたことのルーツを訪ねる旅のようである。読者の方々には、自分史の総括にお付き合いいただいたわけであり、お買い上げいただいたことと同様、感謝を申し上げたい。

２０２４年８月15日、80回目の敗戦の日に。

小泉悦次

【参考文献一覧（順不同）】

《書籍》

・『私、プロレスの味方です』村松友視（角川書店、１９８１）
・『父・力道山：初めて明かす父の実像、父への愛』百田光雄（小学館、２００３）
・『鈴木庄一の日本プロレス史 上』鈴木庄一（恒文社、１９８３）
・『プロレス30年初めて言います』遠藤幸吉（文化創作出版、１９８２）
・『力道山・遠藤幸吉　プロ・レス王者』郡司信夫（鶴書房、１９５４）
・『力道山自伝　空手チョップ世界を行く』力道山光浩（ベースボール・マガジン社、１９６２）
・『秘録日本柔道』工藤雷介（東京スポーツ新聞社、１９７２）
・『巨人の肖像　双葉山と力道山』石井代蔵（講談社、１９８０）
・『門茂男のザ・プロレス３６５　Ｐａｒｔ１～Ｐａｒｔ８』門茂男（門茂男プロレス全集刊行会など、１９８１～１９８４）
・『力道山物語《深層海流の男》』牛島秀彦（徳間書店、１９８３）
・『力道山以前の力道山たち　日本プロレス秘話』小島貞二（三一書房、１９８３）
・『永遠の力道山　プロレス三国志』大下英治（徳間書店、１９９１）
・『わが柔道』木村政彦（ベースボール・マガジン社、１９８５）
・『激録力道山　第1巻』原康史（東京スポーツ新聞社、１９９４）
・『大山倍達正伝』小島一志・塚本佳子（新潮社、２００６）
・『木村政彦はなぜ力道山を殺さなかったのか』増田俊也（新潮社、２０１１）
・『鉄人ルー・テーズ自伝』ルー・テーズ＝著、流智美＝訳（講談社＋アルファ文庫、２００８）
・『力道山史　否！　１９３８-１９６３』仲兼久忠昭（自費出版、２０１７）
・『字訓』白川静（平凡社、２００７）
・『相撲』高埜利彦（山川出版社、２０２２）
・『相撲の歴史』新田一郎（講談社、２０１０）
・『ローマ諷刺詩集』ペルシウス、ユウェナーリス＝著、国原吉之助＝訳（岩波書店、２０１２）
・『なつかしい芸人たち』色川武大（新潮社、１９９３）
・『サーカス　起源・発展・展望』エヴゲニイ・クズネツォフ＝著、桑野隆＝訳（ありな書房、２００６）
・『神話作用』ロラン・バルト＝著、篠沢秀夫＝訳（現代思潮社、１９６７）
・『パン猪狩の裏街道中膝栗毛』滝大作（白水社、１９８６）
・『レッドスネークＣＯＭＥ　ＯＮ！』ショパン猪狩（三一書房、１９８９）
・『実録浪曲史』唯二郎（東峰書房、１９９９）
・『芸能の始原に向かって』朝倉喬司（ミュージック・マガジン、１９８６）
・『人物千里眼』新夕刊新聞社＝編（新夕刊新聞社、１９５５）
・『昭和疾風録 興行と芸能』なべおさみ（イースト・プレス、２０１９）
・『沖縄ハワイ移民一世の記録』鳥越皓之（中央公論新社、１９８８）
・『不逞者』宮崎学（角川春樹事務所、１９９８）
・『ヤクザと日本人』猪野健治（現代書館、１９９３）
・『写真で見る戦後日本　１９４５-１９５５年 10年の歩みを記録する』朝日新聞社＝編（朝日新聞社、１９５５）
・『日本浪曲史』正岡容（南北社、１９６８）
・『けたはずれ人生』松尾國三（講談社出版サービスセンター、１９７６）
・『ＧＨＱ』竹前栄治（岩波書店、１９８３）
・『フリーメイソンの占領革命　誰が日本国憲法を作ったか』犬塚きよ子（新国民出版社、１９８５）
・『闘争の倫理』大西鉄之祐＝著、伴一憲・大竹正次・榮隆男＝監修（鉄筆、２０１５）
・『巨怪伝　正力松太郎と影武者たちの一世紀』佐野眞一（文藝春秋、１９９４）
・『江戸っ子だってねえ　浪曲師廣澤虎造一代』吉川潮（日本放送出版協会、１９９８）
・『戦後史開封　昭和20年代編』産経新聞「戦後史開封」取材班＝編（扶桑社、１９９９）
・『近代スポーツの誕生』松井良明（講談社、２０００）

・『自伝安藤昇』安藤昇（ぶんか社、2001）
・『三代目山口組：田岡一雄ノート』猪野健治（筑摩書房、2000）
・『興行界の顔役』猪野健治（筑摩書房、2004）
・『実録神戸芸能社─山口組・田岡一雄三代目と戦後芸能界』山平重樹（双葉社、2009）
・『戦後史の正体1945-2012』孫崎享（創元社、2012）
・『浪花節の生成と展開　語り芸の動態史にむけて』真鍋昌賢＝編（せりか書房、2020）
・『From Milo to Londos』Nat Fleischer（Press of C. J. O'Brien, Incorporated, 1936）
・『Hooker』Lou Thesz with Kit Bauman（Crowbar Press, 2001）
・『National Wrestling Alliance』Tim Hornbaker（ECW Press, 2007）
・『The Queen of the Ring』Jeff Leen（Grove Press / Atlantic Monthly Press, 2009）
・『Japan The Rikidozan Years』Haruo Yamaguchi with Koji Miyamoto &Scott Teal（Crowbar Press, 2019）

《雑誌・ムック》
・『日の出』（新潮社）
・『文藝春秋』（文藝春秋）
・『Number』（文藝春秋）
・『世界』（岩波書店）
・『週刊現代』（講談社）
・『相撲』（ベースボール・マガジン社）
・『人物往来』（人物往来社）
・『藝能東西』（新しい芸能研究室）
・『プロレス&ボクシング』（ベースボール・マガジン社）
・『デラックスプロレス』（ベースボール・マガジン社）
・『ゴング』（日本スポーツ出版社）
・『日本プロレス50年史』（日本スポーツ出版社）
・『日本女子プロレス40年史』（日本スポーツ出版社）
・『月刊ファイト』（太陽興業）
・『眞相』（人民社）
・『平凡』（平凡出版）
・『サンデー毎日』（毎日新聞出版）
・『週刊読売』（読売新聞社）
・『週刊サンケイ』（産業経済新聞社）
・『Gスピリッツ』（辰巳出版）

《新聞》
・読売新聞（読売新聞社）
・毎日新聞（毎日新聞社）
・朝日新聞（朝日新聞社）
・産業経済新聞（産業経済新聞社）
・日刊スポーツ（日刊スポーツ新聞社）
・スポーツニッポン（スポーツニッポン新聞社）
・内外タイムス（内外タイムス社）
・ハワイ報知（ハワイ報知社）
・サンパウロ新聞（サンパウロ新聞社）

《論文》
・『戦後初期日本におけるプロレスの生成に関する一考察──1950年代におけるプロ柔道の展開に着目して─』塩見俊一（立命館産業社会論集、2008）
https://www.ritsumei.ac.jp/ss/sansharonshu/assets/file/2007/43-4_02-06.pdf

《HP》
・映画『菊とギロチン』公式サイト
https://kiku-guillo.com/
・WRESTLINGDATE.COM
https://www.wrestlingdata.com

小泉悦次（こいずみ・えつじ）

1960年5月14日、東京都北区生まれ。サラリーマンの傍ら、1996年よりメールマガジンにてプロレス記事を配信。プロレス史研究を深化させるにつれて、ボクシング史、相撲史、サーカス史、見世物史など隣接領域の研究も進める。プロレス文壇デビューは、2002年春の『現代思想・総特集プロレス』（青土社）。2009年より『Gスピリッツ』にプロレス史記事をレギュラーで寄稿、現在に至る。2018年、『プロ格闘技年表事典―プロレス・ボクシング・大相撲・総合格闘技』（日外アソシエーツ／紀伊國屋書店）を編集。著書に『史論―力道山道場三羽烏』（辰巳出版）がある。

G SPIRITS BOOK Vol.20

1954 史論―日出ずる国のプロレス

2024年9月20日　初版第1刷発行

著　者	小泉悦次
発行人	廣瀬和二
発行所	辰巳出版株式会社 〒113-0033 東京都文京区本郷1-33-13 春日町ビル5F TEL：03-5931-5920（代表） FAX：03-6386-3087（販売部）
印刷	三共グラフィック株式会社
製本	株式会社セイコーバインダリー

カバー	闘道館（資料提供）
デザイン	柿沼みさと
編集協力	大塚愛、徳永哲朗
写真提供（五十音順）	猪狩定子、共同通信社、 闘道館、流智美

Printed in Japan　ISBN 978-4-7778-2962-0